『猫城記』老舎
装画＝角田純男　▶本文178頁

『風船紛失記』正岡蓉
装幀装画＝稲垣足穂　▶175頁

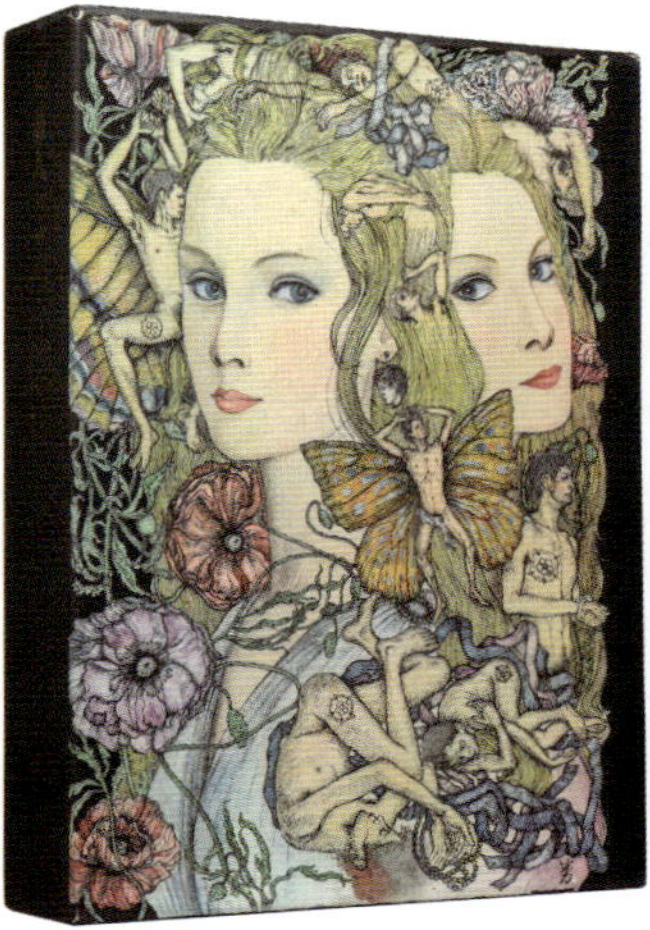

『家畜人ヤプー』沼正三
挿画＝村上芳正　▶159頁

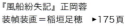

『静物』吉岡実
装幀＝吉岡実　▸45頁

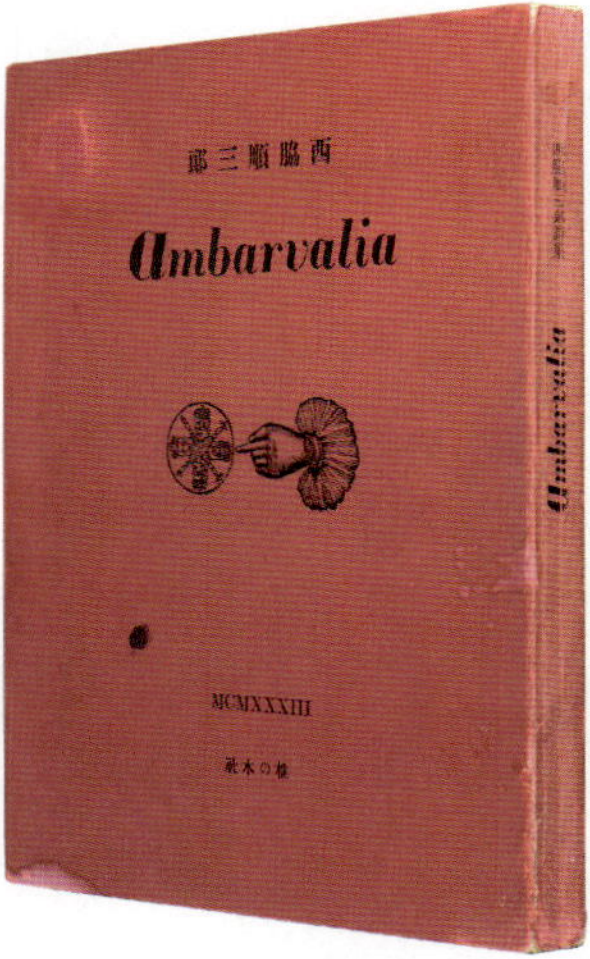

『ambarvalia』西脇順三郎　▸102頁

『由縁《ゆかり》文庫』泉鏡花／装画＝小村雪岱　▸273頁

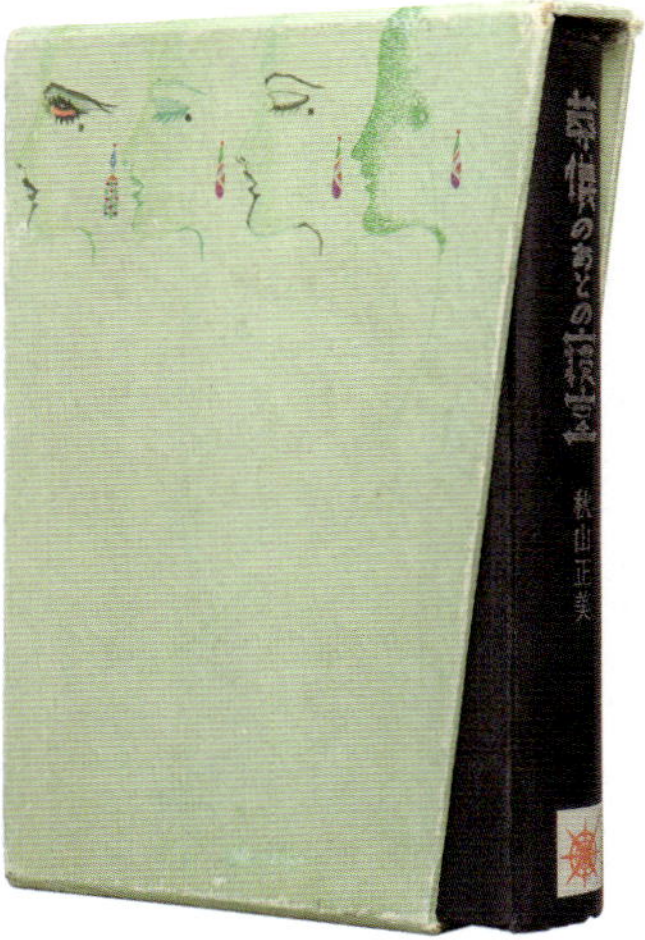

『葬儀のあとの寝室』秋山正美
装幀装画＝秋山正美　▶246頁

『ふたりだけの Season』わたせせいぞう　▸249頁　ⓒわたせせいぞう

『石童丸』絵＝井上与志夫・加藤直　▸258頁

河出文庫

偏愛蔵書室

諏訪哲史

河出書房新社

偏愛蔵書室

❖目次

凡例

一、引用文の中の〔 〕は、引用者（諏訪）による補足であることを示す。

一、各文末の（ ）内の数字は、初出掲載日を表す。

例（10・4・6）→二〇一〇年四月六日

偏愛蔵書室

1

不治の言語病患者

「チャンドス卿の手紙」

❖ホフマンスタール　檜山哲彦訳

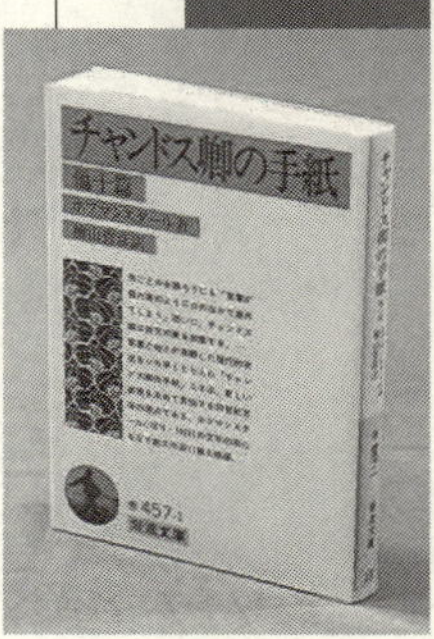

『チャンドス卿の手紙・他十篇』所収　岩波文庫

これから、この一風変わった文学批評、僕の持論を反映した言語芸術論の連載を始めるにあたり、記念すべき第一回の対象作品として、僕は迷うことなく本作「チャンドス卿の手紙」を取り上げようと決めた。

文庫本でわずか二十頁足らずのこの掌編こそが、思えば小説家としての僕の、あらゆる意味で啓示的な思考の核であり、霊的な源であり、言語的な宿痾《しゆくあ》ともいうべき病の胚胎、それらすべての自覚の契機であり、また、僕が二十代の終わりに書いた第一作『アサッテの人』に決定的な影響を与えた宿命的な作品であると、自己紹介も兼ね、明言しておくべきと考えたからだ。

かつて大学で哲学を専攻する文学青年だった僕は、のちに生涯の師となる博覧強記の独文学者、故種村季弘《たねむらすえひろ》に、必死の懇願の末、ついに近づきを許された。運命の邂逅《かいこう》。その恩師から最初に紹介された数十冊の書物の中に、この作品も含まれていた。

本編は書簡の形式を借りた虚構作品で、将来を嘱望された才気あふれる若き劇作家・詩人であるフィリップ・チャンドス卿が、苦悩の末、フランシス・ベーコン卿へ宛てた手紙ということになっており、一読、小説か批評か、直ちには判じ難い散文の態《てい》を成している。

この作品の主題は、やや乱暴にまとめていえば、要するに言葉の使用（濫用《らんよう》）に倦《う》み疲れた一人の作家が、言語に致命的な疑義を抱き、ついにすべての言語活動を放擲《ほうてき》するに至った理由、その真摯《しんし》なる弁明であり、「我はいかにしてすべての言葉を失い、書けなくなったのか」という、切実すぎる言語的懊悩、その内的独白である。

だれもがいつもためらうことなくすらすらと口にする言葉を使うことが、しだいにできなくなりました。「精神」「魂」あるいは「肉体」といった言葉を口にするだけで、なんとも言い表わしようもなく不快になるのでした。

ある判断を表明するためにはいずれ口にせざるをえない抽象的な言葉が、腐れ茸のように口のなかで崩れてしまうせいでした。

詩人はかつて世界を言葉という等価物により言い表しえた。が、その言葉がこの世界と縁のない不快な記号になってしまった。自分が言葉を過剰に使用・消費・消耗させてしまったからである。

言語の臨界点、失語的危機に立たされた人間。形而下の個々の物象に直結することのない抽象語、現代にも蔓延するおそらくは「愛」や「正義」、「希望」や「癒し」といった、幽霊のように実体のない音列・文字列が、彼に生理的嫌悪を催させる。その深い絶望、暗い闇の淵で、孤独に、チャンドス卿の華麗な筆は折られるに至る。

小説は、否、すべての言語芸術はここより始まる。この失語的な絶望の底から始まるのである。「言語に倦む」という限界状況に一度たりとも直面することなく、現代人はお手軽に筆を、キーを、液晶の上の文字を弄《もてあそ》ぶ。読んで読んで読み疲れ、読んでいる言葉の醜い裸形《らぎよう》に気づき、初めて人は言語なるものの弊《へい》を悟り、筆=剣《つるぎ》を執《と》る。そこに詩が、小説が、真の言語芸術が、生み落とされる。

一九〇二年に発表された、この「言語不信宣言」ともいうべき小散文から、二十世紀のあの怒濤《どとう》のような、うつくしき文学の病が始められたのである。（10・4・6）

2 倦厭の闇、一瞬の光源

『檸檬』

❖梶井基次郎

新潮文庫

これまでさまざまな会見・聴取の場で僕は、判で捺《お》したように、古今東西もっとも優れた文学作品はマルセル・プルーストの巨編『失われた時を求めて』だと回答しているが、実は、これに拮抗《きっこう》しうると秘かに僕の思う傑作が、この日本に存在する。

それは文庫本でわずか七頁半、三十一歳で逝った梶井基次郎の掌編「檸檬《れもん》」である。この絵葉書のように小さな作品が、あのプルーストの大伽藍を一方に載せた不可能の天秤を釣り合わせる。これは、まぎれもなく、奇蹟の小説である。

先回紹介した「チャンドス卿の手紙」が書かれた一九〇一年（上梓《じょうし》は〇二年）に梶井は生まれ、長じてのち、奇《く》しくもあの忌まわしい不治の言語病、いわば「チャンドス卿的煩悶《はんもん》」に罹患《りかん》する。言葉に倦《う》み、生に倦み、その宿酔《ふつかよい》に似た倦怠の闇の底に、いやおうなく幽閉されるのである。「檸檬」にはこうある。

以前私を喜ばせたどんな美しい音楽も、どんな美しい詩の一節も辛抱がならなくなった。

短編「泥濘《でいねい》」でも、花の腐った花瓶が目障りなのにどうしても片づけられない病的な倦怠をこう書いている。

それは億劫《おっくう》というよりもなにかに魅せられている気持である。(傍点原文)

この「なにか」、「私」の心を始終圧《おさ》えつける「不吉な塊《かたまり》」を背に負い、その倦厭《けんえん》と流浪の果てに梶井は、京都寺町二条の果物屋で、あの、文学史そのものをも「粉葉《こっぱ》みじん」にしかねない紡錘《ぼうすい》形の美しい兵器を手に入れる……。このくだりにさしかかるたび、僕の胸は戦《おの》き震える。あの頽廃《デカダン》的な、退《の》っぴきならぬ言語の病を破砕しうる唯一の実弾が、奇蹟のように、小説という同じ言語の様式の内に見い出されたのだ。一顆《か》の黄色い柑橘《かんきつ》類、短編小説という、その求心的な「かたち」の内に。

三条通丸善の美術書棚の前で、再び鬱結《うっけつ》に襲われた「私」は、めくり終え、乱雑に

積み重ねられた多彩な画集の上にそっと、檸檬を据える。すると、

その檸檬の色彩はガチャガチャした色の諧調をひっそりと紡錘形の身体の中へ吸収してしまって、カーンと冴《さ》えかえっていた。

あんな他愛もない一箇の果実が、病んだ心の闇に、剣呑《けんのん》な手榴弾よろしく放たれるさま、そしてその閃光《せんこう》が、当の「小説」をさえ消し飛ばす胸のすくようなさまを能《よ》く感得せぬ心の眼には、「小説」も、「世界」も、永久にその相貌を顕《あらわ》さぬであろう。

梶井の小説を云々《うんぬん》する際、往々にしてなされる誤解は、それらの作品がただ鋭利な「感覚」によって書かれているという無邪気な臆断《ドグマ》である。「檸檬」が傑作なのは、その「感覚」以上に言葉、「文体」が強靭《きょうじん》だからだ。漱石・志賀の熟読により研鑽《けんさん》された梶井の文章ほど僕に嫉妬を強いるものはない。作中、「一顆」と数えられる檸檬の、宝石のごとき有りようとは、つまりは文体の「硬度」を表しているのだ。「珠玉」という日本語は、けだし「檸檬」や「冬の日」、「闇の絵巻」など、梶井の神がかった短編のためにあるといってもいいすぎではない。

僕の妻は丸善の店員で、案の定これまで幾度か美術書棚で檸檬を拾得したことがあるという。有望な文学青年がまだいる証拠だろう。（10・4・20）

3 世界を造形するまなざし

『リルケ詩集』

❖ライナー・マリア・リルケ　生野幸吉訳

白凰社

リルケ。……我が最愛の詩人。彼は世界を描写するか。否。彼は世界を、その形象を、眼の前に「造り出す」。……初め、詩人はこの世に春を造った。

慄《ふる》えただようひばりたちは／ぼくらの肩に重かった空をひきあげ昇る。（中略）
どれもみな傷ついた、／慴《おび》えたさまの窓が、とびらをはばたかせる。（「ある四月から」より）

……別の日、詩人はそこに秋を造った。

木の葉が落ちる、木の葉が落ちる、（中略）ほかのものたちを見るがよい、落下はすべてのうちにある。／／しかしひとりのひとがあって、／この凋落《ちょうらく》を、かぎりなくやさしく両手のなかに受けとめている。（「秋」より）

こうした神のごとき業《わざ》、超絶的な美しい修辞の技巧を持つがゆえに、リルケは往々にして抒情・印象主義の詩人とみなされる。だがリルケの本分は、それら情緒的な感性とは無縁の、理性の詩人、厳格な思索者、事物の観照者、そして、世界の造形者である。

リルケは徹底的な視覚の人、「観《み》る」人だった。フィレンツェでの美術鑑賞。北ドイツの芸術家村ヴォルプスヴェーデには画家フォーゲラーを訪ね、力作『風景画論』を脱稿。そしてパリでのロダンとの蜜月。著書『ロダン』には彼の詩作における造形の哲学が語られる。パリ体験は驚異の小説『マルテの手記』をも生んだ。

わたしが観るまでは、何ひとつ完成していなかった、／あらゆる生成がしずかに停まっていた。

『時《じ》禱《とう》詩集』冒頭、リルケはこのように語る。彼の眼が観ることで、初めてそこに世

界が造られ、存在しうる、と。同様に、『形象詩集』冒頭にも、

疲れた眼で、／おもむろに君は一本の黒い木を高め、／それを大空の前に立たせる、ほっそりと孤独に。／こうして君は世界を造った。（中略）そして君の意志が、その意味をつかむにつれて、／君の眼は、やさしくその世界を放す。（「序詩」より）

他ならぬ「眼」が、一本の木をその場に創造し、高め、空へ立たせる。僕らはその現場に立ち会い、世界の生成のさまを、詩人とともに観る。

リルケはまた、薔薇を愛した。薔薇の詩を書き、つまり薔薇を造形し、後に当の薔薇の棘《とげ》の刺し傷から白血病に罹《かか》り、落命する。墓碑銘には、「ばらよ、おお、きよらかな矛盾」……。こんな美しい死が余人に訪れようか。

そしてどのばらも、結局は自分だけを内におさめているのではないか？／自分を内に持つということが、外の世界を、（中略）ひとにぎりの内部に変えてしまうことを指すのであれば。（「ばらのはなびら」より）

『新詩集』の中の、右の一編の詩（詩題の直訳は「薔薇の水盤」）が、僕の最も愛するリルケの詩だ。この詩に謳《うた》われる薔薇の「内部」と「外部（世界）」とのありうべき止揚の哲学は、僕のうちに重い枷《かせ》として永くとどまり、後に三作目の長編小説『ロンバルディア遠景』に結実する重要なモチーフとなる。僕はリルケから、極小の閉域の中にこそ極大の外部が拡がっている、という逆説的思考を学んだ。

僕にとって、リルケの詩は深遠な存在の哲学だ。そして哲学もまた本来、思惟すべき世界を創造する「詩」であるはずなのである。

（10・5・4）

4 「リアル」ということ

『遠野物語』

❖柳田国男

角川文庫

僕は幼年時代を東北の仙台で過ごした。小学校に上がってまもなく、一家で隣県である岩手の遠野を旅した。冷たい雨が県道を濡らしていた。駅前の喫茶店で遅い昼食をとった。父は無断駐車を咎《とが》められて怒っていた。母と僕と弟は、押し黙ってピラフを食べた。

帰宅したその晩から、現地で買ってきた文庫本（右下書影がそれだ）を朗々と詠み上げる母の寝物語が始まった。床を並べた弟はさっさと寝てしまい、僕だけが掛け布団から目と耳を出してそれを聴いた。

若き娘、梨の樹《き》の下に草履を脱ぎ置きたるまま行方を知らずなり、三十年あまり過ぎたりしに、ある日親類知音《ちいん》の人々その家に集りてありしところへ、きわめて老いさらぼいてその女帰り来たれり。

「ええか、女の子がね、三十年も迷子になって、ある日お婆《ばあ》さんの姿で帰って来たんだよ」

また別の段。ヤマハハが、父母の買出《かいだ》しの間に留守居《るすい》をしていた娘を食い殺し、娘の顔の皮を被《かぶ》って待っている。帰った両親が土産を広げると、そこに「娘の悦《よろこ》ぶ顔を見たり」。

「ね、娘の顔が、悦んだんだって」

母は普通の人ではなかった。まして夜の読書灯の照らし出す白い母の顔。その母の詠む、異様な文語体の物語。時折頁を広げて見せてくれる旧家の略図や遠野郷《ごう》の地図がひたすら怖かった。見渡せば、暗い部屋に父が東北各地で蒐集《しゅうしゅう》した何千本ものこけしたちが、闇の中、瞬きもせず笑っていた。

「これを語りて平地人を戦慄せしめよ」。序文の思惑どおり、僕ら現代の平地人は震え慄《おのの》く。山中の無人家「マヨヒガ」でなぜか鉄瓶の湯がたぎっている話にも、死んだ曾祖母《そうそぼ》が来て、その着物の裾《すそ》が炉の脇の丸い炭取皿《すみとり》に触れ、くるくる回った話にも。それは、ここに「リアル」があるからだ。

リアルという語を「現実」とか「現実そっくり」という意味で使っている人がある。文学や芸術を語る上でこれは誤りだ。リアルとは、未知なる他者が不意に眼前に現れた時の驚愕《きようがく》、予期せぬ踏み外し、自己の実存が外部から突如脅かされる刹那《せつな》の崩落恐怖や崇高への畏怖を意味する。

死霊の裾に触れた現実の炭取皿が回る瞬間、この世は突如あの世となる。かつて河童《かつぱ》を産んだ家が士族で、先ごろも村会議員をした家だという話でも、奇譚《きたん》と現実社会が突然地続きと化す戦慄《リアル》がある。

今年刊行百年を迎える本書は、常に「文学」を粉砕し続けてきた。百年前、日本を席巻した自然主義文学も柳田民俗学の突きつけた民譚のリアルの前に敗北した。『山の人生』冒頭、困窮した炭焼一家の実話。最後の食糧も尽きた日の美しい夕暮れ、二人の子が陽《ひ》だまりでしゃにむに斧《おの》を研いでいる。「阿爺《おとう》、これでわしたちを殺してくれ」と二人は材木を枕にして寝る。すると炭焼は急に「くらくらして」二人の首を打ち落としてしまう。……世間も法律も、また文学も、こうした得心のいかぬ不可解《くらくら》を許さない。事件を解釈、意味化し、文学化・物語化して裁かずにはおかない。この時、リアルは死ぬのである。リアルは常に意味の外部にある。文学が自らの想像力、意味の許容域を超克する夢は空《むな》しかろう。……百年後も、僕らは遠野を超えられぬだろう。

幼児期のあの闇、あの母の声。父の「子消《こけ》し」たち。間引かれた多くの死児の遺骸《なきがら》。あの頃、僕は神隠しされ、文学以前の口誦《こうしょう》の世界を眠っていた。遠くの野にひとり、耳まで布団を引き上げ、いつまでも慄きながら。

(10・5・18)

5 漫画のなかの「詩性」

『赤色エレジー』

❖林静一

青林堂

かつて、漫画こそ文学である時代が僕にあった。月刊『ガロ』は僕の愛読誌で、当初の憧憬《しょうけい》の対象は残酷絵師の丸尾末広だったが、遡《さかのぼ》ってつげ義春や林静一、安部慎一、鈴木翁二らを読み、僕は衝撃で言葉を失っていた。同じ頃、内外の実験映画に没入していた僕の中に、果たして漫画が映画なのか、映画が漫画なのかという不可解な問いが生まれた。

大学の文学部で哲学と美術を喫緊《きっきん》の課題にしていた僕は、二十世紀に隆盛をみた映画・漫画という、いわば「二次的文化《サブカルチャー》」の内にこそ、哲学も美術も孕《はら》まれている事実を知り、愕然としたのである。

初期映画史のエイゼンシュタインやグリフィスは、早くもモンタージュ手法を発明していた。だが、それらの曲芸的《アクロバティック》なコマ割りの術を映画以上に大胆に用いえたのが我が国の漫画だった。手塚の『きりひと讃歌』はその金字塔だし、つげの『ねじ式』には、術に加え、小説（井伏・島尾・川崎長太郎）、詩（賢治・寺山）、民俗・紀行（柳田・宮本常一）など、本邦の文学の最高の粋《すい》が、数葉の紙面上に結晶化されている。この『ねじ式』と同様、神業としか思えぬ漫画史上の傑作が、林静一の『赤色エレジー』だ。

この傑作を、安保や同棲など、「神田川」風な「時代」の郷愁で片づける全ての批評に僕は首を傾げる。また林静一の世界を、竹久夢二ら大正ロマンの末流と一括して済ませる言説にも違和感を覚える。これらの蒙昧《もうまい》は「小梅ちゃん」等の、彼の画風のほんの一局面を拡大視することでもたらされる偏重である。

『赤色エレジー』は先述した映画的技法（黒澤のクロスカッティング他）を縦横に駆使した超絶的実験作である。僕はあの黒澤・溝口・小津の「眼」となった宮川一夫の天才的カメラワークを想起する。例えば小津の『浮草』等に顕著な、画面の唐突な飛躍が、この漫画に超現実的な、倒錯的な詩性《ポエジー》をもたらしている。

何度でも言うが、詩とは情念である以上に技法《テクネー》であり、ゆえにそれだけが技術《アート》となる。『檸檬《れもん》』の回で、感性でなく文体だと言ったのはこのことを指す。技術の研鑽《けんさん》には長年の受容量、蓄積《アーカイヴ》が必要であり、技術なき感性とは畢竟《ひっきょう》、表現の不在をしか意

林静一『赤色エレジー』（青林堂、1971 年）より

味しない。漱石が、文学は文章であり文章は眼前の「文」であるという畏友・子規の考えに共鳴したことを想うとき、漫画とはすなわちコマであり、読者に突きつけられる一枠《ひとわく》の「画《え》」であろう。

幸子《さちこ》と一郎、この奇蹟のような心象描写の妙は、切ない物語《ストーリー》にでなく、画と画の「行間」、その落差の内に生じる。上の引用画の左側、一郎が自作を持ちこむ編集部の風景は、物語の裂け目に顕《あらわ》れる架空の世界《コマ》だ。本作の抒情《リリシズム》は全てコマの間隙《かんげき》と差異にこそ宿る。そのありえぬ幅の懸隔を跳び超える瞬間々々に、二人の絆は発光し、赤い明滅を繰り返す。

（10・6・1）

6 「無限」に触れる筆力

『伝奇集』

❖ホルヘ・ルイス・ボルヘス　鼓直訳

岩波文庫

六角形の広間の壁面の書棚に隙間なく本が並び、広間の中央の床と天井には巨大な円い穴があいている。見下ろせば下階は果てしなく深く、仰ぎ見る上階にも際限がない。六角形の書庫は上下に何億兆もの無限の階を成し、各フロアは階段で行き来できる。ゆえに書庫上下の筒構造の全体は、芯を欠いた長い鉛筆のような形になる。また、六角形の部屋は同階のホールを介して横へも無限に同形の部屋へ通じている。つまり、垂直にも無限。水平にも無限。これが一人のアルゼンチン作家の眼裏《まなうら》に実在した「バベルの図書館」の素描である。

ここでは人はみな司書として生まれ、死ぬ。自分の生と世界＝図書館の存在の謎を解くため、若き司書らは遠い別階の書棚を旅し、その答えが書かれた幻の頁の探究に、あたら貴《とうと》い青春を捧げる。「九十階上では、言葉は通じない」「一切がすでに書かれているという確信は、我々を無に、あるいは幻に化してしまう」

一切がすでに書かれ、書く意味を失《な》くした人間が藻《も》屑《くず》のように無化されるという恐怖は、マンネリに陥った僕ら二十一世紀の現代人にとって隠喩ではなく鮮烈な現実である。

カフカ「万里の長城」等の影響下に鍛えられた筆力がボルヘスの小説を、届きえぬ「無限」に触れさせる。

無限の書物世界という悪夢を具現化した短編「バベルの図書館」は本書の白眉《はくび》だが、この中で「神なる本」の姿を作家はいくつか仮想している。

一例が、円い部屋の壁を巡る円環状《ドーナツ》の切れ目のない背表紙を持った一冊の長大な本(部屋の内側にいる人間はこれを書棚から引き出して開くことができず、そもそも初めも終わりもない円環的な書物とはジョイスの『フィネガンズ・ウェイク』のように構造上際限がない)。或いは、無限に薄い紙の無限数の頁からなる卓上の一巻。これは無限《バベル》の図書館そのものの隠喩である。急いで付け加えるが、ここに示された「神なる本」の姿から、スマートフォン等の電子端末の社会学へ論を継ぐような貧しい想像力は、蔑《さげす》まれることはあれど決して感心されるべきものではない。世にネット共同体ほど排他的な内輪《サークル》はなく、端末《ユーザー》は永久に「外」と出会えなくなる。ネットは内にのみ開かれた偽りの「外」、地球内有限であって、宇宙外無限ではない。ボルヘス的無限とは、到達も解読も不可能な「神なる本」、僕ら「司書たち」の、真の「外」である。

集中、僕が個人的に最も愛する短編は「トレーン、ウクバール、オルビス・テルティウス」だ。これら不可知の国・場所の名を、ボルヘス以外の誰が知りえよう。「バベル……」が、実在（図書館）の奥に不在（神の言葉）を求める小説だとすれば、「トレーン……」は逆に、不在（言葉）の奥に実在（国）を求める小説だと言える。

トレーンは在りえない国だ。僕らの世界が唯物論（物が観念を生む）を合理とするのに対し、トレーンは唯心論（観念が物を生む＝「私が思うから君は存在する」の思考）に動かされている。かの地では、世界に一本しかない鉛筆を二人が懸命に信じて捜せば、それは二本見つかる。観念が物を事後的に存在させるのだ。初め作者はトレーンの実在を疑う。が、それを裏づける文献が一部の百科事典の頁などに次々と見つかり、彼はその国の実在を確信し、やがて「世界はトレーンとなる」と宣するに至る。

二十世紀、多くの作家が世界の果て、自己の果てに挑んだ。地球の裏の国アルゼンチンで万巻の書を読んだ司書作家は、果てに至ろうと書物を旅し、ついに「果てのない世界」に至ったのである。（10・6・15）

7 「起承転転」の小説

「子之吉の舌」ほか

❖島尾敏雄

『日本幻想文学集成24　島尾敏雄　種村季弘編』所収　国書刊行会

転んで舌を嚙み切ってしまった息子を早く医者に連れていこうと焦る父親は、ネクタイが上手に結べず出るに出られない。その後、父母と息子は「ピクニックにでもでかけるように」電車に乗るも、手術代を工面せねばとふと思い立った父が途中の駅で家族をつれて降りてしまう。金策も不首尾に終わり、近くの小学校の医務室で急きょ執刀が始まるのだが、息子の口には何か大量の白い紙片が詰まっており、つまみ出すと、一緒に切れた舌がブラッと外に出てくる。（「子之吉《ネノキチ》の舌」）

こうした理不尽の連続と細部の不必要な詳述が島尾敏雄の短編小説の特徴である。

さて、言うまでもなく小説とは、「物語」と「詩」と「批評」の合金《アマルガム》である（「詩」とは詩性の意）。これら三要素のいずれが欠けても小説ではない。だが最近では、実態は単に物語でしかない「名ばかり小説」の群れが本屋の棚の大半を占めている。また、小説とは「様式を拒む様式」、「外部を含みこむ様式」であることが往々忘れられている。もしここに不意に、詩でも小説でも批評でも戯曲でも俳句でも短歌でもない見慣れぬ文章が出現したとき、それは小説である。小説でなければならない。

小説が様式を拒む様式であるのは、それが批評性（書くことへの自意識）を持つがゆえだ。小説は見慣れたもの（既成の型＝様式の反復）を拒む。見慣れた物語、見慣れた文体、見慣れた構成《プロット》。優れた小説は、例えば「起承転結」という要諦をも疑い、拒むものである。

島尾敏雄の小説は、それら教科書的な定式を不遜ともいえる仕方で黙殺し、裏切り、否定する。これは彼の小説がただ戦争や夢や旅行を扱っている性質によるためではない。島尾は小説を批評的に裏切るために、そして、その裏切りだけが真の「リアル」を呼び込むことを知悉《ちしつ》するがゆえに、あえて戦争や夢や旅行を利用するのである。

本著の編者種村季弘は、解説で島尾の短編「夢の中の日常」の一文「(当たって砕けろではなくて、砕けてから当たっているんだ)」について、こう述べている。――砕けるという終わりはもうきてしまったので、「当たって砕ける」正念場がない。砕けてからの日常がぼろぼろに崩れたままとりとめもなく起伏している。――

ここには因果の順が反転した不条理世界、『不思議の国のアリス』のハートの女王の「裁判より処刑が先」、カフカ的な「犯罪より逮捕が先」の世界がある。ゆえに見慣れた起承転結は崩壊し、代わりに起承転転、また起転転転、果ては転転転転《テテンテンテンー》へと小説の身柄は様式なき様式へ委譲され続ける。

他に、意識が名指せない物の名、謎の記号《コトバ》が頻出するのも島尾の小説の特徴だ。

私の眼《め》の前に「つろ」という物質と、「おま」という物質が現れてすっと消えた。（「石像歩き出す」）

「オレハ、オニー、カ？」（中略）〔弁解の言葉が口から出てきた〕ム、ア、ウ、イ、ア、ホキ、メキ、リキ。（「鬼剝《は》げ」）

〔私はその表札の名を今でも鮮明に思い出せる〕それにはこう書かれてあった。即ち□××と。（「孤島夢」傍点引用者）

愚弄されているのではない。作者は恐ろしく真摯《しんし》にこれを書いている。不合理の中の真率さを認めず、当たり前な定式を振りかざす権威主義者の固定観念こそ愚弄すべきものである。

（10・7・6）

8

「幼年」という名の庭

『トムは真夜中の庭で』

❖フィリパ・ピアス　高杉一郎訳

岩波少年文庫

大学の授業で学生から「児童文学も小説たりうるか（「物語」と「詩」と「批評」の三要素を持ちうるか）」という質問を受け、僕は即座に「もちろん」と答えた。「例えばどんな作品がですか？」「例えば、そう、『トムは真夜中の庭で』とか……」

夏休み、町なかにある退屈な親戚のアパートに預けられたトムはある晩、一階フロアーの古い大時計が十三回鐘を打った時、路地にしか通じないはずの裏口の外に昼間は存在しなかったヴィクトリア朝時代の広大な庭園を発見する。花々の咲き乱れる庭へ夜な夜な通い、遊ぶようになったトムの前に、半世紀ほど前の古い時代の服装をした少女が現れ、二人は仲良くなる。

ハティ〔少女〕はじぶんのかくれ場所をぜんぶトムにおしえてくれた。……煉瓦塀と木の幹のあいだの、子どものからだがやっとはいれるくらいな、葉でよくおおわれたすきま。（中略）アスパラガスのうねとうねのあいだにある羽のようにやわらかい緑いろのトンネル。

僕はこの本を小学校、ちょうどトムの歳ぐらいに読んだ。行ったこともないイースト・アングリア（東部イングランド）の野や川を、夜半に、僕自身が夢遊しているような錯覚を覚えた。これらは同じ英語圏でも米国のものには見られない雰囲気、匂い、色なのだ。……この感じはひどく説明が難しい。あえて言えば、それは「庭」という観念の有無である。

この本の結末はあまりに有名だ。トムがアパートを去る当日、つまり夜の庭園ともハティとも別れなければならない日の昼、三階に何十年ものあいだ独り暮らしをしている大家のバーソロミューおばあさんにトムは初めて対面する。「わからないかね」とおばあさんは言う。「わたし、ハティですよ」……老いてはいたが、おばあさんの瞳は、紛《まご》うかたなきハティその人の瞳だった！「トムは、相手がまるで小さな女の子みたいに、両腕をおばあさんの背中にまわして抱きしめていた」……

庭は原野とは異なる。確かにそれは現実の物たち、乱れ咲く花々、樹々や、四阿《あずまや》らの構成する空間ではある。が、それ以上に庭とは人間の中の想像力《イマジネール》の具現であり、観念の凝縮体である。つまり、トムが遊んだ夜の庭とは、老夫人自身の幼年回想の夢の箱庭だったのであり、夫人の遠い記憶の中の庭を、トムは毎夜さまよい、少女のハティと遊んでいたのである。

十九世紀末葉、哲学者ベルクソンは「物質とは記憶の緊縮した状態である」という驚くべき世界観を呈示し、プルーストをはじめ多くの作家に霊感を与えたが、本作も遠くこの圏域に含まれる。本作中の時間論にそれが現れている。風景を描く風景画家の隠喩などがそうだ。

> そこへ、第二の画家がやってきて、おなじ風景を第一の画家の風景画もなかにおさめてかくんだ。さらにそこへ第三の画家が……。

時間は一つ前の過去をたえず記憶の内に含みこみながら後ずさる。老夫人の遠い過去の記憶は、毎夜夫人に夢みられることで緊縮・先鋭化し、「庭」という物質として凝り固まる。その庭には小さな三つの「幼年」が永久《とわ》に遊び戯れるだろう。すなわち、ハティ（第一の画家）、さまよい込んだトム（第二の画家）。そして僕ら読者（第三の画家）という三者が。

（10・7・20）

9 選ばれた「文体」と「生」

「青炎抄」ほか

❖内田百閒

『内田百閒集成3　冥途』所収　ちくま文庫

何時《いつ》の間にか私と並んで歩いている細長い顔をした女が（中略）いきなり私の袂《たもと》を執って、「それは貴方《あなた》いけませんです。神様はいらっしゃいます」と云った。（「白子《しろこ》」）

不意に小さい人が訪ねて来て、玄関の式台から、両手をついて上がって来だした。（中略）〔私は師の山東京伝《さんとうきょうでん》にそのことを報告した〕「只今《ただいま》、まことに小さな方が、玄関から上がって参りました」「何ッ」（「山東京伝」）

不可解だ。不可解なのに何か空恐ろしい。いや、不可解だから空恐ろしいのだ。女はなぜ見も知らぬ私を突如叱責し、神の実在を諭すのか。私の主《あるじ》がなぜ有名な戯作者の山東京伝なのか。小さい人とは子供や侏儒《こびと》や山蟻ではあるまい。それは文字通りの、面妖な、式台ほどの高さの小さい小さい人であろう。

振り向いたら、台付きの蓄音機の上に脱ぎ掛けた昼間の着物が、丁度人の坐っている位の高さに見えたので、私が後《うしろ》にいる様な気がした。（中略）〔背後の着物が〕そろそろと坐り直し、前を掻《か》き合わせているのが私にはよく解る。（「青炎抄」）

この「青炎抄」ではもはや全ての脈絡が不可解だ。読者は「私」とともにただ翻弄され、理不尽にも小説世界の側から一方的に見捨てられる。蝶ネクタイの見知らぬ五十男が私を訪ね、写真を出せと言う。何の写真かわけが解らない。病気になる前のある人を写した写真だという。男の不可解さはその言葉の語尾に表れる。

「それはそうです、僕の所に来てから病気になったには違いないが、何ッ」（中略）「うん、そりゃ解っている。そんな事を云いに来たんじゃない。しかしもう駄目なんです。可哀想な事をしました。だから、今写真がいるんだ。解らんか

ね」（「青炎抄」傍点引用者）

そう言われても全く解らない。だから怖い。今いる場所も、自分自身の在りようさえも覚束《おぼつか》ない。このとき我々は眼前に、理解不能な真の「他者」と相《あい》対している。

内田百閒《ひやつけん》といえば、漱石門下で師の名作『夢十夜』の筆法を継承した小説家として、また師の初期諷刺《サタイア》の文体に学んだ『阿房《あほう》列車』や『百鬼園随筆』の軽妙な名随筆家として知られている。ドイツ語の教師でもある。

作家というものは、単一の人格のみでは出来ていない。彼は当然ながら複数の人格、つまり「文体」を持つ。辛辣な彼、滑稽な彼、豪放な彼、軟弱な彼。それらの人格＝文体はすべて一人の作家の作家性が要請した「作為」により選ばれ、自覚的に遣《つか》い分けられている。

百閒小説の独特の不可解は、百閒自身が不可解な人間だから生じるのではない。作者百閒が主体的に不可解な「文体＝人格」を選びとり、確信犯的に書いているがゆえに不可解なのである。

そのほか、文学史には、故意に自らを魯鈍《ろどん》に見せる作家たちも存在する。例えば僕の敬愛する深沢七郎や田中小実昌《こみまさ》。彼らはあえてそれらの人格を選び、生き、書いている。選択された愚鈍はむしろある種の崇高さを帯びる。写実の名手ピカソも、あえてプリミティヴで愚鈍にも見える実験絵画を選択した。選択のない一つ覚えの愚鈍を純粋《ピュア》や自然《ナチユラル》と呼び換え称揚する現代の風潮こそ字義通りの愚鈍である。それは抽象しか描けない抽象画家のようなものだ。そこには文体はおろか人間の生さえ存在しない。売れれば生など不要。これは文学を含む総《すべ》ての現代芸術にみられる衰弱である。

（10・8・3）

10 小説――「過剰性」の言語

『泥棒日記』

❖ジャン・ジュネ　朝吹三吉訳

新潮文庫

文学の世界には、古今東西の別を超え、余人の知る由もない一つの不可思議な紳士同盟が存在する。プルーストやトーマス・マン、ジイド、ワイルド、ヴェルレーヌにランボー、コクトー、ホイットマン、カポーティ、折口、足穂《タルホ》、三島らも、証言や作品傾向から結社員であることを匂わせる。この陰の結社の寵児、未だ燦然《さんぜん》と輝く黒い恒星がジャン・ジュネである。

本著を読み始めてすぐ息を呑《の》むのは、この訳文の豪奢《ごうしゃ》のさまである。昭和二十八年、朝吹三吉の執念の訳業であり、文学史上の偉業でもある。昨今の新訳ブームを敢然と黙殺しうる、昭和の翻訳家の鏤骨《るこつ》の名訳であろう。本作はジュネの自伝的小説である。ジュネは冒頭、「徒刑囚の服は薔薇色と白の縞になっている」と記す。

〔わたしは囚人を〕数々の花で飾ってやるだろう、そのため彼は花々の下にその姿を消し、そして彼自身一つの巨大な、新しい花となるだろう。

ジュネという名が灌木《かんぼく》のエニシダを含意することから、下等な植物世界が彼にとって近しい存在とされる。彼は自らがこの下等世界のさらに下方へ赴き、

木性羊歯《もくせいしだ》やそれが繁茂する沼沢地へ、そして藻《も》の類へ降りたいと思う――〔わたしは〕ますますもって人間たちの世界から遠ざかることになる。

ジュネ自身が犯罪者であり囚人であり男色者だった。彼は犯罪者たちをその汚醜ゆえに愛する。最下等の世界へ自ら降下し、最下等の卑劣漢たちを薔薇で飾るのだ。ジュネはまた警察官をも愛した。警官が殺す行為をなしうる人間だからだ。本作にも彼と、愛人である警官との交情が描かれる。検挙率のため愛人は彼に泥棒仲間を売れと言う。逆に、ジュネに逮捕状が出ても愛人は自ら手を下さず、「他の警官に捕まえさせる」。だが、こうした卑劣な裏切りも、この世界にあっては、彼らの黒い愛を一層昂《たか》め合うことにしか寄与しない。男色とは、なんと隠微な絆だろう。彼らだけがその

作法を熟知している。例えば、隻手《せきしゅ》の恋男《こいびと》スティリターノの癖は、ズボンの左腿《もも》に浮き出た棒状の皺（ペニスを象《かたど》る）を、「スカートをつまんで会釈をする貴婦人たちのように」優雅に弄《もてあそ》ぶ所作で、それはこの世界においては求愛の徴《しるし》となる。また、ジュネが捕まった日、所持品からワセリンのチューブを見つけた刑事は、それが何の用途だか解《わか》らず実に不思議そうな顔をする。

〔わたしにとってそれは〕最も注意深く隠蔽《いんぺい》される汚醜の、表徴であった。

ジュネにとってワセリンは汚醜の表徴であると同時に愛の表徴でもあった。憚《はばか》らずにいえば、それはまさに恋男たちとの性の潤滑油だったのである。

僕が本物の小説と呼ぶのは、こうした偏執《へんしゅう》・倒錯・過剰性を孕《はら》み、しかもそれが小説の様式をも食い破って逸脱・噴出するかのような、不気味な力を宿した作品のことだ。決して男色における変態性が不気味な力なのではない。言語自身が作中で演じる変態性（意味を変容させる作用）こそがその力なのだ。現にジュネは「ワセリン」という何の変哲もない普通名詞を、見事に猥雑な呪詛《じゅそ》の音列に変えてみせた。

小説の不気味な力とは、言葉に吐瀉《としゃ》をさせ、語義を変態させる「過剰なもの」の力なのである。

（10・8・17）

11

いかに詩を「観る」か

『静物』

❖吉岡実

私家版（一九五五年）

新聞は見るのでなく、読みなさい。得意顔の大人たちが子供に言いきかせる常套句《じょうとうく》だ。読む、は意味内容の把握を含むが、見る、はそれを含まず、おろそかにするものらしい。

一面の真理であろうが、こと対象が記事や調書でなく、一編の詩文であるとき、読む、はてんで役に立たず、見る、だけが思考の手段となる。

詩、とりわけ現代詩は読もうとして読めるものではない。まずは解釈や把握を留保し、可能な限り茫然と文字面を見据える。すると、人はやがて見えていた文字を聴き、聴いていた音がまた文字の上に固着するさまを観る。この「視覚⇕聴覚」の往還のさなかにのみ、詩は、その詩性を鑑賞者に開示する。詩とはただ言葉の上に、すなわち

「文字と音声」の上に顕《あらわ》れるが、それらの記号は世界の「内奥」にでなく、
「表面」に在る。吉岡実の詩は、僕にそれをたえず痛感させる。
夜の器の硬い面の内で
あざやかさを増してくる
秋のくだもの
りんごや梨やぶどうの類
(中略)
めいめいの最も深いところへ至り
核はおもむろによこたわる
そのまわりを
めぐる豊かな腐爛《ふらん》の時間
いま死者の歯のまえで
石のように発しない
それらのくだものの類は
いよいよ重みを加える
深い器のなかで

この夜の仮象の裡《うち》で
ときに
大きくかたむく　（「静物」）

これは吉岡の数ある詩の中でも白眉《はくび》と称すべき一編であり、僕がかつて詩を書き始めたとき、絶対的な指標とした、まさに神にも等しい詩篇である。

詩人の生前の知友種村季弘によれば、吉岡実は自作の音読を禁じた。彼はその詩を鑑賞者の朗詠のためでなく、黙視のために書いたのだ。初め僕はそれを吉岡の詩における聴覚性の否定だと誤解した。リルケの影響下に詩作を始めた吉岡の形象志向、ロダンの造形的原理の言語への転用だと臆断した。が、一方で彼の詩は過剰なまでに「旋律的」であり、それはまるで奏でることを封じられた楽譜、「観《み》る音楽」とでもいうべき奇妙な聴覚性を伴う文字列なのだった。

例えば先の詩の冒頭行は漢字（夜器硬面内）と仮名（ののいので）が一文字ずつ交互に置かれ硬質な印象を与えるのに、二行目以降の「あざやかさ」「くだもの」は故意に仮名を用いて軟らかく、「りんご」と「ぶどう」に挟まれた「梨」は頑《かたく》なに漢字だ。こうした文字操作はただ視覚へのみ訴える意図と見えてその実、鑑賞者の聴覚をも共振《ともぶ》れさせる詩作上の戦略であり、総《すべ》ては必然が帰着させた配置なのだ。

後段、静物たちは「最も深いところへ至り」、「いよいよ重みを加え」、「ときに」、「大きくかたむく」。何が傾くのか。果物がではあるまい。存在が、であろう。紙面の前で詩と対峙《たいじ》する鑑賞者の、その、静物に似た存在の底が傾くのだ。僕らの重心を揺さぶり、傾けるもの。それこそが静かな夜の文字たちであり、押し黙った楽譜、詩という「表面」に他ならないのである。

（10・9・7）

12

「少女」の発明

『少女コレクション序説』

❖澁澤龍彦

中公文庫

澁澤龍彦と種村季弘。彼らの為《な》した仕事とは、世に実在する現象や個人の思考の中から、一般に最も「忌むべき」でかつ「無用」と見做《みな》されているものを採り上げ、実はそこにこそ人間の本質がある事実を示すことだった。

仏文の澁澤と独文の種村は欧州のみならず東洋・日本までを広く渉猟し、博識に裏づけられたその文業は異端の名で呼ばれた。

僕自身は幼少期に賢治を経て太宰、三島、そこから澁澤へたどり着いた。高校時代の僕の私室には受験参考書に隠れて河出と中公の妖《あや》しげな「澁澤文庫」がひしめきあった。その随筆群はまるで世界の、人間の最果てかと思われた。

澁澤の代表作といえば普通、『夢の宇宙誌』や『エロティシズム』に指を屈せざるをえないが、後年文庫本として編まれた本著はそうした力作論考の延長線上に咲いた「小さな花束」といった趣きの、可憐な、黒い異端への入門の書である。
表題のエッセーはその意味で、彼の世界観の恰好の見取り図といえる。澁澤の著作に通底するのは、取りも直さず、冷たい「物体《オブジエ》」への愛だ。それは時に「玩具」「人形」「少女」「屍体」などと言い換えられる。つまり静物、あくまで受動的な、「客体《オブジエ》」への愛。

女を一個の物体に近づかしめれば近づかしめるほど、ますます男のリビドーが蒼白く活潑に燃え上がるというメカニズムは、たぶん、男の性欲の本質的なフェティシスト的、オナニスト的傾向を証明するものにほかなるまい。

本稿に従えば、「少女」は実は男の観念が発明したものとなる。それは少女が、「社会的にも性的にも無知であり、無垢であり、小鳥や犬のように、主体的には語り出さない純粋客体《オブジエ》、玩弄《がんろう》物的な存在」だからである。
だが少女たちは決して死んでいるのではなく「眠っている」。少女の置かれた時間を澁澤は「眠れる森の美女」に譬《たと》え、女性精神分析学者のマリー・ボナパルトと共にこう述べる。

陰核による自慰の誘惑を断念し、やがて彼女に膣の快感を教えにくる若者を待つまでの、待機のための長い長い眠りの期間（以下略）。

こうした卓抜な美しい比喩に目くじらを立てる人とは文学や芸術の話はできない。人間の複雑な野生の無意識が美徳や良心ばかりで成り立っているはずがない。澁澤の国に足を踏み入れることが許される高貴な読者とは、例えば本著表紙の四谷シモンの人形につくづく不可思議な魅力を感じとれるような類いの人々のことである。本稿における澁澤の結論はこうだ。「人形を愛する者と人形とは同一なのであり、人形愛の情熱は自己愛だったのである。」

本書の末尾には僕の大好きな幻想譚《たん》、「ワクワク島」の逸話があるので付記しておこう。……その島には珍妙な樹木が生えており、春先、その実から少女の足が生えてくる。可愛いふくらはぎや腿《もも》、お尻が生じ、やがて全身が出揃うと髪の毛で枝からぶら下がる。みな美しい少女ばかりだ。しかし、六月にはその実も落ちる。最後の瞬間、彼女らは高く哀切な声で「ワクワク！」と叫び、地に墜《お》ちて死ぬ。

澁澤龍彥の魅力は、語れば際限がない。幾多の奇想に溢れた澁澤国《ドラコニア》に入国の際は、僕のようにそのまま亡命とならぬよう十分な注意が必要である。（10・9・28）

13 「無実の日常」を生きる

『愛について語るときに我々の語ること』

❖レイモンド・カーヴァー　村上春樹訳

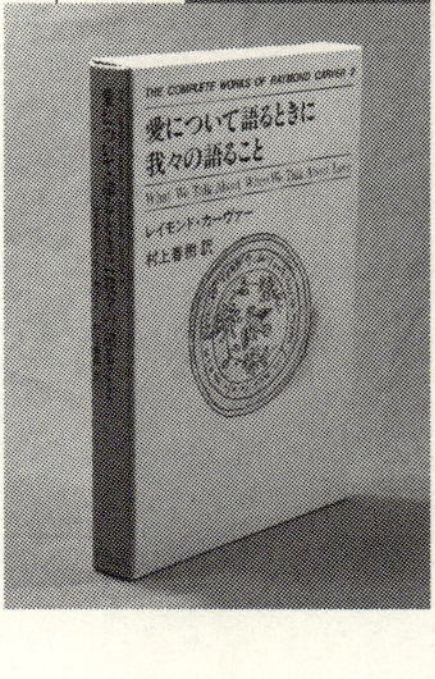

中央公論社

本書中、たった十五頁の短編「風呂」(The Bath)。こんな凝縮された物語世界の創造が人には可能である、それを昔、カーヴァーが教えてくれた。

息子の八歳の誕生日を前に、母親はパン屋にケーキを注文する。彼の名スコッティーを入れることも。誕生日当日、息子は車にはねられ無傷で呆然と帰宅、そのまま深い昏睡に陥る。病室での父母の静かな動揺。植物のように眠る息子。落ち着かねばならない現状は自覚しつつも、次第に彼と彼女の精神は狂気の方へ流されてゆく。

平静になるため看護を交替ですることにした二人。先に夫が帰宅すると、妙な電話がかかってくる。知らない男の声。「ケーキですよ」。「十六ドルです」。何のことかわからないな、そう言って夫は電話を切る。するとまたかかってくる。「できてますよ」

世界はあくまで日常的な平面として公平に語られる。絶対にその則《のり》を超えない。客観的外面描写主義。その透明でニュートラルな、つるりと無実《イノセント》な世界に夫と妻は住み、平静を生きている。やがて妻が平静を生ききれなくなる。

私たちは今新しい状況に入っているんだ、厳しい状況に。（中略）車が停まって、そこにロング・コートを着た女が乗り込もうとしていた。彼女〔妻〕は自分がその女なんだと思いこもうとした。自分は今から車に乗って、何処か別の場所に行こうとしているのだと。

僕がこの短編を畏怖するのは、場面々々で、説明を省かれた何気ない事実確認の記述が不意に介入してくるからだ。例えばこんな叙述が。

医者はハンサムな男だった。

医者はローファーを履いていた。

この小説の、この危機的な夫婦の前に、こうした記述が何ゆえに置かれているのか。

担当医が徒《いたずら》に陽に焼けていたり、青いシャツを着ていたり、それが何のために必要か？　それは、これらの細部が夫婦には一切必要でなく、小説にだけ絶対的に必要であるがゆえに置かれているのだ。無実な日常の中の、無実な「暴力」の顕現として。もう一つ、この小説は妻のことを「母」、また「女」、「彼女」とめまぐるしく書き分ける。夫の代名詞も「父」、「男」、「彼」。だが、この些細な違いが語りに甚大な効果を及ぼす。つまり、人物のその場その場での突き放し方に落差が生まれるのである。これはもはや神の業としか呼びようのない領域だ。真似すれば怪我しかねない。

女は帰宅した。急に電話のベルが鳴った。病院からに違いない。彼女は性急に飛びついて電話の相手に息子の安否を問う。もしもし、スコッティーのことですか？

「スコッティー」とその声は言った。「スコッティーのことですよ」と声は言った。「スコッティーに関係のあることですよ、ええ」

カーヴァーは短編と詩しか生涯書かなかった。そのかわり駄作がない。理想的な仕事だ。梶井基次郎やカーヴァーを読むと、作品の量産など何の意味もないと痛感する。現にカーヴァーの場合、傑作集を編まなくとも単体の本著一冊で充分に傑作集たりうる。

冒頭作「ダンスしないか?」の男の哀切な自暴自棄、「静けさ」の少年の、古い故郷の散髪屋での奇妙な古い記憶。どこかアンドリュー・ワイエスの静物画を想起させる、そんなドライな、近くて遠い、現実の僕ら自身の世界がここにはある。

(10・10・5)

14 いざ、「枝路」の方へ

「蔵の中」

❖宇野浩二

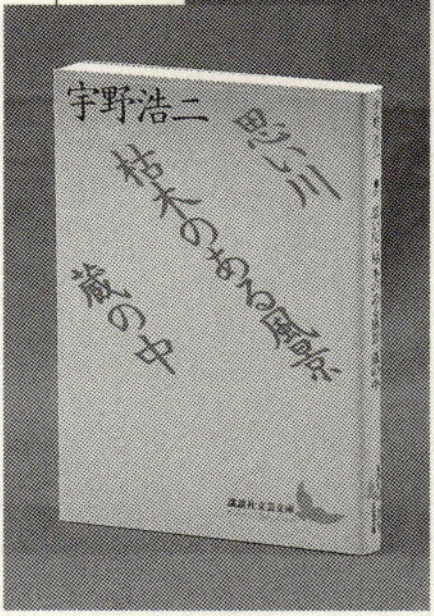

『思い川・枯木のある風景・蔵の中』所収　講談社文芸文庫

そして私は質屋に行こうと思い立ちました。（「蔵の中」冒頭）

こう書き出すからには、「私」は困窮逼迫《ひっぱく》の果てに意を決して金策に赴くのだ、と読者も覚悟する。接続詞「そして」はこの場合、「ついに」や「とうとう」と言い換えて読むべきなのだ、と。

であれば、ここから先は「私」の悲惨すぎる金銭苦が破滅的に綴られ、読者は存分にその落魄《らくはく》を追体験できるはず……、と、こうした筋書きが誰にでも自然に予感された時代、すなわち「私《わたくし》小説」全盛の時代に、このあまりに不埒《ふらち》な、人を喰った実験小説は登場した。

この小説が何ゆえ衝撃的だったか。それは読者が予感し期待した人生譚、私小説の定型を、完膚なきまで裏切り、愚弄、嘲笑し、物語の本筋にふれるどころか、たえず枝路《えだみち》へ枝路へと脱線して、結果、最後まで本筋がなく、すべてが余談で終わってしまうという、世にもふざけた小説だからである。この「私」は質屋に金策などでなく、ただひまつぶしに遊びに行くのだ。

話が前後して、たびたび枝路にはいるのを許していただきたい。どうぞ、私の取り止めのない話を、皆さんの頭で程よく調節して、聞きわけして下さい。たのみます。

枝路にはいります、というよりは、突拍子もないところへ飛びます、どうぞ、自由に、取捨して、按排《あんばい》して、お聞き下さい。

もう少し待って下さい、もう一つ別の話をさして下さい。

枝路（どれが本筋だか自分でも見当がつきませんが）の話はこれ一つで止めますから、どうぞもう少し辛抱して聞いて下さい。

これもいずれくわしく小説に書くつもりですから、なるべく簡単に申します。

凝縮力が問われる短編という形式で、ここまで散漫な、不必要な記述が続き、挙句、「いま読まされている挿話は、いずれ別の小説に書かれる話の欠片《かけら》、切れ端なのか……」と読者は唖然とさせられる。怒《おこ》れるやら呆《あき》れるやら、いずれにせよ本作は当時の堅気な文学青年の頭をしたたかに痛撃した。そしてその後、この小説に仕掛けられた強靭《きょうじん》な批評性（定型への嫌悪）を汲みとった慧眼《けいがん》の士（主に宇野より若い世代）たちは、この特異な文体と実験精神に自ら進んで感化されたがった。

すべて芸術には、「模倣」と「批評」が必須であるとは、古代ギリシャ人によって既に考えられていた（アリストテレスの「詩論」やプラトンの「国家」など）。これは乱暴に言えば、既存の作品を憧憬《しょうけい》しつつも嫌悪せよ、という本質的・普遍的な教えである。

読んで影響された作品なら真似てみたい。しかしそれが既に複数の追随者《エピゴーネン》を生み、一つの定型に堕している場合、その様式は次の人々によって嫌悪・批判されなければならない。それがなされなくなった時、真にその芸術の息の根は止まる。

おそらくはゴーゴリの作品から批評性のなんたるかを学んだであろう宇野浩二は、

当時の定型（私小説という流行・亜流）を敏感に意識し、それを模倣しながら同時に批評しているのである。僕が「小説は、物語と詩（詩性）と批評から成る」と繰り返し述べるその「批評」とは、つまりこれを指している。

いい加減に切り上げましょう。つまらない話を、こんな風にしていたら、本当にどこまで行って、おしまいになるやら、自分でも見当がつきません。今、しまいます。

（10・10・19）

15 詩の言葉で小説を

『肉桂色の店』

❖ブルーノ・シュルツ　工藤幸雄訳

『ブルーノ・シュルツ全集』所収　新潮社

小説は、「物語」と「詩（詩性）」と「批評」から成る。三つのうち一つでも欠けたものは小説ではない。ところが人々は小説の中の「物語」（筋書き《ストーリー》）だけを読み、消費し、結果、多く売れたものを良い作品とみなす。三つのうち一番解らないと言われる「批評」について先回話した。では小説における「詩」とは何か（韻文の詩のことではない）。それを話すため、僕が昔から愛してやまない東欧の作家を紹介したい。

七月、父は決まって湯治場へ出かけていき、私と母と兄とは暑熱に白いめくるめく夏の日々のなかに置き去られた。光に放心した私たちは休暇というあの大きな書物を一枚ずつ見《み》披《ひら》いていくのであったが、どのページもちらちらと燃え、その底には黄金色の洋梨の実の気の遠くなるほどの甘みがあった。（「八月」）

眠たげな冬の日が、朝の側と夜の側との両側で薄明のふさふさした毛皮の周辺へと引き入れられ、一日が最も短くなるころ、街は冬の夜の迷路のなかへ次第に深く枝分かれしていき、（以下数頁略）街の奥底には、言うなれば、二重の道、偽の道、嘘つきの道、たぶらかしの道が開かれてゆく。（「肉桂《にっけい》色の店」）

ナチスに銃殺されたポーランド作家ブルーノ・シュルツはカフカの翻訳者だった。その作品にもカフカ的幻想性が横溢《おういつ》している。だが何より特筆すべきは、その幼年回想風な美しい詩的描写のさまだ。詩とは読むのでなく観るものだと吉岡実の回でも書いたが、ことほど左様、シュルツの文体はただ眼でふれる画布か楽譜と同じで能書きは通じず、言葉でありながら言語化（合理的説明化）されることを拒み続ける。

詩性は、語句の選択・配置の按排《あんばい》だけでも生じうる。「書物」「洋梨」「迷路」、これらの名詞はそれ単体で既に詩になっている。では極端な例だが、「美白」「爆睡」「激辛」ならどうか。両者の圧倒的な差異が解せぬ人の中に詩は予《あらかじ》め存在せず、世界は無色無音の荒野であろう。

この地区でとくに変わっているのは、馭者《ぎょしゃ》を乗せずに勝手気ままに走っている辻馬車である。（略）みせかけと空虚な身振りのこの地区では、行く先はどうでもいいことだ、だから乗客たちは、土地の気風である軽率さから、この迷走する乗物に身を任せてしまう。（「大鰐《わに》通り」）

語句の選択は詩性の命だが、小説における「詩」は、その配置によって物語を紡いでゆかねばならない。物語とは、時間の一貫性を保証する錨《いかり》に似ている。反対に「詩」とは、そのまっすぐな時間性への芸術的な妨害である。

仮に小説をゴッホの名画「ひまわり」に譬《たと》えるなら、花瓶や向日葵《ひまわり》という絵の内容物が物語、あの驚異的な描写力、筆遣いが詩ということになる。換言すれば、「何を」描くかが物語、「どのように」描くかが詩である。小説としての真価は言うまでもなく後者にある。あの「ひまわり」の描写でなく、内容に震撼《しんかん》する人とは単にひまわりのスナップ写真を見ていてもゴッホの絵と同じくらい感動できる奇特な人だ。

短編集『肉桂色の店』が文学史上最も詩的な小説集の一つであることは論を俟《ま》たない。昔、僕はシュルツやザッヘル゠マゾッホの生地ウクライナ西部のガリチア地方を旅した。夜の街の迷路と、人形《マネキン》に似た女たちの真白い顔が忘れられない。（10・11・2）

16

漢詩——視と聴の悦楽

『李賀詩選』

❖李賀

黒川洋一編　岩波文庫

緑鬢《りょくひん》の少年と金釵《きんさ》の客
縹粉《ひょうふん》の壺中《こちゅう》に琥珀《こはく》沈む
花台《かだい》暮れんと欲して春は辞《じ》し去り
落花《らっか》は起《た》ちて廻風《かいふう》の舞《まい》を作《な》す
（「残糸《ざんし》の曲」より）

緑なす黒髪の少年は美女《たおやめ》に添い、酒に沈む琥珀を眺め溜め息をつく。陋巷《ろうこう》の夕暮れに春は逝《ゆ》く。散り敷かれた花弁は風に立ち、くるくると舞う。

李賀《りが》。字名《あざな》は長吉《ちょうきつ》。「鬼才」とは古来、李賀一人に冠された異名である。李賀といえば「瑠璃《るり》の鍾《さかずき》 琥珀濃し」や「飛光《ひこう》よ飛光よ　爾《なんじ》に一杯の酒を勧めん　吾《われ》は識《し》らず

青天《せいてん》の高く　黄地《こうち》の厚きを」などの詩句で知られるが、顕著なのはその絢爛《けんらん》豪華な色彩感覚と頽廃《デカダン》的な耽美の嗜好である。

黒雲《こくうん》城を圧して城は摧《くだ》けんと欲し
甲光《こうこう》は月に向かいて金鱗《きんりん》開《ひら》く
角声《かくせい》は天に満つ　秋色《しゅうしょく》の裏《うち》
塞上《さいじょう》の燕脂《えんじ》は夜紫《やし》を凝《こ》らす
（「雁門太守《がんもんたいしゅ》の行《うた》」より）

城を圧し潰《つぶ》す黒雲の下、兵士の鎧《よろい》は月光で鱗《うろこ》のようにきらめく。角笛《つのぶえ》の響き。秋の色は深まる。塞塁に流れた紅い血が夜、紫色に乾き固まる。

これまで引用した詩の中に、色を示唆する文字が幾つ含まれているか、試みに数えてみられるがよい。それはこの二十七歳で夭折《ようせつ》した詩人の過剰で異常なバロック的感性を物語っている。驚くべきは、この細分と拡散を繰り返す「意味」という化け物を「漢字」（記号）の中に封印し、色も音も香も場所も季節も時間までをも数個の文字の配列だけで描いてしまう漢詩の表現力である（原文＝白文は原書参照）。

初唐・盛唐を経て中唐、やがて晩唐にさしかかる時期に李賀は生きた。時代は異なるがルネサンスなら初期のジオットから盛期のミケランジェロらの古典主義の時代を過ぎ、後期のパルミジャニーノらのいわゆるマニエリスムの時代に入る頃だ。マニエリスムとは、一言でいえば、「様式の腐爛《ふらん》」である。時代や国を問わず、健全な古典主義の芸術の後に必ず到来する不健全な破壊的・悪魔的な芸術衝動。なべて人はまず正統を作り、それに厭《あ》きるとさかしまの異端を求める。盛唐の天才杜甫（詩聖）・李白（詩仙）・王維（詩仏）は今や去り、完成された様式美は李賀という異能の悪魔によってマニエリスム的屈曲を加えられたのだ。

天河《てんが》は夜転じて廻星《かいせい》を漂わし
銀浦《ぎんぽ》の流雲《りゅううん》は水声《すいせい》を学《まね》ぶ
玉宮《ぎょくきゅう》の桂樹《けいじゅ》花は未だ落ちず
仙妾《せんしょう》は香《こう》を採りて珮纓《はいえい》を垂《た》る

（「天上《てんじょう》の謡《うた》」より）

夜空の天《あま》の河《がわ》は回転して星々を泳がせ、銀色の浦に浮かぶ雲はさらさら流れる。宮殿の木犀《もくせい》の花はまだ落ちず、仙女たちは香草を摘みながら腰の匂袋をかぐわしくさせている。

すべて、言語芸術は、文字が音声を喚起させ、音声が文字を喚起させるのでなければならない。これは僕が創作に臨む際、常に自身に繰り返し言い聞かせている絶対的な要諦である。視《み》る対象としての文字は視た瞬間に音を奏で始め、聴く対象としての音声は聴いた瞬間に文字の列を眼裏《まなうら》に想起させる。この絶え間ない往還のうちにこそ言葉の芸術の神髄がある。だが、現代人の文章の多くは絵画性を忘れ音楽性を忘れた単なる事実伝達文に堕している。

正統ののち異端、天才ののち鬼才あらわる。これは遥か古代から反復されてきた芸術に不変の神話である。

（10・11・16）

17

「独身者」の愛の機械

『モレルの発明』

❖アドルフォ・ビオイ＝カサーレス　清水徹・牛島信明訳

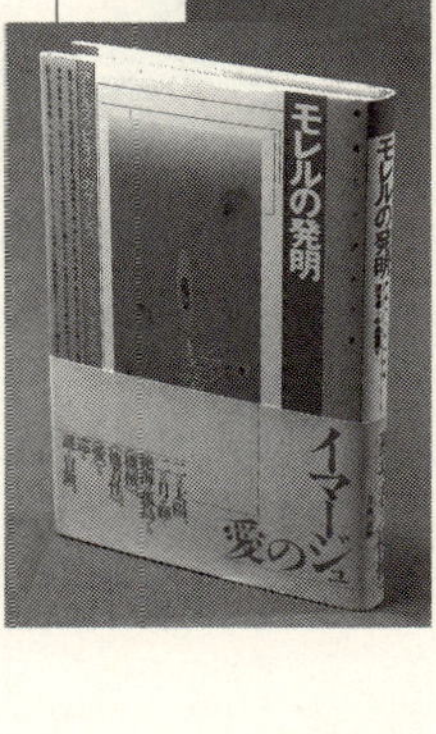

書肆風の薔薇

大学三年の秋（一九九〇年）、刊行されたばかりの本書を一読、落雷を受け、僕は不治の文学病をさらに悪化させた。しかもこの現代的で「完璧な小説」（ボルヘスの讃辞）は遥か一九四〇年の作だった。僕は恐怖すら感じた。

僕の中で線が繋《つな》がった。「モロー博士の島」（ウェルズの小説）→本書→映画『去年マリエンバートで』（監督レネ、脚本ロブ＝グリエ）→「ホテル・カリフォルニア」（イーグルスの曲）。それらは全て幻想譚であり、「独身者」（孤独者）の登場人物（非語り手）を持つ点で一致する。そして僕自身のこれまでの作品も実は同じ聯関《れんかん》の延長上に企図され、問題意識を継承していることを、この場を借りて表白しておきたい。

政治犯の私は決死の逃亡の果てに、伝染病の噂がある無人島へ到り着く。木の根を食《は》む極限生活の中、私は島に建つ豪奢《ごうしゃ》な廃館に予兆もなく大勢の避暑客が突如として姿を現す怪異を幾度か目撃し、見つからぬよう草叢《くさむら》から彼らの様子を窺《うかが》い続ける。だが、この幽霊に似た避暑客らの正体は、かつてモレルという科学者が発明した驚くべき映写機械で立体のまま撮影された過去の人々（モレル自身も映っている）、その一週間の休暇《バカンス》の極めて精密な再生映像に他ならなかった。

モレルという独りの狂おしい魂が、この病的な機械を生み出した。機械は島の潮力が廻《まわ》すタービンで動くため、映像は波の荒い満潮時に自動でくりかえし出現する。

男も女もベンチや草の上に坐り、あらゆる樹々を根こそぎ倒してしまいそうな暴風雨のまっただなかで、会話を交わしたり音楽を聞いたり踊ったりしているのだった。

語り手である逃亡者＝私は、被写体の一人フォスティーヌという女をいつしか愛するようになるが、彼女こそ過去にモレル本人が愛し、映像の中に永遠に記録しようとした女性だった。現実の無人島で幻影の男女に嫉妬する私とは、モレルの作品の鑑賞者であり、登場人物であり、この日記＝小説の書き手でもある。本作はモレルと私という二人の「独身者」を用い、前者の業《ごう》を後者の業に含み込む形で書き留めさせる。

そしてモレルの愛を目撃した、私の愛の記録を、僕ら読者がさらに目撃させられる。

一度もかけたことのないレコードの音楽さながらに、神によって、生きよ、と命ぜられるまで、どこかに埋もれている人生……。

その埋もれた生をよみがえらせるのは観《み》る＝読む者、すなわち我々だ。これは総《すべ》ての書物と読者の関係性のアレゴリーになっている。「独身者」（孤独者）とは、彼の不遇の愛を、未来に現れるかもしれぬ読者《だれか》が再生させる、その僥倖《ぎょうこう》のみをひたすらに信じて、秘《ひそ》かな徒労に命を費やす狂気の隠遁者《いんとん》、つまりは「作家」の謂《いい》に他ならない。

モレルと魂の孤独を共有する私は、死が迫る終局、機械を使い映像の再録画を試みる。再生を行ないつつ私を含めて過去の人々を録画する。つまり、影像のフォスティーヌに寄り添い、まるで仲睦《なかむつ》まじい恋人のように自演し、それをそのまま二重撮りしたのだ。こうして私も彼らと同じ永遠の休暇《レコード》に含み込まれた。よほど注意深い観客でない限り、私と彼女の相愛が疑われる心配はない。

小説において、「独身者」と「自意識」、そして「作者」とはもはや同義ともいえる概念だ。自意識は言葉の病苦の果てに文学という機械をモレルさながら発明し、録画した自身の愛を読者の網膜上に永久《とこしえ》に投影、反復、再生させるのである。（10・12・7）

18

「人外」——反地上の夢

『幻想博物館』

❖中井英夫

『とらんぷ譚』四部作の第一巻　講談社文庫

人と人の間が我々「人間」の棲《す》む世界であるならば、中井英夫の描くこの世ならぬ夢想の領域を、あるいは夢想者たちを、人の外、「人外《にんがい》」と称するのは、いかにも的を射た中井らしい物言いに思われる。

中井英夫といえば、あの傑作長編『虚無への供物』の妖しく同性愛的な密室世界を想起するが、四部の短編集から成るこの『とらんぷ譚』の完成度はそれをさえ凌駕すると僕自身は思っている。それほどに中井の短編作家としての技量は秀でている。ホフマン、ポオ、リラダン、メリメ、本邦の久生十蘭《ひさおじゅうらん》のような幻想的短編小説《コント・ファンタスティック》の系譜に本作が連なるのは澁澤龍彥も指摘するところだが、澁澤の慧眼《けいがん》は、短編《コント》なる文学形式に必須な一種の彫刻家気質、いたずらに情念的装飾に流されない硬質な「文体」

の墨守、物語の散漫さを排する「求心性」と「彫琢《ちょうたく》」への意志、これらの要素を中井短編の第一資質として見抜いているらしい点にうかがわれる。

本書『幻想博物館』は、冒頭の「火星植物園」と、末尾の「薔薇の夜を旅するとき」及び「邪眼」とによってある種の枠物語の趣向を施されている。広大な薔薇園『流薔園《るそうえん》』を擁する海に近い丘の上の「精神病院」。そこには院長の嗜好に合った妄想の持ち主だけが選ばれ、収容されていた。いわばその病院は非類型的な、奇矯《ききょう》な幻覚を持つ患者のみを蒐集《しゅうしゅう》・培養する目的で運営されているのだった。すなわちこの世の外に棲む「人外」の患者のみを。

> 残された幻視者の群れの、さまざまな反地上的な夢を蒐集し、蓄えて、この『流薔園』を病院というより、幻想博物館として完備したい（以下略）。（「火星植物園」）

こうして、各短編の語り手＝幻視者により「人外」の奇想が順繰りに語られ、本書『幻想博物館』が構成される。

この院長＝園長に栽培されている一人の患者は、その妄想の中で、彼自身の幻想の植物を栽培している。

左の手の甲の一部分にでも培養地を造り、そこに本物の、思いきり小さい薔薇を植えこんで（中略）ジョロで水をかけてやると、薔薇は嬉しがって白根をぞよぞよ動かす。そのむず痒《がゆ》いような感覚をじかに知ることができたら、少しは根の思考法に近づけるかもしれない（以下略）。（同前）

この植物幻想、もしくは薔薇幻想の患者（ほとんど中井自身と言っていい）は、別の短編でこうも述べる。

どれほど多くの花を見たところで、その外側にいる限り薔薇を知ったことにはならない。

「自らの体の血肉を土の下で根に養分として吸わせ」根圧と蒸散作用の働くまま、導管と篩管《しかん》の緑いろのエレベーターを自在に上下し、薔薇の内部を旅するとき、外側からだけ眺めてその美を讃えていた愚昧がはっきりする。（共に「薔薇の夜を旅するとき」）

これら幻視者《ヴィジョネール》＝患者たちは、前回書いた独身者＝作者たちの存在と、なんと哀《かな》しいほどに酷似していることか。この不憫《ふびん》な狂人たちは自らの意志で「人外」にとどまり続ける。見者《ヴォワイヤン》たることの矜持《きょうじ》が彼らを支えるのだ。そんな彼らの唯一の恐怖、それこそは「人間《じんかん》」への堕落、病の恢復《かいふく》と地上への帰還なのである。（10・12・21）

19

「幼稚さ」への意志

『バカカイ』

❖ヴィトルド・ゴンブローヴィチ　工藤幸雄訳

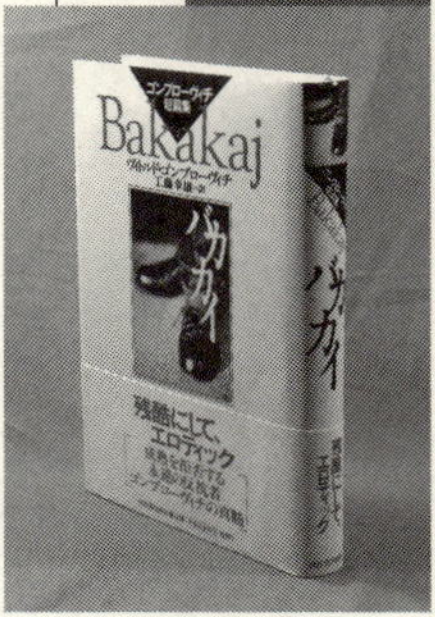

河出書房新社

有用な「意味」で隅々まで満たされ、整然と秩序立てられたこの世界の中に、あえて唐突に「無意味」を乱入させ、時空に裂け目を生じさせる。それが「ダダ」という芸術の破壊衝動だと、僕はむかし恩師から教わった。

　ふだん自著に署名をする際、僕は一筆書《ひとふでが》きで、紐つきの片眼鏡《かためがね》をかけた人の顔を描くことにしているが、それは二十世紀初頭にスイスのカフェ・ヴォルテールで始まったダダ運動の領袖《りょうしゅう》、トリスタン・ツァラの似顔絵で、つまり僕にはそれほどまで、ダダという現象の意味を、否、無意味を、深く考えつめていた過去がある。

　恩師も澁澤も三島さえもが絶賛したゴンブローヴィチの諸著作にふれたとき、僕は、彼の文学の根源には言語芸術的なある種の破壊衝動《テロリズム》があると直観した。それはいわば、命がけの悪ふざけ、命がけの幼稚さ、そう呼ぶしかない、人の真の実存への、禁じられた、おそるべき跳躍だった。

出し抜けなお願いだが、読者よ、どうか今お読みになっているこの本を伏せて、その場に立ち、真正面を見て、裂帛《れっぱく》の気合と共にこう叫んで欲しい。ニヤニヤ笑いもやめ、本当の本当に家人や隣人が思わず恐れおののくほどの大声を出すこと。これは僕からの真面目で大切なお願いである。

「のっぽのぽのぽ　真剣だ」

冗談でなく、お茶も濁さず、読み飛ばしたことにもせず、必ず現実に声に出し叫んで頂きたい。どうか笑わないで欲しい。僕は、命がけで申し上げているのだ。

無意味を実践することほど余人にとって耐え難いことはない。願いを聞いてくれた方、僕はあなたの勇気を讃える。あなたは今、真に生きた。あなたこそが芸術家だ。

総《すべ》ての芸術意欲《クンスト・ヴォーレン》には、過去を相続し継承せんとする穏健な側面と、歪曲し破壊せんとする病的な側面とがある。この二面は、模倣と批評とも、なんなら古典主義とマニエリスムとも言い換えられるが、意味が世界を覆っているから無意味が可能であり、逆に無意味が闖入《ちんにゅう》するから、仮死していた意味が色を帯び、世界が復権される。

立派な騎兵で伯爵でもあるステファン・チャルニェツキが恋人に言う。

「ほら、そこに蛙《カエル》がいる。軍人の名誉にかけて誓って言うが、ぼくの呪文を言わなかったら、きみのブラウスのなかにあいつを突っ込んでやろう、それがいやなら、いいかい、こう言うんだ、まじめにぼくの目を見て、すぐに言うんだよ――チャム、バム、ビュウ、ムニュウ、ムニュウ、バ、ビ、バ、ベ、ノ、ザル」（中略）「いや、いや」彼女は泣きじゃくりながら繰り返した。「恥ずかしい……そんなナンセンスな言葉！」（「ステファン・チャルニェツキの手記」）


僕の言う「無意味」、「幼稚さ」とは、幼児がとるべくしてとる未熟のさまではない。れっきとした成人、世界の内に確固たる身分《I D》を持つ大人が、凝り固まった常識や、紋切型に陥った欺瞞《ぎまん》の生を、芸術的・哲学的な「破壊」により刷新し甦《よみがえ》らせることである。それには強靭《きょうじん》な「道化力」、妥協を許さぬ「幼稚さへの意志」と信念が必要だ。

心当たりのある読者は、ダダや命がけの幼稚さという常軌を逸したこれらの衝動が、僕自身の最初の小説にいかに大きく影を落としているか、お解りになると思う。ゴンブローヴィチは僕にとって、あらゆる意味で決定的な作家なのである。（11・1・4）

20　存在の「外」を覗く

『闇のなかの黒い馬』

❖埴谷雄高

河出書房新社

僕も読者もこの世の誰も、有限であるはずの「自己の存在」の、その総《すべ》てを見届けた者はいない。世界の総て、宇宙の総てでも、事は同じだ。

僕の専攻した哲学という分野の中心問題が、これら「存在」への思考、すなわち存在論《オントロジー》だった。アリストテレスは存在論を「第一哲学」と呼び、人間の「究極の学問」と位置づけた。

明確に名指しがたい「存在」などという抽象概念を、古人は何ゆえに延々と忖度《そんたく》してきたのか。これは哲学を志す者みなが初心時に抱く疑問である。哲学は人間の「生」を解き明かす学問のはずだ、「存在」の出る幕ではない、と。だが哲学は僕らに、思考すること自体の基底を質《ただ》してくる。「君はいかにして思考しうるか」「思考する君は、世界は、在るのか」「その『在る』とはいかなることか」つまり、「君など存在しないのだ」と宣告され、これをいかに反駁《はんばく》しうるか熟考する時、初めて一個の哲学の徒が誕生する。だがこの世には、楽しくさえあれば自分が実在しようがしまいが頓着せぬという御仁《ごじん》もいる。哲学は彼を必要としない。哲学は、この一回きりの生、いつか到来する死の闇、それまでの間明かりのともる「私《わたくし》」というかげろうのように儚《はかな》い現象を、無力でもなお究明せんとする、人間の狂おしい渇望にのみ寄与する。

カントは、世界は在るのか、という存在論的問いから、そもそも我々に存在など把握できるのか、といった認識論的問いに争点を置き換えたが、戦後日本において、カント的不可知論を他ならぬ「小説」によって探究しようとした作家が埴谷雄高である。大長編『死霊《しれい》』では「自同律（己が己であること）の不快」や「虚体《きよたい》」（⇔実体）といった型破りな造語が頻出し、独自の存在論が展開されるが、本短編集ではそれを、夜の夢の内でいかに試行・実践し、「存在」の果てとその向こう側＝「非在」とを垣間見るか、が主題となっている。

例えば彼は「堕《お》ちる夢」の只中にあえて留《とど》まり、無限に堕ち続けることで存在の最果てへ至り、さらにその「外」（非在）を覗《のぞ》こうと思案する。

果てもなく堕ちつづけることによつてその夢自体をともにひきずりゆき、ひとつの石を抛物線状《ほうぶつ》に投げるように、そのひきずつている夢全体をまさにその無限落下の方向へ向かつて懸命に投げ出すこと（後略）。（「自在圏」）

作者が夜の夢にこだわるのは、白昼の思考が「《こうとしか見えず、こうとしか考えられない》一種遁《のが》れがたい罠《わな》」に陥っているからだ。彼にとってリアルな思考とは、例えば《私のいない夢》を見ることである。が、私なしに夢など見られようか？

〔その夢は〕いわば、私が見ようとするかぎりついに見るあてもない種類の永劫の矛盾的願望なのであつた。（「《私》のいない夢」）

自分がこの自分でしかありえないという苦悩を自覚し、「非在」へ突き抜けることで己を不可能の「虚体」へと化さしめる思考。これを観念の操作に過ぎぬと一蹴し、享楽と物質的充足を生の第一義とする実利主義者《マテリアリスト》らがいつの世も埴谷の文学を黙殺し斥《しりぞ》けてきた。文学も哲学も、全ての芸術も、功利的有用性で語られるや否や、たちどころにその真価を隠すのである。（11・1・18）

21 小説とは、「反」小説である

『幻影都市のトポロジー』

❖アラン・ロブ＝グリエ　江中直紀訳

新潮社

小説。それは他者と遭遇し、外部に侵《おか》されることで、自らの硬直した表現形式を絶えず破り続ける、被虐的《マゾヒスティック》ともいえる言語芸術だ。真の小説とはそれ自身が小説批判の体現でなければならず、「反・小説（アンチ・ロマン）」でなければならない。

全ての芸術は「反《アンチ》」を内に含みこむ「反・芸術」の側面を持つ。既存の形式・様式にいかなるアンチを突きつけられるかによってのみ芸術は生き永らえるのであり、アンチを欠いた芸術とは最早死んだ芸術なのだ。

つまりアンチとは、自己批判・自己否定の能力、もっと言えば自死への勇気であり、それが旧態（古い形式）を殺すことで、その芸術自体を乗り越え、自らの生を繋《つな》ぐのである。

ロブ＝グリエの外面描写徹底主義は一九六〇～七〇年代のフランスで、極めて先鋭的な小説批判小説の潮流、「新・小説《ヌーヴォー・ロマン》」の実験精神を代表した。以前カミュは『異邦人』で内面のない青年ムルソーを外面からのみ描いたが、その虚無的文体にはヘミングウェイらのハードボイルド的手法の遠い影響も見られる。ヌーヴォー・ロマンの外面描写主義（または内面捨象主義）とは、フランスの長い心理主義小説の伝統に牙をむく、いわば「その後のムルソー」、極度に過激化した、その落し胤《だね》たちである。

　その四人〔の女たち〕は極端にくっついているため、ゆったりとしたスカートがひとつに溶けあってしまい、壁の上にもびっしりと区別のない影ひとつしかうつらないほどだが、他方上へむかって行くと、せばまった腰のくびれ、胸着の鯨骨で締めて圧《おさ》えつけた胴体、しゃんと伸ばしたながい頸《くび》、こわばらせてもたげた華奢《きゃしゃ》な頭、ほつれもゆるみもなく結いあげた髪などが、今度は鋸《のこぎり》の歯のような明確で完璧に読みとれる影絵になって、輪郭を浮きあがらせている。

　このように、ロブ＝グリエ作品の登場人物は全て風景か点景、人形のような静物《オブジェ》、虚ろな被写体だ。作者の眼は一個のカメラにすぎず、レンズ面に映る世界の細部をただ即物的に眺め、読者も同じ眼で眺めさせられている。

眼は、時に「上へむかって行」き、時に「完璧に読みと」る。ワンカットの長回し撮影によるフィルムのように。こうした視点操作は多分に映画的であり、ロブ＝グリエは従来の小説的思考でなく、他者なる芸術＝「映画」的思考によって小説を書いた。かつて本邦の芥川や谷崎も当時新奇だった活動写真の感覚を積極的に小説に持ち込んだが、ロブ＝グリエと同時期のフランスではゴダールやレネら、映画の新しい波《ヌーヴェル・バーグ》の旗手たちが陸続と現れていた。小説と映画の共闘は、半ば時代の必然だったのである。ロブ＝グリエはレネの映画『去年マリエンバートで』の脚本を書いた。何人もの人影が出てくるこの映画の中に果たして生者は含まれているだろうか。主人公も城館も、そしてカメラさえもが死んでいるように見えるこのひと気なき世界の時を刻んでいるのは、ただロブ＝グリエの書いた語り《ナレーション》、その匿名の囁《ささや》きだけである。内面は死に、場所《トポス》だけが遺《のこ》った。ジョルジョ・デ・キリコやデルヴォーやマグリット風の、超現実的《シユルレアル》な幻影都市。そんな無人の風景、無人の小説に、僕は心を奪われる。

（11・2・1）

22

変節する複数の「僕」

『数《ノンブル》』

❖フィリップ・ソレルス　岩崎力訳

新潮社

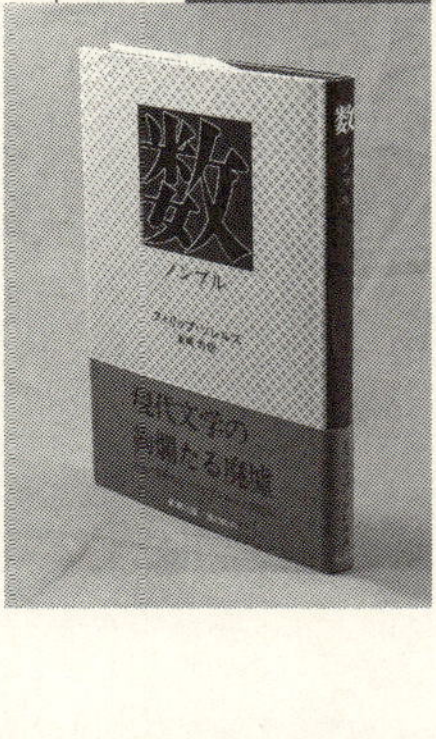

作品を出すごとに文体や手法をくるくると変え、読者を裏切り続ける性質の作家がいる。奇妙なことに彼は、前作までの読者が失望するのを知りながらあえて変節し、背信を繰り返す。

文学の病が作家を変節させるのだ。そしてこの世には同じ病に冒《おか》された読者もまた存在し、彼らはより不遜な方法で裏切られることを熱望する。作家から変節の野心が消え、同じスタイルや題材を反復し始めた時、こうした読者たちは彼を顧みなくなる。

文学史上最大の変節作家はジョイスだが、ソレルスの変節も華々しい。最初期の心理小説がモーリヤックらに激賞され文壇に出るや否や、自らの既存作を全否定して自作リストから追放・抹殺し、実験小説『公園』『ドラマ』『数《ノンブル》』を矢継ぎ早に世に問うた。その後一転、平易な文章で性的自伝を書くなど、変節を繰り返し続ける。
彼の変節、その病とは何か。それは書く行為そのものへの疑義、作家たる自己へのの厳しい省察《せいさつ》に起因する。本作中にも「《僕》と言うことを僕に強いるものが僕のほうに近づいてくる」と書かれているが、これは意識的な小説家が必ず陥るジレンマだ。例えば「……と僕は言った」と書く時の「僕」とは一体誰か。ここには言った僕と、その発話行為を語る僕とがおり、二人の時空は決して一致しない。行為する僕（登場人物）。伝える僕（語り手）。そしてもう一人、その語りを実際に紙に記述する僕（作家本人）。生きる僕は一人だ。しかし、生を語り、語りを書く時、「僕」は分裂する。彼ら別個の三人が、「僕」という名の偏狭な同じ一人称に閉じ込められている……。

その装置はほかならぬ僕自身だった、たったいまこの文章を書いたのはその機械であり、（略）自分自身の形がいずれ僕から失われ、僕を置き去りにするであろうことは承知のうえで、その形のなかに場所を移すよう命じられていた……（略）迅速な動き、手を閉じる動き、文字からくる動き、文字、街路、肉体、壁、群衆などとその迂回をのぞきこむ動きのなかで自己を失うだろうことも承知の上で……

厳密にいえば、この小説に「僕」のほか登場人物はおらず、筋書きもなく、事件は何ひとつ起こらない。ここに物語られているのは、書く僕がまさに今ここに書いているその行為の現場を自ら押さえ、「書く」という「生」をまさに今、紙の上で生きることである。

そうだ。作家の生きられる場所はただ紙の上だ。それなのにこの小説は次のような冒頭から始まっている。

紙が燃えていた、（略）このページ、あるいは燃えつきて丸く巻かれ、褐色になってしまった木の表面。

文学の病に憑《つ》かれた背信者は孤独なものである。古典的心理小説を捨て実験小説へ、その極致を見た後には正反対の官能長編。人は彼を「変節漢」と罵《ののし》り、読者の信用を一刻たりとも欲しがろうとしない天邪鬼《あまのじゃく》だと嘲《あざけ》る。

作家の生は書くことだ。書く行為を省みない作家は、生をも省みない。生きて書く切実な自意識、その分裂した僕が真に僕として実存するため、僕は前の紙を破り、燃やす。僕が生きたその紙の上で、前の僕を順に死なせ続けるために。（11・2・15）

23

「低級感覚」の復権

『ナージャとミエーレ』

❖山口椿

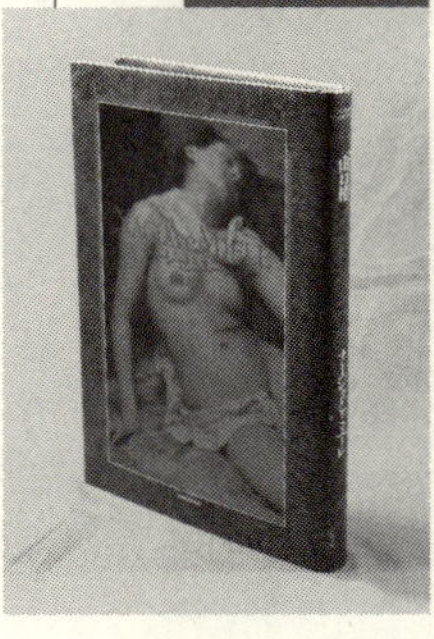

トレヴィル

古来、西洋の感性学《エステティクス》においては五感のうち、認識力や情報把握力に秀でた「視覚」と「聴覚」を高級感覚、劣った「味覚」「嗅覚」「触覚」を低級感覚と呼び、前者は称揚され、後者は長い間、不当に虐げられてきた。

十九世紀中葉、これら旧弊な認識論的制度《ヒエラルキー》や美的臆見《ドクサ》に昂然《こうぜん》と反逆し、世紀末芸術の全方位に絶大な影響を及ぼしたのが、『悪の華』の放蕩詩人、シャルル・ボードレールである。彼の遺《のこ》したおびただしい詩篇には低級感覚の横溢《おういつ》が見られ、例えば黒人女の髪の「匂い」から異国風《エキゾティック》な「景色」を幻視したり、『悪の華』収録の詩「万物照応《コレスポンダンス》」にも、「香りと色と音とは、相呼び相応う」と書かれ、五感の混淆《こんこう》による内的宇宙の刷新が謳《うた》い上げられている。万物照応の観念は元々、錬金術やカバラなど、西欧の神秘思想に由来し、十九世紀、象徴主義《サンボリスム》の名で復活する。

日本文学における低級感覚の最大の讃美者は谷崎潤一郎である。大正期の短編「美食倶楽部」では、美食の追求の果てに、秘密のクラブで目隠しされたまま女の指に顔を撫《な》でられ、口に入って唇や舌を弄《なぶ》られ、唾液まみれになりつつも、その細い指に、白菜に似た滋味を幻覚する。主人公の男は、触覚と味覚が不可分のものとなって初めて至上の愉悦を得るのであり、感覚は混淆し、「高級」は「低級」のもとにあえなくひざまずく。

一九九〇年に上梓《じょうし》された本書『ナージャとミエーレ』は、頽廃の美学に傾倒していた大学生の僕を、真に高級なエロティシズムでしたたかに打ちのめした。著者山口椿はチェロ奏者・画家（枕絵師）・作家。かつて政府給費留学生として渡仏し、イタリアでも音楽や美術を学んだ。本書は作者の滞欧時代をモチーフにした、少女たちとの儚《はかな》い交歓の記録である。

痩せた異国の少女と「私」は互いの恥部をまさぐり合いながら、恍惚《こうこつ》として、その触感を戸外の風景のなかに視る。

> この動作は、（略）アルノ河が流れていたり、月が満ち欠けしたり、鳥が唄ったりすることに、よく似ている。／〔窓外のマロニエは〕五月になると、燭台に

見まがう花を飾り、いま秋冷を先取りするかのようにわくら葉を散らす。（「ベラ」）

または、味覚が嗅覚・視覚へ翻る。

それは遠い海の匂いがした。／褪《あ》せた潮の記憶。／ついで、ヴァニラの薫りが、私の舌をおどろかせた。／まさか？ 先ほど、デセールに、ふたりで味わったアイスクリーム……／「ヴァニラの匂いがするよ」／（略）午睡《ひるね》の夢、印花綿布《めんざらさ》の懸布、籐椅子の上の英吉利《イギリス》ふうの襯衣《シャツ》の匂い。／それに、なにかのしぶみ。／ヴイットリオ・ベネト通りに花茶があるはずだ。（略）僧院の糖菓《コンフェット》、雨の伽藍《がらん》、鍍金《メッキ》した橄欖《かんらん》。／総《すべ》ては、少女をとおり、私に流れ込んだ。（「チェーナ」）

少女の軀《からだ》から排泄される「水＝尿」を、出しなに舌で舐め、吸って、呆然と味わいながら「私」は、潮やヴァニラの香《か》を嗅ぎとり、花茶や糖菓や伽藍や橄欖を幻視する。高級と低級が攪拌《かくはん》され、清と濁は絶え間なく席を換える。こうした惑乱のうちにこそ「詩」が潜み、万物の照応する坩堝《るつぼ》としての「小説」が潜んでいるのである。

（11・3・1）

24 異界としての「家」

『赤い蛇』

❖日野日出志

ひばり書房

畳敷きの部屋かずが多く、広すぎてこわい旧家、そういう構えの田舎屋敷が、僕の子供の頃にはまだ方々に点在していたものだ。

大人なら誰しも思い当たる節があるだろうが、僕には幼い頃の世界と現在の世界とが、時間続き・地続きの同質の場所とは到底信じられない。どの瞬間に時空を踏み外し今の世界に出て来られたのか、否、どの瞬間にかつての夢幻空間からこの無味乾燥とした理性的世界に放逐されたのか、皆目覚えがない。でも、あの場所とこの場所が別物だという実感は否みがたくあり、失われたあの場所は、僕にとってこの上ない戦慄と恐怖、甘美と酩酊《めいてい》の混在した桃源郷なのである。

日野日出志『赤い蛇』（ひばり書房、1984年）より

〔冒頭〕ぼくは物心ついた時からこの家を出たいと思っていた

家の全貌を見た者は誰もいない

〔塀の外を巡っていると、家の敷地内に〕今まで見たこともない造りの棟が忽然《こつぜん》と姿を現してくる

ぼくが知っているといえば……家族が日常使っている十数部屋だけで……その数さえ不明の他の部屋は見たことも行ったこともなかった……

本作は作者日野氏が幼少時に住んだだろう実在の夢幻空間を克明に描破し

た狂気の傑作だ。若く美しい母は皮膚病の醜い祖父に隷従・奉仕し、父は毎朝鶏小屋の卵を気のふれた祖母の寝間へ運び、祖母は枯れ枝の巣の中で卵を温める。その家は作者の幻影・記憶の中の場所として鮮烈に「実在」したのである。

本邦の恐怖漫画は戦後の貸本屋時代を経て、水木しげるを先達に、昭和十一年生まれの楳図かずお・古賀新一・つのだじろうを輩出、世界に例を見ない異様な発展を遂げた。戦後生まれの日野氏の初期の作風には、同世代の花輪和一らと同様、畸形《フリークス》や奇病、血飛沫《しぶき》など、読者の臓腑に直接訴える煽情的な主題が多かったが、『赤い蛇』の幻想世界は恐怖《ホラー》というよりむしろ郷愁《ノスタルジー》と呼ぶべきものであり、それは本作が人でなく家を主体にした独特な視点を有しているからである。

家屋それ自体が主人公であるような空恐ろしい作品が稀に存在する。小説なら日影丈吉「ひこばえ」やポオの「アッシャー家の崩壊」、デュ・モーリアの『レベッカ』など。それらの家は登場人物たちを災禍へ誘《いざな》う物言わぬ化け物である。

ところで、日本から旧家が消えつつあるのと時を同じくするように、漫画から常軌を逸した才能、強い個性が消えつつある。

かつて漫画は動画《アニメ》を生んだ。しかし動画はやがて狭義のアニメとなり、漫画の豊饒な作画術を黙殺・均一化し、今ではアニメといえば誰もが想起する、巨大な瞳にぎざぎざ前髪の、あの量産向きな類型《ステロタイプ》に堕した。アフレコの音声までが気味悪いほどに類型的なおさな声だ。この惰性的な反復をどうして誰も不思議に思わないのだろうか。

何度も言うが、芸術は模倣と批評から生まれる。模倣は易く批評は難《かた》い。批評とは現状の自他の表現へのいわば前向きな「ダメ出し」だからだ。たとえば何ゆえ瞳を大きく描くのか、と己の先入観を批判的に疑う力がなければ新しい画《え》は生まれない。類型の刷り込みが多くの子供から批評力を失わせ、消費傾向や思想まで容易に制御《コントロール》しうる脆弱《ぜいじゃく》な無菌児を培養し続けるのである。（11・3・15）

25

架空の時・架空の自己

『失われた時を求めて』

❖マルセル・プルースト　井上究一郎訳

全五巻　筑摩書房

世界文学史上最高の小説である。誰がどんなに頭から湯気を出して反論しようが、この事実だけは動かしえない。そんな最高峰の傑作に関し、小欄でいかほどのことが書けるのか、考えるだに眩暈《めまい》がする。僕は本作を二種類の翻訳で生涯に二度読むことを奨《すす》める。まず明快な鈴木道彦訳、後に豪奢《ごうしゃ》で華麗な井上究一郎訳を堪能し、震撼《しんかん》せられたい。

老成した語り手の「私」は昔過ごした田舎町コンブレーを意志的に回想せんとするが果たせず、過去は依然として朧《おぼろ》な書割でしかない。

寝室には、ママがはいってくるためのガラス張りのドアのある、小さな廊下がついていて、(略) あたかもコンブレーはせまい階段でつながれた二つの階からしかなりたっていなくて、そこには夕方の七時しかなかったかのようであった。(「スワン家のほうへ」第一部)

だが、思わぬ偶然からコンブレーは見い出される。「紅茶に浸したプチット・マドレーヌ」の一瞬の味覚が架空の時間・世界・言語を発見するのだ。つまりこの長編は、先々回語った低級感覚=味覚の不意の発動から始まるのである。

〔次々に町、広場、通りが現れ〕庭園のすべての花、そしてヴィヴォーヌ川の睡《すい》蓮《れん》、(略) ささやかな住まい、そして教会、そして全コンブレーとその近郷、形態をそなえ堅牢性をもつそうしたすべてが、町も庭もともに、私の一杯の紅茶から出てきたのである。(同前)

本作には要約困難な膨大な「物語」があり、物語より多く「詩(詩性)」が、詩より多く「批評」がある。物語：詩：批評=3：4：5がけだし理想の比率だ。僕の知る限り、三要素をこれほど完璧な黄金比で体現した小説は本作の他に存在しない。驚くべきことに、この巨編はもともと、批評家サント=ブーヴの古典的文学観(作品は作家自身の成育環境や時代などの社会的背景が反映して生まれる）に反駁《はんばく》を加えるための批評文として起筆され、それがなんと母へ宛てた手紙の形式で構想されたことから、次第に変転・長編化し、現在のような詩的小説の体裁を帯びるに至った。

作家となった「私」が失われた架空の時・架空の自己を創出し、以《も》って小説とは無意識なる自己の背面世界を彷徨《ほうこう》する業だと劇的に自覚する、一連の顚末を綴ったのが本作である。

プルーストは伝記的事実に還元されない作家の言語的無意識が作品を紡がせると主張した。作家の奥底で互いに衝突し合う多種の言語が全く新しい架空の外国語を生み、それが新たな架空の自己、架空の世界、架空の小説を生む。サント＝ブーヴ的僻見《へきけん》は単に小説の一要素である「物語」の出処《でどころ》を検証する役にしか立たず、「詩」と「批評」がいかに発動され作品へいかに効果するかの側面は等閑《とうかん》に付され、読解を放棄されている。こうした評者は物語だけを読み、実は小説を読んでいない。

出現したコンブレーの家からは二つの方向へ道が通じていた。一つはスワン家のほう、もう一つがゲルマントのほう。前者は新興の資本社会、後者は斜陽の貴族社会を象徴し、両者の子孫（ジルベルトとサン＝ルー）がもうけた一人娘と、老いた「私」が出逢う円環的な大団円は、未だに夥《おびただ》しい解釈を生み、まさに小説を都度創り出し、架空の時を、そして架空の「読者」をも、生み出し続けているのである。（11・4・5）

26

「食材」「調理」「吟味」

「春は馬車に乗って」ほか

❖横光利一

『日輪・春は馬車に乗って・他八篇』所収　岩波文庫

関東大震災の翌年に発表された横光利一の短編「頭ならびに腹」は、当時の読者に一種異様な読後感を与えた。その有名な書き出しがこうだ。「真昼である。特別急行列車は満員のまま全速力で駆けていた。沿線の小駅は石のように黙殺された。」僕はこれまでも他の場所で「花園の思想」など横光作品を論じてきたが、それは彼の小説が、「小説を書く」という強靭《きょうじん》な自意識で貫かれているからである。

美しき女王卑弥呼をめぐる古代恋愛譚「日輪」の、忘れがたき一節。

〔彼女が去ると〕大兄《おおえ》の顔は顰《ゆが》んで来た。彼は小石を拾うと森の中へ投げ込んだ。森は数枚の柏の葉から月光を払い落して呟《つぶや》いた。

そして、横光作品の詩的表現力の最高峰、「ナポレオンと田虫《たむし》」の冒頭。

　ナポレオン・ボナパルトの腹は、チュイルリーの観台の上で、折からの虹と対戦するかのように張り合っていた。その剛壮な腹の頂点では、コルシカ産の瑪瑙《めのう》の釦《ボタン》が巴里《パリー》の半景を歪《ゆが》ませながら、幽《かす》かに妃《きさき》の指紋のために曇っていた。

機能主義者にとっては言葉は伝達の道具だ。伝達手段でしかないのなら、詩的表現など無用の工夫、それどころか邪魔なノイズにすぎまい。ではなぜ人は道具的な言葉の使用のみに満足せず、殊更にそれを変容・迂回させ、あえて直截《ちょくせつ》的伝達を妨害する愚挙に走るのか。それは、人間固有の能力として神より賦与《ふよ》された「批評」という名の精神《ガイスト》が、言語を単なる道具に貶《おとし》めておかぬからである。

読者の耳にたこを作るようで恐縮だが、再度整理する。小説を構成する必須三要素、「物語」「詩（詩性）」「批評」はそれぞれ「ＷＨＡＴ《なにを》」「ＨＯＷ《どのように》」「ＷＨＹ《なにゆえに》」と換言できる。物語という伝達内容を、詩という伝達方法で、批評という伝達反省を絶えず自覚しながら言語に表出する。この営為こそ、「小説」の本質だ。内容だけを工夫なく、ただ右から左へ伝達するもの、それが物語。これに飽き足らず、物語に変形・加工を施そうとする不断の革命精神が批評。批評の要請に応じて言葉を歪曲し、伝達にあえて迂《う》路《ろ》を創り出す技術が詩だ。物語・詩・批評の三者は料理なら「食材」「調理」「吟味」と譬《たと》えられる。食材（物語）は生でも喰えなくはないし喰えば腹は膨れるが、人間は動物でなく人間なので食事に関して吟味（批評）を行なう。より快い食べ方はないか思案し、それが調理（詩）という観念に反映され、技を変転・上達させる。

初期横光は川端らとともに新感覚派と呼ばれるが、感覚とはいわば彼の小説の「詩」を、絶えず鍛え続ける彼自身の「批評」力に他なるまい。

肺病で痩せ細った妻をしずかに看病する夫。その苦を、そのままじかに「苦しい」と横光の批評力＝感覚が書かせるはずはない。

> 彼は苦痛を、譬《たと》えば砂糖を甜《な》める舌のように、あらゆる感覚の眼《め》を光らせて吟味しながら甜め尽してやろうと決心した。そうして最後に、どの味が美味《うま》かったか。――俺の身体は一本のフラスコだ。何ものよりも、先《ま》ず透明でなければならぬ。（「春は馬車に乗って」）

物語の悲しみを「悲しみ」のまま供さない。詩が、批評が、世界＝物語を本当の「小説」にする。

（11・4・19）

27

他者——意想の「外」の住人

『優雅な獲物』

❖ポール・ボウルズ　四方田犬彦訳

新潮社

大学二年の夏、本書が出た。母国アメリカでも長く忘れられていた当時まだ存命中のモロッコ在住の作家、そして何より音楽家であるポール・ボウルズという不思議な才能に僕は激しく傾倒した。

長い欧州放浪の途、念願だったモロッコのタンジールを訪れた。老作家に会えるあてもなく、丘からジブラルタルの海を放心して眺めた。背後は砂漠で、そこから先は旅の「外」だった。僕は砂漠を見やった。そして再び丘を降り、見知った文明世界、ユーレイルパスと、拙い英語の通用する「内」側の世界へ戻っていった。

僕が当時、彼から受けた衝撃とは、世界の外の衝撃、言語の外の衝撃、そして僕らの内なる共通理解（物語）をあっけなく踏みにじり破壊し去る「物語の外の物語」、それが持つ真の、すなわち「リアル」の、衝撃だった。

　船でモロッコへ渡る前、僕はマドリッドのユースで旅人から執拗に釘を刺された。南部カディスから来たという褐色の肌の美青年、半裸の彼は僕の寝台の上の段で禁止された煙草をふかし、「南部の夜は無法地帯だ」と繰り返した。先日も日本人の新婚旅行客がアルヘシラスで強盗に遭った、と。新郎は屈強な柔道家だったのに、警察が来た時には失神し、両眼を潰《つぶ》され、新婦も顔と腹を蹴られていた。我々の喧嘩の文法（物語）の外に強盗たちの非情さは息づいていた。柔道家は闘う前から両眼に深々と躊躇《ちゅうちょ》なく指を押し込まれた。女なら顔さえ蹴れば誰でも抵抗をやめるという。これは自分たちの想定している次元の暴力ではない、と。気構えも身構えも通用しない。

　本書中屈指の短編「遠い挿話」の物語も、僕らの想定の遥か外で語られる。ある言語学の教授がモロッコに調査旅行に来る。が、キャフェの男に騙《だま》され、レギバット族の隊商にその身を売り渡される。この場面は人身売買というよりむしろ、捕獲というべき描写が為《な》される。蛮族は獣を扱うように無関心に教授という獲物を扱う。


　彼は片手で教授の鼻を抓《つね》った。教授が息をしようと口を開けると、男はすばやく舌を摑み、満身の力をこめて引張った。（略）荒々しく舌を捥《も》ぎ取られる痛みは鋭いナイフのそれと区別がつかなかった。（略）「手術」という言葉が脳裏にちらついた。

〔舌を失い文明から遠ざかった教授は〕他人によって命じられる動きによってだけ存在していた。（略）食べ、排便し、命ぜられると踊った。（略）教授はきわめて上首尾に調教されていた。（略）踊り。地面ごろごろ。動物の真似。

一年ののち、教授は曲芸獣として他部族へ転売され、そこで部族同士の諍《いさか》いが起こったため、彼は偶然フランス警察に保護される。だが彼は自己を、言語を、既に喪失していた。彼は壁のカレンダーを見つめた。「六月《ジユアン》……月曜《ランデイ》……火曜《マルデイ》……水曜《メルクルデイ》……」。インクの記号群、その音《おん》の緊迫感が教授を発狂させ、再び砂漠へ向かわせる。「彼は両腕をいっそう激しく振り、恐怖の発作から数歩ごとに宙高くに飛びあがった。（略）教授が踊り狂う姿は刻々と迫る夕暮のなかでしだいに小さくなった。」

言語《ラング》の採集者が舌《ラング》を奪われ自己をも失うのは、共通の言葉こそ内部であり、舌《ことば》の喪失が外への放逐を意味するということだ。ボウルズは生涯、他者、そして外部を、狂おしい郷愁さえ漂わせながら、魅せられたように描き続けた。坂口安吾風にいえば、外部こそ、彼にとっての「文学のふるさと」だったからである。

（11・5・3）

28 言葉の前に立ち尽くす

『Ambarvalia（あんばるわりあ）』

❖西脇順三郎

椎の木社

恩師種村季弘は独文学者だったので、僕は学生時代、不得意なのによくドイツ語を読まされた。エラノス会議の年報など、古代宗教や心理学関連の学術論文が多かった。ある日、その場で訳すよう渡された紙に、詩のような文字が並んでいた。だが、訳し始めて僕は困惑した。全く意味が通らないのだ。実はこれは種村先生特有の悪戯《いたずら》で、もともと日本語で書かれた日本人の詩をドイツ人の翻訳者がドイツ語に訳したものだった。僕は知らずに再度それを日本語へ訳し直していたのである。

鉱山の煙は火山のやうにみえる／谷川の上、山百合の咲く崖の下に／トコヤはアトリエを開いた／牀《ゆか》の上には工夫《こうふ》の髭《ひげ》と百合の花粉とが／混じて積みかさなつてゐる／ビール会社の広告の女優の肖像の下で／新聞紙と尺八との間で、この芸術家は／脚気《ベリベリ》の神様のやうにほゝえんでゐる（「理髪」）

先生の指導はいつも型破りだった。真にうけた僕は、辞書を引き引き懸命に訳した。「女優の下……新聞……笛に挟まれ……芸術家が……くる病で……笑ってた?」。先生が笑った。タネを明かされた僕は憮然《ぶぜん》として師をなじった。先生がなぜ日本人の詩を異国語で僕に読ませたのか。それはこの詩人、西脇順三郎という稀有《けう》なる詩魂の本質を正しく僕に刻印するためだった。全く手の込んだ奇天烈《きてれつ》な指導法である。

（覆《くつがへ》された宝石）のやうな朝
何人《なんぴと》か戸口にて誰《たれ》かとさゝやく
それは神の生誕の日。（「天気」）

外国語から僕はこの詩を宝石のように採掘した。三行の中では神の生誕さえもが「天気」という大きな詩世界の一点景にすぎなかった。なぜ題が天気なのか、と僕は呟《つぶや》いた。題が先で、詩編は後から足したのだろうと先生は笑った。一事が万事この調子で、師の読みは鋭く、僕は常に感服せざるをえなかった。

この詩集には、バベル的な言語分裂以前の理想郷《ユートピア》としての古代憧憬《しょうけい》が、我々の分裂後の言語で書かれている。ゆえに、名詞は形容詞と折り合わず、主語は述語と折り合わず、読者は自分がうっかり「誤訳」を犯したかと疑う。

「一つの新鮮な自転車がある」「一個の料理人が／ミモザの樹の如く戦慄する／我が幼年時代はなんたる林であるんだ」「おれの友人の一人が結婚しつゝある」「十五時が鳴つた／駆け出しませんか」

　これらの詩句をさらさら早読みできる人は「詩なんてどれもこんなふうなものだ」という先験了解があるため詩と縁がない。とりわけ超現実主義《シュルレアリスム》の不合理な言語配列は「難解」のレッテル一枚で敬遠される。超現実とは本来、現実を超えるのでなく、極度に現実的な「超現実」なる現実があるという意味なので、読者も超現実的に読まれるがよい。自転車の新鮮さを思い描き、ミモザのように慄《おのの》き、結婚するのでなくしつつあることが可能かどうか実際に試み、十五時が来たら駆け出さねば、と自らに言い聞かせ、一度本当に十五時きっかりに外へ駆け出してみる。駆け出さず、了解だけして読み流す時、そこに詩は生まれない。言葉の矛盾配列とは言語上の困難でなく、それを生きんと本腰を上げる現実の上げづらさの中にこそ真骨頂があり、言葉の前に無力で立ち尽くす「能力」が、詩を現前させる。不可能を真にうけ、生きてもがく、そんな愛すべき愚者たちに捧げるため、すべての詩は書かれるのである。（11・5・17）

29

芸術——個の魂のための倫理

『短かい金曜日』

❖アイザック・バシェヴィス・シンガー　邦高忠二訳

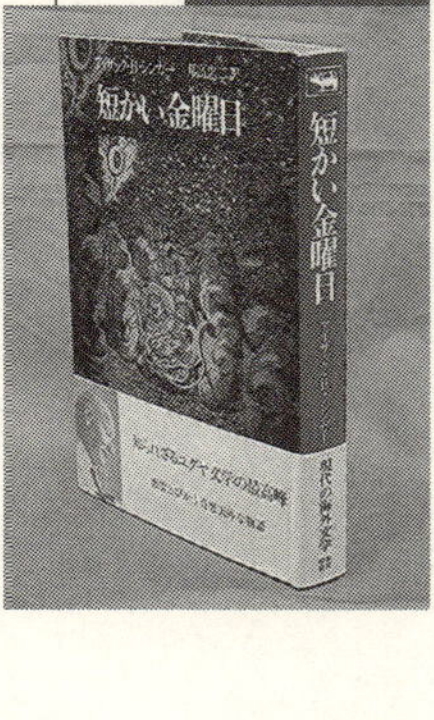

晶文社

導師《ラビ》の家柄に育った作家シンガーは、祖国ポーランドから渡米後も頑《かたく》なに東欧ユダヤのイディッシュ語で小説を書き続けた。イディッシュは文字通り殺された言語だ。ユダヤが蒙《こうむ》ったナチの民族虐殺《ホロコースト》は血と文化の根絶を意味し、海を越え新大陸へ渡った亡命者たちにより民族の叡智《えいち》は辛うじて守られたのである。

「アウシュビッツ以後に詩を書くのは野蛮だ」と言ったアドルノの真意は、偶然殺戮《さつりく》を免れた者がのうのうと生きていていいのか、という自省であり（「否定弁証法」）、生きるには、書くには、その罪悪感に屈しない冷酷な無関心こそが必要となる。

先日の大震災以後を死者の代わりにのうのうと生きざるをえない無事な僕らにも、これは痛切な道徳律たりうるが、殺された側の言語によるシンガーの文学、そこに顕《あらわ》れる野蛮な無関心に、今こそ僕らは学ぶべきかもしれない。亡命者である彼の小説を、「まるで大虐殺《ホロコースト》など起こらなかったかのような、現実離れした世界」と人は中傷した。それに対してシンガーは、人間とは自分が生者であるかのように振る舞っている死者だ、という恐るべき諦観を作品に込めた。

例えば本集中には往々、生と死の定義が故意に反転して書かれた箇所がある。すなわち、冥界こそが生者の住処《すみか》であり、現世の方が死者の堕《お》ちる地獄である、と。

死んだたましいはただちに腐りはじめ、まもなく精液というねばねばしたものに覆われてしまうんだ。すると墓掘り役がそれを子宮のなかに入れこみ、そこでなにかきのこみたいなものに変り、それ以後は子供という名前のものになるんだ。つづいて地獄《ゲヘナ》の苦悶、つまり出生、成長、労働がはじまるのだ。(「ヤチドとイェチダ」)

この浮世離れしたシンガーの世界観は、永くキリスト教に抑圧されてきたユダヤ的信仰の発露したものだ。本書に描かれるユダヤ伝統の初夜の儀式などは、まるで人間が律法《トーラー》に御《ぎょ》された敬虔な泥人形《ゴーレム》、満ち足りた幸福な死人《しびと》でもあるかのような書きぶりだ。

〝処女の舞踏〟がすんだあと、花嫁と花婿はひとりずつ床入りの部屋へいざなわれていった。〔翌朝、剝《は》ぎ取った初夜のシーツに〕血の跡が見つかったとき、みんなは小躍りしてはしゃぎまわり、〔血のついた〕シーツを振り回しながら屋外に集まって、降ったばかりの雪を踏み踏み〝清浄の舞踏〟を踊った。（「イェシバ学生のイェントル」）

あたかも生者の世であるかのような死者の世がシンガーの語るこの現世であるならば、我々死者が信憑《しんぴょう》すべきは、物理的か観念的かを問わず、個人の魂にとって真に「リアル」な現実でなければならない。シンガーの魂には、アウシュビッツで流された同族の血より、花嫁のシーツの血の方がより赤かったのだ。未曽有の歴史的惨事より、今ここに傘がない眼前の困難、一見とるに足らぬ、だが個々の魂にとってはこの上なく堅固な現実の触感を「リアル」と受け止め、それを芸術へ倒錯的に昇華させること。全ての表現の源となるこの切実な個々人の「眼前のリアル」への意志は、冒瀆《ぼうとく》どころか、極めて倫理的な営為として万人に肯定されねばならないのである。

（11・6・7）

30

変態と震災

「瘋癲老人日記」

❖谷崎潤一郎

『鍵・瘋癲老人日記』所収　新潮文庫

文豪は地震を恐れた。八歳で体験した明治東京地震が彼に病的なまでの地震恐怖を植えつけ、三十七歳で関東大震災に遭った後は、まさに逃げるように関西へ移住する。大震災を予言する如く書かれた短編「病蓐《びょうじょく》の幻想」(大正五年)には、歯痛が「Biri biri-ri」と音響を発し、その響きが大地震を呼び込む恐怖が描かれている。これについて種村季弘は、「口腔《こうくう》内部の歯痛のリズムが、地震という地球物理学的外部現象に交感してゆく転位現象は、ポオの『告げ口心臓』の、殺人犯の心臓音が死体のありもしない心臓音に転位してゆく恐怖をふまえて語られている」と論じた。また澁澤龍彦は、谷崎の地震恐怖症を、落雷恐怖症だった文豪泉鏡花と対置させ、鏡花の文学が幽霊や幻影など想像的な「天上界」を畏怖するものだとすれば、谷崎の文学は歯痛も地震も全て現実的な「地上界」への畏怖に限られると論じている。つとに有名な谷崎の女の足に対する異常な執着もまさに「地上的」な物質《オブジェ》の崇拝に他なるまい。晩年の傑作「瘋癲《ふうてん》老人日記」の卯木《うつぎ》老人は息子の美しすぎる嫁颯子《さつこ》を溺愛し、冷淡な彼女に支配され、その足の下に自ら跪《ひざまず》く。

予ハ跪イテ〔颯子の〕足ヲ持チ上ゲ、親趾《おやゆび》ト第二ノ趾ト第三ノ趾トヲ口一杯ニ頬張ル。〔略〕マスマス気狂イノヨウニナッテシャブッタ。死ヌ、死ヌ、ト思イナガラシャブッタ。

……老人が薬をねだる場面も凄絶《せいぜつ》だ。

〔颯子は〕アーントロヲ開ケサセテ、予ノ口ノ中ヘ唾液ヲ一滴ポタリト垂ラシ込ンデクレタダケ。／「サ、コレデイイデショ、コレデイヤナラ勝手ニナサイ」

死期を予感した彼は病的な妄想の果てに、ある常軌を逸した案を思いつく。それはなんと颯子の足裏の形を拓本に採り、それを石に彫ってオリジナルな仏足石《ぶっそくせき》〔釈迦の足形を掘った石〕を造り、死後その墓石の下に自分の骨を埋めるという案であった。

彼女ガ石ヲ蹈《ふ》ミ着ケテ、「アタシハ今アノ老耄《おいぼ》レ爺《じじい》ノ骨ヲコノ地面ノ下デ蹈ンデイル」ト感ジル時、(略)彼女ノ全身ノ重ミヲ感ジ、痛サヲ感ジ、足ノ裏ノ肌《き》理《め》ノツルツルシタ滑ラカサヲ感ジル。死ンデモ予ハ感ジテ見セル。(略)土中デ骨ト骨トガカタカタト鳴リ、絡《から》ミ合イ、笑イ合イ、謡《うた》イ合イ、軋《きし》ミ合ウ音サエモ聞ク。(略)泣キナガラ予ハ「痛イ、痛イ」ト叫ビ、「痛イケレド楽シイ、コノ上ナク楽シイ、生キテイタ時ヨリ遥カニ楽シイ」ト叫ビ、「モット蹈ンデクレ、モット蹈ンデクレ」ト叫ブ。

僕は本来、谷崎の大正期の初期作品群を好む。世界的に評価の高い「春琴抄」や「吉野葛《くず》」など関西移住後の典雅な作品も素晴らしいが、猟奇的な初期短編(「少年」「美食倶楽部」他)は日本文学史上の奇蹟である。移住後の一見情調的な古典回帰は当時、谷崎の悪魔主義からの脱皮かと読者を錯覚させたが、老境に入って書かれた「鍵」および本作により彼らは谷崎の徹底した非転向、変態性の貫徹を思い知らされる。

歴史的な震災、それを単なるモチーフとして安易に作品化=商品化する愚を犯さず、大震災後の道徳観よりも自己の内部の一大事である癒えることのない「倒錯」、その異常さと正面から向き合った。これぞ真の大作家の生き様といえよう。(11・6・21)

31

「私」という独居房

『私生児』

❖ヴィオレット・ルデュック 榊原晃三・浅野八郎訳

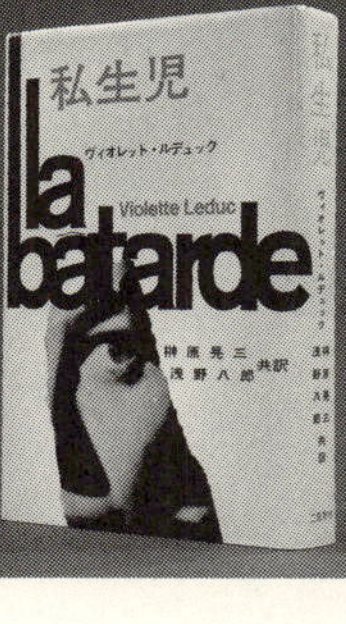

二見書房

コレット、サロート、ユルスナール、デュラス、サガン。思想家として小説も書いたボーヴォワール、クリステヴァ。二十世紀フランスでは錚々《そうそう》たる女性作家らが文学史の一翼を担った。彼女たちの文業が他言語の女性作家の思想・文体へ飛び火し、今世紀に至るまで各国で女性文学が男性のそれを凌《しの》ぐ勢いを見せている。

私見によれば文学とは、絶対的な孤独の中に身を置き、その独房の無聊《ぶりよう》をかこっため読書に明け暮れ、それにも倦《う》んだ人間がついに「文学の病」を発症し、自己の内なる言語との「狂気の対話」を始めた時、生み落とされる。孤独から縁遠い社交的人間やSNS等のはけ口を持つ人間は文学など必要としない。ゆえに文学は往々にして応答者なき告解となり懺悔となり祈禱《きとう》となり呪詛《じゅそ》となる。深刻さと懸け離れたユーモア小説にさえ、作者の文学の病・言語の孤独は内包されている。

わたしは市役所の帳簿の上で吏員のペンの先から生まれた。汚れもしなければ、胎盤もない出生。

「私生児」であったルデュック自身の寄る辺ない「生」、または「性」の孤独が、本作のそこかしこに翳《かげ》を落としている。親友のボーヴォワールは、彼女の書く小説は全て「窒息」と名づけられる、と書いている。どこにいようと彼女は閉塞・窒息し、最も深い場所に監禁される。彼女は自分の肌の牢獄の中で限りなく縮こまる。本作には彼女の「私生児」としての出生と寄宿舎時代に堕《お》ちたレズビアニスムの煉獄、その絶対的孤独、満たされぬ欲望が、冷徹に描かれている。

イザベルの唇がわたしの唇をまさぐった。（略）ふたりは絡み合ったまま、学校をとりまく夜を越え、町をとりまく夜を越え、電車の車庫をとりまく夜を越えた、遥かな遥かな夜闇の中へ落ち込んでいった。彼女が甘い蜜のような唾液をわたしの唇に流し込んだ。二匹のスフィンクスは、しばしまどろんだ。（略）ふたりとも相手をのみ込んでしまいたいと思っていた。ふたりとも家庭から、世間から、時間から、陽《ひ》の光からぬけ出していた。わたしは大きな傷口があいている胸に、イザベルを抱きしめながら、彼女がその胸の中にはいってくればいいと思っていた。

当事者でない読者にはこれらは美しい愛の光景だ。が、本人にとっては、相手の中に入ることも相手を呑《の》み込むことも身体的・機能的に禁じられた、女同士のいわば性の不可能に他ならない。彼女は自ら恋人たちに、まるで近親相姦のように、或いは男が男を愛するようにわたしを愛してほしいと懇願する。実りなき不毛の愛欲をあえて選びとる彼女の実存的な生は壮絶で、あまりにも痛々しすぎる。……寮の舎監であるエルミーヌとの同性愛が露見し校長室へ呼ばれた場面における彼女の筆は、のしかかる世俗の道徳観を相対化し、いつしか究極的な善悪の哲学に到達しようとする。

校長室のドアをあけたときからすでに、校長が創り出した悪が――〔悪など〕いったいどこにあるのだろう――校長とわたしのあいだに腫瘍のように広がっていた。

全ての悪の観念は個人が創り出す。創り出す者＝人間がいなければこの世に悪など存在しない。二十世紀、文学は限りなく哲学に近づいていたのである。（11・7・5）

32 己を殺めることの悦楽

「憂国」ほか

❖三島由紀夫

『花ざかりの森・憂国』所収　新潮文庫

三島のいう天才とは、十代で歴史を変えるような偉業をなし、あたら若くして身罷《みまか》る運命それ自体を指した。文学の先人にも李賀二十七歳、キーツ二十五歳、ラディゲ二十歳……。なかんずく、「肉体の悪魔」の天才作家ラディゲの早世は、若き三島にとって大きな楔《くさび》であり、本書中の短編「詩を書く少年」の主人公にも、「詩人は早く死なくてはならない」という切実かつ甘美な命題を与えている。少年には、夭折《ようせつ》こそが、天才の、美の、絶対的な条件だったのである。

三島が自死の直前まで語り続けた「美」「エロティシズム」「死」の三位一体の思想は哲学者ジョルジュ・バタイユの影響を経て、更なる深化をみた。美は生の極限としてのエロティシズムに宿り、生の極限は自《おの》ずから死を意味する。そのバタイユも拠《よ》ったニーチェの哲学が、早熟な十八歳の三島少年に書かせた奇蹟の短編こそ、「中世に於《お》ける一殺人常習者の遺《のこ》せる哲学的日記の抜粋」である。ここにはすでに、夭折をいつか訪れる運命と恃《たの》み、憧れるという幼い他力本願は見当たらず、死という「絶対」を、他者あるいは自己に意志して与える、実存的な「企投」の哲学が、乱世における殺人者の生とその思考を通して語られている。

　殺人者はさげすんだ。快癒への情熱を。花が再び花としてあるための、彼は殺人者ではないのだった。ただ花が久遠《くおん》に花であるための、彼は殺人者になったのだった。

　本作「中世に於ける……」は、三島の全短編中の、けだし最高峰である。のちに彼自身の生をも供物にした自死の美学がここにすでに完成されている。晩年に書かれた肉体論・行動哲学の文学的集大成『太陽と鉄』さえ、この美しい抜身《ぬきみ》の刃に似た一掌編の世界観を大きく超出するものではない。

　与えられる「夭折」と与える「殺人」の思想はすべからくして「自死」の美学へと止揚される。すなわち受動と能動、被害と加害の矛盾律を、彼は一振りの白刃《はくじん》に決着させる。短編「憂国」とは、思えばその熾烈《しれつ》な事前演習《シミュレーション》であった。

死を賭した二・二六蜂起の叛乱軍に新婚ゆえ加えられなかった武山中尉はこれを痛嘆し、妻麗子の目前で凄絶《せいぜつ》な割腹死を遂げ、麗子も後を追う。作者の筆の深刻はかような惨劇の緊張の最中《さなか》にある奇妙な「躁転《そうてん》」を見せ、不埒《ふらち》なユ、ウ、モ、アさえ獲得する。

〔腹を裂いてのち〕腸は主《あるじ》の苦痛も知らぬげに、健康な、いやらしいほどいきいきとした姿で、喜々として辷《すべ》り出て股間にあふれた。

〔良人《おっと》を襲う〕苦痛は麗子の目の前で、麗子の身を引き裂かれるような悲嘆にはかかわりなく、夏の太陽のように輝やいている。

あたかも、眼を背けたくなる無惨絵の内に故知らぬ美、官能の極致が感得されるように、中尉の自刃《じじん》の光景の中にも不可思議な悦楽、その昂揚が見い出される。かくして三島本人の実際の切腹が生の極限としての死、つまり究極のエロティシズムの実践であり、命懸けのオナニズム、狂気のナルシシズムに他ならぬという仮説が鍛えられる。近年三島の真作と判った男色的官能切腹小説「愛の処刑」（発表時筆名＝榊山《さかやま》保《たもつ》）にも、小ロマン派風な黒い、ユ、ウ、モ、アと死に至るエロティシズムが野蛮なまでに波うち横溢《おういつ》するさまを僕らは現在新しい全集で見ることができる。（11・7・19）

33
むっちゃくちゃ文学事件

『メルラーナ街の怖るべき混乱』

❖カルロ・エミリオ・ガッダ　千種堅訳

『現代イタリアの文学』所収　早川書房

ローマのメルラーナ街のアパートで不可解な宝石盗難事件が起き、翌週向かいの部屋で殺人事件が起きる。手がかりもなく迷宮入りと思われた両事件の真相を、敏腕のイングラヴァッロ警部が一歩一歩解明してゆく。真犯人は果たして誰なのか……。という話である。再度いうが、「果たして誰なのか……。」という話なので、もちろん犯人は判らず事件は解決せず警部は追いつめ続け真相は不明のままで結論はない。そういう小説である。

懐かしのイタリア映画、ピエトロ・ジェルミ監督の『刑事』の原作がこの小説だったとは後から知った。変だ。なぜなら映画では事件は解決され犯人は連行され恋人のクラウディア・カルディナーレが悲痛な顔でそれを追いかけて終幕《フィーネ》となったのだ。

おそらく映画では小説の筋だけを拝借し、結末はとってつけた。ジェルミ監督は名作『鉄道員』同様、ローマの下町の人間模様を淡々としたリアリズムで描くため、この小説から舞台設定のみを借りたのである。もし仮に現実の「メルラーナ街の二つの事件」という筋の方が先にあり、そこから作家ガッダと監督ジェルミとが各々の作品を後から作ったのならしっくりくる。ジェルミの『刑事』はミステリー仕立ての筋に匂いも味もつけ見事に完成させている。一方ガッダの本書『メルラーナ街の怖るべき混乱』は筋を嘲《あざけ》り、破壊し、小説の表面・言葉・どうでもいい細部へと殊更に重心を偏らせ、物語の進行を作者自身が妨害し続ける。

メネガッツィ伯爵夫人の真珠《トパーズ》が盗まれた。ならば、盗まれた状況や現場について作者は筆を費やすべきだ。しかしガッダはメネガッツィという名をメネカッチやメニカッチ、事もあろうに性的な隠語メネガッチなどと故意に言い換え、物語を滞留させる。

最近の字訳法で教区の戸籍簿を書きなおすと、そもそもの最初の弱い喉頭音にもどって行き、メネガッツォからメーネゴ、メーニコ、ドメーニコ、ドミニクス、（略）〔その夫人の所有する〕トパーズ、あるいはトパーツォ（人によってはいつも敬意をこめて、どぶネズミ《トパッチョ》と発音していた）の指輪が紛失した（後略）。

邦題の中の「混乱」にあたる原語「pasticciaccio（パスティッチャッチョ）」もガッダの造語で、標準イタリア語には存在しない。既存の和語に置き換えれば「混乱」の他、「てんやわんや」や「しっちゃかめっちゃか」だ。でも存在しないのだから、僕が訳すなら「メルラーナ街のごっちゃむちゃくっちょ」とか、日本語にもない架空の言葉を作るだろう。

〔宝飾類の検分〕ダイヤで「取り囲んだ」サファイア「の」ペンダント、古風な(sic)ざくろ石の頭飾り《カルカン》、その字がタイプでカルカネとなり、それをごていねいにカルカンコと直してあるし、白真珠（嘘もいいところだ）の線《フイーラ》というか糸《フイーロ》というか、もちろん〇《オー》の字は穴が開いていたが、（後略）。

可能な限り筋を語らず言葉に留まるガッダの天邪鬼《あまのじゃく》は、ジョイスを初め、古《いにしえ》のラブレーやスターンらにも比すべきだ。そこには小国の統合で成ったイタリア特有の、重層的な「訛《なま》り」の混沌《カオス》が渦を巻いている。言葉に病んだ作家の、言葉への恐るべき復讐。それがこのむっちゃくちゃな小説である。（11・8・2）

34 内なる「外国語」との邂逅

「運命」
❖幸田露伴

『運命・幽情記』所収 講談社文芸文庫

かつて僕は歴史小説に傾倒した。吉川・山岡・司馬は僕の英雄だったが、二十代で鷗外と露伴の史伝を知るや、前三者への熱狂は鎮《しず》まった。殊に本作「運命」は、その文体と学識、宇宙的な世界観で僕を圧倒した。

時は明初《みんしょ》、元《げん》を北へ征し明王朝を興した洪武帝は死後、その子、北伐の智勇燕王《えんおう》でなく、燕王の兄の子（帝の孫で燕王の甥）を建文帝として即位させるが、その後朝廷は叛乱の憂を除くため、功のあった地方の皇族（親族）たちの排撃に乗り出す。北辺の燕にも圧力は及び、自身暗殺の計を知るに至って燕王はついに立ち、朝廷側の大軍を撃破し首府南京城を落とす（靖難《せいなん》の変）。他ならぬ若き甥の新帝が企てる自身の暗殺計画を知らされた瞬間の燕王と、部下たちの怒り、壮絶な決起の場面を引用する。

天耶《か》、時耶、燕王の胸中颶母《ぐぼ》まさに動いて黒雲《こくうん》飛ばんと欲し、張玉《ちやうぎよく》、朱能《しゆのう》等の猛将梟雄《けうゆう》、眼底紫電《しでん》閃《ひらめ》いて雷火発せんとす。（略）奔騰狂転《ほんとうきやうてん》せる風は、沛然《はいぜん》として至り、澎然《はうぜん》として瀉《そそ》ぎ、猛打乱撃するの雨と伴つて、乾坤《けんこん》を震撼《しんかん》し樹石《じゆせき》を動盪《どうたう》しぬ。

露伴晩年の傑作たる本編は初出時、若き芥川や谷崎に大きな衝撃を与え、小説における「描写」の力を彼らに再認させた。例えば世に名高い鷗外の史伝は、自らの歴史考証の過程ごと小説内に記述する斬新な手法で、司馬らの主観的作風を用意した。片や露伴の史伝にこうした立体性・批評性がないとみるのは早計で、彼は歴史や史伝それ自体に関する虚構論を作中で展開して史書の真実性・科学性を疑い、それら全てを小説という壮大な虚構世界に包含して、史書作者の「作為」の浅薄《あさはか》さを浮き彫りにする。本作の冒頭にそれが顕著だ。

世おのづから数《すう》といふもの有りや。（略）吉凶禍福《くわふく》は皆定数《ていすう》ありて、飲啄笑哭《いんたくせうこく》も悉《ことごと》く天意に因《よ》るかと疑はる。（略）人の奇を好むや、猶以《なほもつ》て足れりとせず、是《ここ》に於て才子《さいし》は才を馳《は》せ、妄《まう》人は妄を恣《ほしいまま》にして、空中に楼閣を築き、夢裏《むり》に悲喜を画《えが》き、意《い》設筆綴《せつひつてつ》して、烏有《うゆう》の談を為《つく》る。（略）豈図《あにはか》らんや造物の脚色は、綺語《きご》の奇より奇にして、狂言の妙より妙に、才子の才も敵する能はざるの巧緻《かうち》あり（後略）。

数とは文中の定数、天意、造物の語に等しく、道、神、因果、運命の謂《いい》で、個人には逆らえぬ「大いなる意志」の采配である。ここで露伴は真の歴史の創造主である「数＝運命」の差配を「脚色（作為）」「巧緻」と識《し》り、それを史家・作家がより陋劣《ろうれつ》な史書・史伝という「烏有の談」（虚構《フィクション》）に貶《おとし》める習いを描いている。つまり、天意は天為として歴史や小説の人為へ堕《お》ちる。「虚言を束《そく》し来つて歴史あり」の本編結語こそ、けだし露伴の真髄であろう。

二葉亭・鷗外・漱石・荷風がそれぞれ露・独・英・仏の小説《ロマン》を紹介、世は挙げて外国文学の移入に汲々《きゆうきゆう》とし、紅葉・露伴の「紅露時代」も遥か昔日に遠ざかっていたその折、「運命」は突如発表された。本作に体現された異国語、すなわち漢語とは、日本人にとって内なる「外国語」であり、人々は自らに最も早く移入されていた異語の存在に気づき驚愕した。露伴は「外」へ出られなかったのではない。自己の言語の内部に、「外部」を発見したのである。（11・8・16）

35

小説――「かたり」の芸術

「納屋は燃える」ほか

❖ウィリアム・フォークナー　龍口直太郎訳

『フォークナー短編集』所収　新潮文庫

作家は「語り＝騙《かた》り」を生業《なりわい》とする。読者の前には彼の語りだけが現前し、その膜の向こうに物語＝世界があくまで二次的に仮想される。つまり小説には本来「言葉」のみが在り、先験的《ア・プリオリ》な「世界」は執筆前の作者の脳裏にさえ実在しない。

「赤い葉」。インディアンの首長が死に、慣習上、供《とも》に葬られる破目《はめ》になった生きた黒人奴隷が逃亡、インディアンらに捕縛される。殉死させられる直前、黒人はわずかな猶予を得るため水を所望し許される。やがて、処刑人は黒人を「来い」と呼ぶ。この短い厳命は小説終盤、計六回もなされる。

「待って下さい」とニグロがいった。（略）なおも黒い喉は、飲みこみそこねたむなしい動きのまねをつづけていた。（略）からっぽのヒョウタンのなかで、彼の息がアー・アー・アーというのが聞えた。

ここには圧倒的な「語り」のみが存在する。粗筋・背景・世界とはただ、「語り」の後に読者の心内に構成された、便宜的な「仮想見取図」でしかない。

「Ｗａｓｈ《ワッシ》」（邦題「孫むすめ」）。ワシントン・ジョーンズ、通称ワッシは黒人にも蔑《さげす》まれる貧しい「ホワイト・トラッシュ（白人の屑）」で、老サトペン大佐の地所のボロ小屋に住み、長く大佐に忠誠を尽くし南北戦役へ従軍もした下僕。だがあろうことか好色な老大佐はワッシの孫娘ミリーを孕《はら》ませ、子を産ませるも、終始冷淡で、産褥《さんじょく》後のミリーに雌馬以下の罵言を吐き捨てる。場の空気が殺気立つ。かつて見たことのないワッシの逆上に気づいた大佐は、「さがれ」と命じ、鞭で打擲《ちょうちゃく》し、ワッシを跪《ひざまず》かせるが、忠僕は大鎌を手に立ちあがる。「おれにさわるな」と大佐。

「おら、さわるだよ、大佐」

この直後ワッシが何をしたか、小説はわざと書いていない。だが読者は過《あやま》たず筋を確信できる。事はなされた。夜になり、追手に小屋を包囲されたワッシは、肉切りぼうちょうでミリーと生まれたばかりのひ孫を安眠させ、小屋の中に灯油をまいて火を放ち、包囲者たちに向かって大鎌を手に突進する。「安眠」の条《くだ》りも、僅《わず》かな会話のみで暗示される。「語り」が「世界」に先んじているのである。

「一分もかからねえだからな」〔暗闇でワッシはミリーに〕「おめえ、どこにいるだ?」／「ここだよう」（略）彼の手が彼女の顔にさわった。「なんだようったら、それ……。じいさま！　じいい……」

　この「Ｗａｓｈ」と今から語る「納屋は燃える」はできれば本書に当たられたい。部分抜粋では語りの超絶技巧が十全に伝わらないし、ここで僕はやむなく筋を語った後に引用をしているが、むろんこれは作者の意図からも僕の意図からも遠い。

　地主への逆恨みから納屋への放火を繰り返す非道な放浪小作人の父親。その次男坊サーティは悪人の父をかばい、また従いつつも、自分はいつか父の蛮行を密告してしまうのではないかという不安に慄《おのの》いている。ある放火事件の裁判から始まる冒頭の語りは、まさに神業だ。

治安判事の裁判が開かれている店は、チーズのにおいがしていた。（略）このにおいとこの感じには、少しばかりの恐怖がまじっていた。

「におい」とは少年の心の不安の隠喩でもある。この不安は作品の底を貫き流れ、終局、彼はついに、新たな放火に出かけた父を密告し、父は同伴した長男（サーティの兄）とともに現場で射殺される（語り上は二発の銃声だけが遠くで鳴る）。

「失われた世代《ロスト・ジェネレーション》」当時のアメリカ文学は「語りの技術」の時代だった。よく言われる「物語世界の豊作期」とは、あくまでその余得にすぎなかったのである。（11・9・6）

36

「贋」の思想

『怪物の解剖学』

❖種村季弘

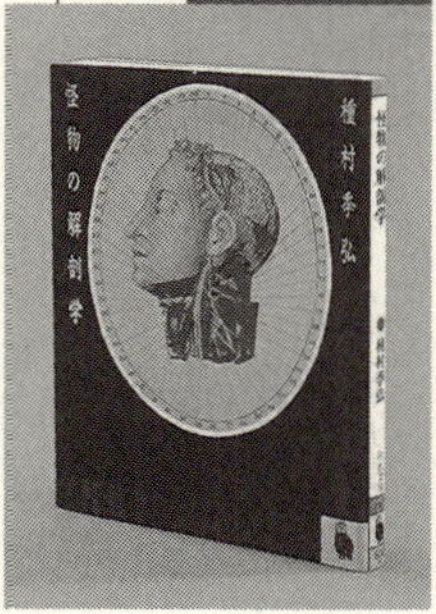

河出文庫

世界は完全な「真なるもの」に統治されているという西洋形而上学の理想論《イデア》に逆らい、世界が不完全な「贋《にせ》なるもの」の相の下に横たわっていると観《み》る愚神創世説《グノーシス》的な思想のあべこべ性こそ、今は亡きわが恩師、種村季弘の世界観であった。

独文学の碩でありながら、怪物・ぺてん師・吸血鬼・魔術・迷宮・マニエリスムといった反転世界（表に対して裏）的鍵語で知られる種村は生前、僕の思考の大部分を造物主《デミウルゴス》さながら創造し、おそらくは現在も、僕の小説を僕の背後で黒子よろしく共に書いている。律師《ラビ》と土偶《ゴーレム》、カリガリ博士と眠り男チェザーレの主従関係を、木偶《でく》の身である僕自らがむしろ希《のぞ》んでいるきらいもある。

本著には木偶としての人造人間《ホムンクルス》も少女人形も機械人間も二重人間《ドッペルゲンゲル》も登場する。この不完全な怪物たちは、身体的不自由の枷《かせ》を強いられているかにみえて、実は「贋物」特有の軽やかな自在性を身に備えており、更にはかのフランケンシュタインのごとく、その「贋」としての存在の皮肉《イロニー》で造物主に歯向かいさえする。

〔創る・創られるの絶対的主従関係であった〕神↓人間↓人工の怪物の序列が、怪物↓人間↓神の序列へと力関係を逆転し、創造の神聖秩序が破壊の神聖秩序へと大転移して、人工の怪物が人間を、人間が神を破壊しはじめるのである。（「怪物の作り方」）

そもそも我々人間がひとしく神の創った贋物＝怪物であり、その怪物が神の行為を真似て更なる怪物を造る。怪物は人間を、人間は神を嘲笑すべく生まれ来るのだ。

〔人を造り〕天上の縮小模型《ミニアチユール》を工作することによって〔人間の親神〕プロメテウスはゼウスの世界支配を分割し、それをパロディの形で簒奪《さんだつ》しようとする。（同前）

怪物・人形《ヒトガタ》の作者には往々にしてギリシャ神話のヘパイストスのような身体障害を

持つ畸形男性が多い。出産に携わるべくもない孤独な醜男《しこお》らの嫉妬と怨嗟《えんさ》が呪わしい模造《にせもの》（倒錯としての芸術）を産み出すのである。

〔彼ら発明家の真の意図は〕みずからの不具を補償して人間社会に復帰するための能率的な奴僕機械を発明することにあったのではなくて、〔彼らの無何有郷《ユートピア》に〕不具を矯正するよりは不具性そのものを通じて到達すること、それが失われたのならば作ってしまうことにあった（以下略）。（「鉱物の花嫁」）

僕の小説（『りすん』など）の読者であれば、種村のいう被造物（怪物）が僕のいう被造物（作品・登場人物）と平行《パラレル》な類比《アナロジー》を成していることに気づかれよう。拙作では作中人物が神なる作者を難詰・断罪し、被造物は自らの不完全性を逆手にとって創造行為・創造主体の側の醜い作為と自意識を暴き出す。愚神＝作者に講じられる手段はただ、書く者と書かれる者の永劫の二重性、分裂した自意識を不断に反省することだけである。

ボードレールは「芸術家は二重性〔自己であると同時に他者でもありうる力〕を持ち、自己の二重性における総《すべ》ての現象を自覚しているという条件下でのみ芸術家だ」と述べた。

芸術家は〔ボードレール的な〕慢性二元論の自家中毒を受難《パッシオン》として明晰に意識しながら、絶対的滑稽の表現に向かうのである。（「ドッペルゲンゲルの彷徨《ほうこう》」）

げに、「贋」として造り造られることの痛切な自覚のみが、創造者の孤独、彼の芸術への禍々《まがまが》しい妄執を怪物的なまでに深化させうるのだ。（11・9・20）

37 読者を「再訪」させる力

『ブライヅヘッドふたたび』

❖イーヴリン・ウォー　吉田健一訳

ちくま文庫

英国の長編小説は奇抜さも派手さもないのに蒸留酒のように読者を酔わせ、数年たって激しく再読を強いてくる。オースティンの『分別と多感』、ディケンズの『荒涼館』、シャーロット・ブロンテ『ジェーン・エア』、エミリー・ブロンテ『嵐が丘』、ジョージ・エリオット『ミドル・マーチ』、ハーディの『テス』『日蔭者ジュード』、ゴールズワージー『フォーサイト家物語』、ロレンス『息子と恋人』、フォースター『ハワーズ・エンド』、カズオ・イシグロ『日の名残り』。これら傑作群を差し置いてでも今回僕が取り上げたかったのが本書『ブライヅヘッドふたたび』である。

以前、児童文学『トムは真夜中の庭で』（ピアス）を取り上げた際、英国の風光や時間の流れそれ自体に優美な「庭」の観念、つまり詩的な言語世界が孕《はら》まれていることを書いた。本作もまたその例にもれず、時空の「庭」の中にたゆたう小説だ。

作者ウォーは本来、スウィフト、ラム、ワイルド、チェスタトン流の諷刺《サタイア》と警句の名手だが、この小説の読者を襲うのはむしろその圧倒的なまでの抒情性《リリシズム》だ。

語り手（私）チャールスは戦時下での兵役演習中、かつて夏を過ごした谷間の村、親友の邸宅のあるブライヅヘッドの地所へ偶然足を踏み入れる。記憶という名の「庭」へ。オックスフォードでの青春時代に出会った美貌の青年貴族セバスチアンは発言・挙動ともに変わった親友で、常に熊の縫包《ぬいぐる》みのアロイシアスを傍らに置いている。彼の魅力に惹《ひ》かれ、私は彼の邸《やしき》で夏を過ごす。そこで親友に生き写しの美しい妹ジュリアと知り合い、兄セバスチアンが酒に溺れ落魄《らくはく》するのと時代を交差するように、ブライヅヘッドの記憶はジュリアに重心を移し、悲劇は彩りを一層深くしてゆく。

懐旧の情だけでは語れない哀しみが本書にはある。哀しみが佇《たたず》む場所こそブライヅヘッドという失われた観念上の「庭」だ。それを描くウォーの筆致、絶妙の揺らぎ、構文を故意に危うくする一節の不自然な長さ。作家吉田健一（父は吉田茂）の訳文が、この味わいを十全に移している。

「〔ここブライヅヘッドが〕いつまでも夏で、いつまでたっても〔君と〕二人切りでいられて果物が熟し、アロイシアス〔熊の縫包み〕が機嫌よくしていてくれるのだったら。……」〔と車椅子の上から彼は言った。〕／私たちは連れ立って魅せられた宮殿の中をさ迷って行き、刈り込んだ黄楊《つげ》の生垣《いけがき》で区切られた果樹園をセバスチアンは車付きの椅子を進めながら冷い苺《いちご》や温い無花果《いちじく》を探して廻り、或は温室から温室へ、一つの匂いから又別な匂いへ、一つの季節から違った季節へと、麝香葡萄《じゃこうぶどう》の房を切ったり、私達の上衣の襟に挿す蘭《らん》の花を選んだりして移って行き、又、わざとひどくまだ歩き難そうな振りをして階段を登って行って、昔の子供部屋の、擦り切れた花模様の絨毯《じゅうたん》の上に私と腰を降して、私達の廻りには空になった玩具箱が並び、部屋の隅ではホーキンスばあやが縫いものをしていて、「貴方達ってのは何てまあ、しようのない人達なんでしょう。子供と同じじゃありませんか。大学で一体、何をしているんです、」と言ったりするのだった。

ジュリアと私が時を経て結ばれてのち、長い戦争が来る。私はジュリアに「今のうちに生きて置かねば」と呟《つぶや》く。彼ら一族との夢なりし時間、あの黄金の「庭」を再び生きておかねば。本書はチャールスのその思いを、読者の胸に激しく共振させるすさまじい力を持っている。

（11・10・4）

38

呪詛する機械

『怪談 人間時計』

❖徳南晴一郎

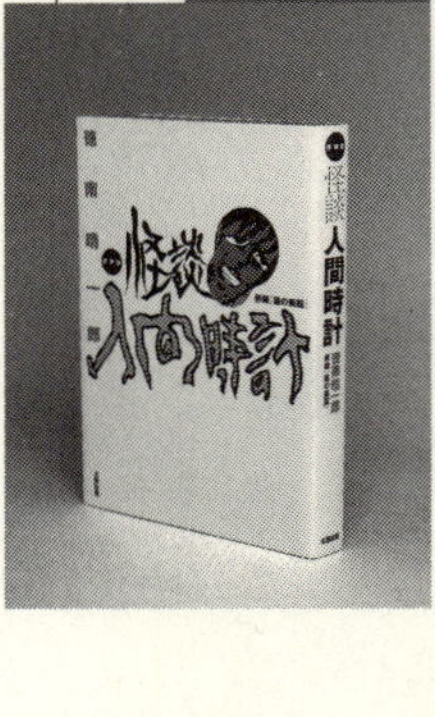

太田出版

呪詛《じゅそ》する機械。世界への恐るべき怨念によって発動する漫画表出機械。徳南晴一郎《とくなみせいいちろう》とはそんな漫画師だった。幼時、ジフテリアの後遺症で成長が止まった。彼に天刑の「侏儒《シュジュ》病」と言わしめた受難。身長を伸ばす治療や矯正器具を試すも験《げん》なく、宿痾《しゅくあ》は生涯彼を苦しめ続けた。自伝書『孤客《こかく》』(孤客＝人間嫌い《ミザントロープ》)にも「花は小柄でも品がある。醜草《しこぐさ》はやたらと伸びたがる」と壮絶な自嘲が見られる。彼はひたすら死だけを待ちわびて生きる。

死は生殖が淫楽で結んだ厄介な瘤《こぶ》、結び目をほどく痛快な解決であり私達の本性にゆわえられた根本の迷いを切断する不思議な肩休めであり、苦しく長かった悪夢からの覚醒である。(『孤客』)

徳南は糧を得るため、当時貸本で流行した時代物、青春物の漫画を描く。八年という彼のわずかな創作期間(一九五五〜六三年)の大半が時流の要求を満たす陳腐な発注原稿に費やされたのだ。その終盤、六二年の八月に、稀代《きだい》の怪作『怪談 人間時計』は、まるで溜まった異物を吐き出すように描かれた。ありふれた作風に倦《う》み、ついに芸術の病が発症されたのである。

次頁に掲載した彼の画《え》をよく見て頂きたい。こんな禍々《まがまが》しくも異常な画が、感受性や思考を等し並《なら》みに均された現代の人間に描けるだろうか。過剰な黒ベタ使用や異形の人面描写。つながらない科白《せりふ》。生まれて初めて本書を読んだとき僕は怖かった。内容がではない。作者の画に対する執念、創作への、その怨念の度が怖かったのだ。この漫画はドス黒い狂気の血で描かれている。そう思った。

本作の扉には「肉体はすなわち時計であり、新しい乳母は時計師である」というド・ラ・メトリの人間機械論を思わせる序文が付されている。何百という時計や仕掛け玩具に囲まれて暮らす時計屋の一人息子タダシと得体《えたい》の知れない不気味な両親。タダシは神経を病み、彼の世界の時間は狂ってくる。それは時計としての彼が狂ってくることであり両親は彼を矯正、つまり「修理」しようとする。時計の顔をした家庭教

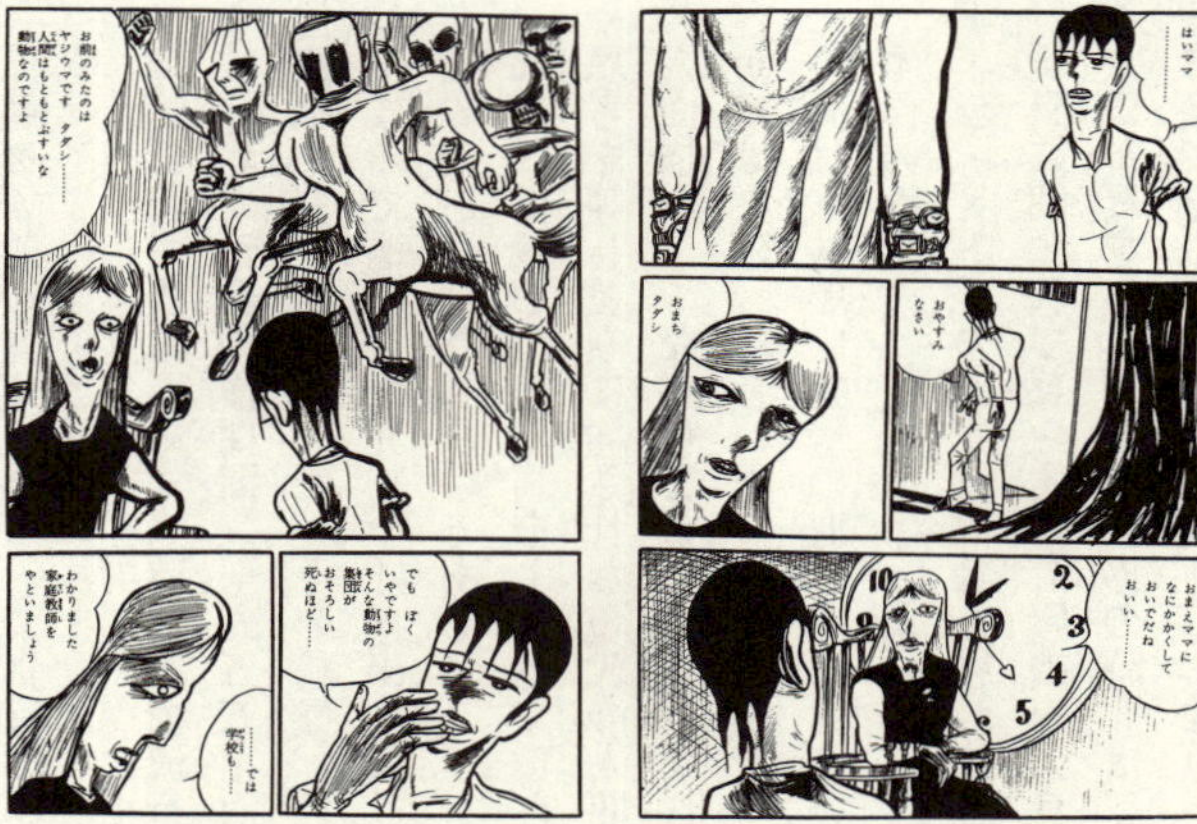

徳南晴一郎『怪談 人間時計』（太田出版、1996年）より

師が住み込み、両親までが頭に長針短針を生やした狂った時計になってくる。

この僕自身が、いまこれを正常に書いているのか解らなくなっている。僕の時計もおかしいのかもしれない。一体どの時計が合っているのか、誰にも解らない。徳南の本作は、真偽不明な、基準の不確かな世界であり、それは僕らが、徳南という狂った時計の中で世界を読まされているからである。真の芸術は読者を狂わせる。

本作のような不条理な作風を見るや、深い思慮もなくたちどころに「シュール」と分類《カテゴライズ》する者がいる。だが僕はこんなにも「リアル」な感覚を漫画から与えられたことはない。条理の内部こそむしろ「リアル」でないのである。

現代、漫画は驚くほど画一化された。それは小説も音楽も同様だ。誰もが親しめる画で、誰もが共感する話を描けば売れる。売れるからまた描く。描く者は読者の数だけを恃《たの》みに自分を天才と思い込む。通俗アニメとその盲信者がかつて芸術であった漫画の個性を蝕《むしば》んだのだ。出版社の営利至上主義もその背を押している。

徳南は引退後、タクシーの配車係となり、細密な配車表の狂気に苛《さいな》まれながら、人生と自作を呪《のろ》って死んだ。こうして彼という機械、歪《ゆが》んだ時計は刻むのを止めたのである。

(11・10・18)

39 文体の実験工房

「ファイター」ほか

❖アーネスト・ヘミングウェイ　高見浩訳

『ヘミングウェイ全短編1　われらの時代・男だけの世界』所収　新潮文庫

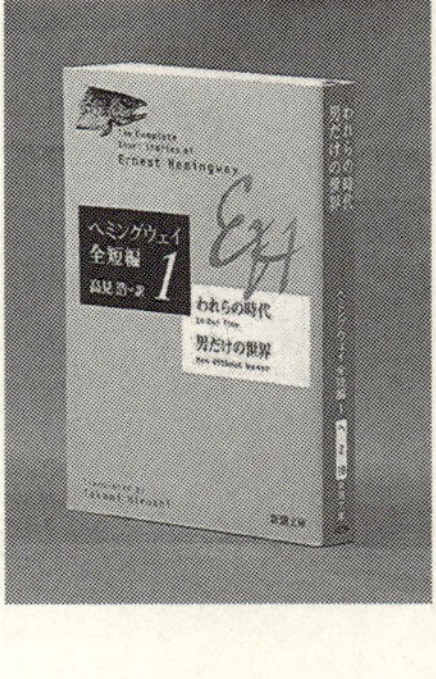

雄大な海原、ラム酒の香り、美しい女たち。多くの人がこのアメリカの文豪をこうした心象で語りたがる。だが二十代にパリで書かれた彼の短編群は、それらの固定観念を裏切る過激な文体の実験場だった。

……巡業一座の宣伝係の男が、酒と麻薬の中毒で臥《ふ》せっている。彼は仕事を放棄してシーツをかぶり、寝台の上から薬でラリった頭で座長に言いわけする。

「あんた、シーツ越しにしゃべったことはあるかい？」（略）「可愛いシーツ。お前はおれを愛しているだろう、シーツ？」（略）「おれはこいつにキスしながら、こいつを透かして外を見ることができるんだ」（「追い抜きレース」）

僕は当初ヘミングウェイは男のロマンを謳《うた》う作家だと思っていた。かつて十九歳でアメリカ・メキシコを旅した折も、最後の長編『海流のなかの島々』に魅せられた。その後パリ在住時代の初期短編を読み、その文体実験の過激さに僕は驚愕した。「殺し屋」で展開されるレストランでの複数人による長い会話の応酬など、あんなアクロバティックで臨場感のある会話を書けるのは世界文学史上ヘミングウェイしかいない。短編の凝縮性を壊しかねないほど冗長なのに、注意深く読むと全て計算された冗長であることが判ってくる。

多くの短編に共通する「男女の離別」という凡庸な筋書きも、わざと凡庸なものが選ばれ、反復されている。技倆《ぎりょう》だけを読ませるために。

例えば「贈り物のカナリア」。別れるために長距離列車でパリへ向かう夫と妻。事情も知らず彼らと同じコンパートメントに後から入って来た一婦人のどうでもいいお喋《しゃべ》りだけで小説が終始する。読者が途中で投げ出したくなるほどどうでもいい話だ。夫妻は静かにそれを聞く。それゆえに、内密に話せる最後の時間さえ奪われた二人のどうにもならない無抵抗のかなしみがいっそう浮き彫りになってゆく。

彼の短編の方法論は主に二つある。一つは「内面描写の排除」で、これはドストエフスキーの『悪霊』のニヒリズム表現を嚆矢《こうし》とする、人物の挙動やその状況描写だけで反転的に彼の真実を語ろうとする手法。もう一つは「あえて凡庸な人間世界の一断片を切り取る」方法で、以前取り上げたカーヴァーの小説が好例。ヘミングウェイが実践したこの両者は後にハードボイルドとミニマリズムという二十世紀アメリカ文学を席巻する二大モードとなる。

珠玉の短編「ファイター」。夜、放浪の少年ニック・アダムズが荒野で二人の男の焚火に入れてもらうと、一人は白人の有名な元ボクサーだった。落ちぶれて自分を「頭が変」だと自嘲する彼（アド）だが、そう変な様子もなく実に友好的で、ニックに夜食を振る舞ってくれる。相棒の黒人がベーコンを焼き、ニックはパンを切った。

〈ふとアドが言った〉「そのナイフ、貸してみな、ニック」／「いや、だめだ」と黒人が言った。「ナイフを離さないでくださいよ、アダムズさん」

ニックは離さなかった。小説はここから約二頁、不気味なほどアドに一切ふれずに黒人とニックの調理作業の叙述が続く。夜食ができ、黒人が相棒のアドを呼ぶ。

アドは答えない。彼はじっとニックの顔を見ていた。〈もう一度黒人が呼んだ〉アドは答えない。彼はニックを見ていた。〈長い沈黙の後、アドはおもむろに口を開く」「てめえはいったい何様だと思ってやがるんだ？　生意気な態度をとりやがって。頼まれもしねえのにここにやってきて人の飯を食い、ナイフを貸してくれと頼まれると、とたんに生意気な態度をとりやがって」

ニックと読者は、ここで不意に「他者」（狂人としてのアド）と初めて遭遇する。彼はその場に突然現れる。ヘミングウェイの短編にはこうした裂け目《クレバス》がよく口を開けている。それは踏み外せば「リアル」の奈落へ、小説の外部へ突き抜けてしまう危険な陥穽《あな》だが、読者を代弁して本当のことをいうなら、そこへ落ちたいがために、僕らは小説を読んでいるのである。

（11・11・1）

40

明るい不気味な日常

『みちのくの人形たち』

❖深沢七郎

中公文庫

フロイトに『不気味なもの』（原題 das《ダス》 Unheimliche《ウンハイムリッヒ》）という論文がある。これは das Heimliche《ダスハイムリッヒ》（親しく身近なもの）を突如衝《つ》き崩す「見慣れたはずのものを見慣れぬものに豹変《ひょうへん》させる何ものか」に関するたいへん興味深い考察である。

heim《ハイム》（家）の中、つまり自己の意識内に置かれた事象たちは我々にとって安全で親しいが、その親しさの中から俄《にわ》かに顔を出す「家中《かちゅう》にあって家中にあらざるもの」、「家を家でない見慣れぬ物に変貌させるもの」、それが「不気味なもの」だ。己を守る家屋 heim を接頭辞の un《ウン》 に否定されて現れる本質＝外部、その実存的不安が、小説の中に見慣れぬ「他者」を出現させる。深沢七郎の小説は一見穏やかな日常を描きながら、ある瞬間、不意に読者を「不気味なもの」と出逢わせ、その暗中で孤絶させる。

野草のもじずりを見に訪れた奥羽の僻村《へきそん》。数戸から成る集落の「旦那さま」と呼ばれる家に「私」は宿る。その晩、急にお産があるといって村人が旦那さまの家から古い屏風を借りてゆく。だが私が覗《のぞ》きに出かけた民家の産室には、上下《うえした》が逆さになった屏風が立てられ、線香の煙が立っていた。

あッと、声を出すところだった。（略）「逆さ屏風」は死者の枕許《まくらもと》に立てるのだ。（嬰児《えいじ》は）産声をあげる前、つまり呼吸をしないうちに産湯のタライの中に入れて呼吸を止めてしまうという（略）。〔翌日、車で送ってくれた村人は〕「私の家では八回も屏風をおかりしました」と言う。〔子の数を訊くと〕「ひとりいます。もう所帯を持って、孫がふたりです」と言う。（「みちのくの人形たち」）

この村人は過去に七人の子を間引きしておいて臆する顔色《がんしょく》もない。駅からバスに乗り継ぎ、同乗した地元人の面々を私は呆然と眺める。

娘、年寄り、労務者、乗客の顔がきちんと並んでいる。突然、私は乗客たちの頭や顔が、あの土産物売場の人形に変った。このひとたちは、あの逆さ屏風で消されなかった。が、消されたかもしれないのだ。（略）太棹《ふとざお》三味線の音が聞こえて、バスの外の風景は、あの屏風の絵の山や森になって人形たちは並んでいる。

（同前）

　深沢作品の不気味さはその内容以上に、独特な語り口にある。文末「と言う」、「のだ」の多用や、語り手を殊更無学に見せるための故意に稚拙な文体。それら表現手法は深沢の真骨頂だが、彼の小説は読者一個人が外部に晒《さら》されることの衝撃を超え、日本という共同体さえ脅かす危険な他者性を孕《はら》んでいる。

　例えば本書同収の「和人《シャモ》のユーカラ」。北海道を訪れた「私」は原野で「小さく、ぎっしりつまった白い歯」を持つ奇妙な男に会う。彼の言う「シャモ」とは内地の大和民族の他にアイヌ民族をも含めた蔑称だった。つまり彼は北海道にアイヌが来る更に前の先住民の末裔《まつえい》だったのだ。小説とは確かに虚構だが、ここには日本を単一でも二重でもない多重民族国家に布置し直してしまう怖さがある。

　深沢がその文体を駆使し、日本という村《ムラ》の同一性《アイデンティティー》を脅かした最も危険な作品が「風流夢譚」だ。これは「日本に革命が起きる夢を見た」という体《てい》の虚構《フィクション》だが、フランス革命ばりの天皇一家の斬首場面などが皇室への侮辱と見なされ、版元関係者の刺殺事件にまで発展、深沢はこれを永劫封印し、死後の全集にも入っていない。小説の中の「不気味なもの」が、社会をも狂わせるに至ったのである。

（11・11・15）

41 未開の物語・未開の思考

『エレンディラ』

❖ガブリエル・ガルシア＝マルケス　鼓直・木村榮一訳

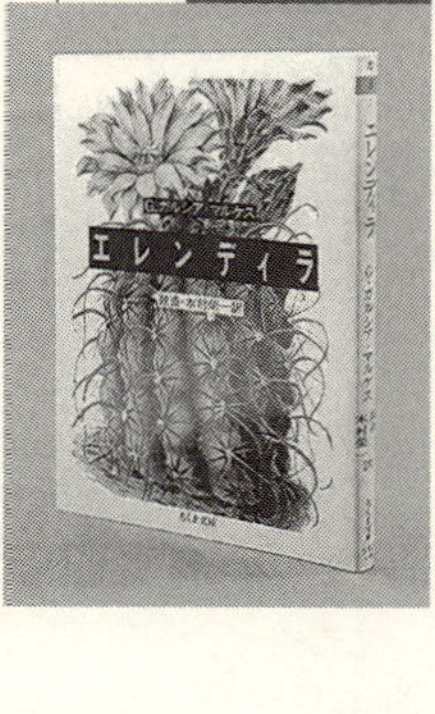

ちくま文庫

二十世紀初頭、文学にはまだ輝かしい「未開」が残されていた。が、今はもう未踏の物語大陸は拓《ひら》き尽くされ、未見の思考種族は探査し尽くされた。それこそ地底人の言語でも発見されない限り、停滞した僕ら二十一世紀の現代人の度肝を抜く未知の物語素・神話的元型《プロトタイプ》に出遇うことはない。

二十世紀まではあった、というのも単に僕の独りよがりな幻想にすぎず、あの頃にも既に「未開」はなかったのかもしれない。

十七世紀初頭、セルバンテスが近代の「文学の病」＝「小説」を興して後、少数の例外を除けば、十九世紀まではまだ、いわば「物語の世紀」だった。十九世紀末から二十世紀初頭、語るべき物語はマンネリ化し、芸術的開拓は停滞、人は神話回帰や神秘思想に寄り、麻薬的な「象徴主義」が世を席巻した。エロティックな陶酔による至高（見神）体験や実験的な自動筆記《オートマティスム》など、芸術家たちは「存在せぬもの」を力ずくで見る、現前させようと試みたのである。

こうして「物語（話の内容で勝負）の世紀」が終わり、「表現（文体や語り方で勝負）の世紀」がやってきた。それが二十世紀以降今日までの僕らの時代である。しかし、これもまた多くの天才的先人らによって、わずか一世紀の間に「表現」さえもが斬新なものから順に開拓されていった。恐らく僕らにはもう「未開」は残されていない……、僕の二十歳（一九八九年）ごろの文学に対する漠然たる諦念は、こうした文脈をふまえての切実な実感だった。

そんな折、期せずして中南米文学が「発見」された。超絶的観念小説のボルヘスやビオイ＝カサーレス、実験的なコルタサル、映画的手法のプイグらが地球の裏のアルゼンチンに現れた。それはまさに「地底人」の襲来だった。アルゼンチン作家らの作風には西欧文学的な洗練と疑似科学性が見られたが、同じラテン・アメリカでもコロンビアのガルシア＝マルケスやキューバのレイナルド・アレナスの小説は確信犯的な非科学性と民謡的な口誦《こうしょう》性に満ちている。先回の深沢七郎と同様、「小説の作為が書かせた現代の民間伝承《フォークロア》」である。殊にガルシア＝マルケスの小説は非科学的な物語を非科学的な思考を持つ語り手が神に誓って真実のみを書いているという厄介な態《てい》

（魔術的《マジック》リアリズムという）になっている。

〔ある朝、庭にいたのは〕ひどく年取った男で、ぬかるみにうつぶせに倒れ、もがけばもがくほど大きな翼が邪魔になって、立ち上がることができずにいた。〔物知りの女に見せるとすぐに事態を察して平静に〕「これは、天使だよ」と彼女は言った。（「大きな翼のある、ひどく年取った男」）

語り手は我々現代人が真っ先に驚かねばならぬはずの男の翼について自明の理として無造作に語る。「その男の背中には、なんたることか大きな翼が生えているではないか！」などとは決して書かない。これがマジック・リアリズムという手法である。

次の愛されすぎる美男の水死人の話も、彼が死人だという前提がいつしか当たり前のように等閑《とうかん》に付されている。

〔一人の老女が男の水死体を見ていて呟《つぶや》いた〕「顔を見ると、エステーバンという名前じゃないかって気がするね」（略）女たちは、そのとおりだと思った。年若い女のなかには、そんなことはない、この人に服を着せて、エナメルの靴をはかせ、花で埋めてやれば、きっと、ラウタロという名前の方がぴったりするはずだ、と考える頑固なものもいた。（「この世でいちばん美しい水死人」）

死体の顔だけから名前を限定するというどうでもいい非合理がこの世の合理であり、科学的にはありうべくもない不要な細部《ディテール》にこそ真実が宿っている。この世の説話を荒唐無稽と一蹴する我々こそが実は卑小で薄っぺらな近代という名のあの世の住人なのである。

（11・12・6）

42

「物語化」にあらがう

『ポロポロ』

❖田中小実昌

中公文庫

何を話しても物語になってしまう。皆がこの病にかかっている。言葉の紡ぐすべてが避けようもなく一見わけのわかったような物語になってゆくのだから致命的だ。短編「北川はぼくに」。戦地で誤って仲間の初年兵を撃ち殺した話を後年、北川は「ぼく」だけにした。なぜ北川はぼくに話したのか。北川の話を、話した事実を、ぼくは今まさに「この」小説に書く。その行為を作者は作中で厳しく自問する。

　いや、それを内容にしてしまったのが、ぼくのウソだった。あのとき、北川がぼくにはなした、そのことがすべてなのに、ぼくは、その内容を物語にした。

田中小実昌《こみまさ》は徹底的な〝思索の人〟である。だが過剰すぎる思索も「彼の小説」を妨げない。むしろ世界を思慮なくたえず知ったような物語に変えるよこしまな「小説の自動性」こそを妨げるのである。

別の短編中にも、「物語の世界に生きるのは、生きてる気がしない」とある。この物語とはハイデガーのいうところの「空談」と等しく、非本来的な生、偽りの、自己欺瞞《ぎまん》の生を演出する軽薄・安直な自動装置である。

いや、自分自身に、物語ばかりをしゃべりつづけているのが、こまるのだ。（略）こっちも、わからない言葉をつかい、理屈では、そんな言葉が、相手にわかるわけがないんだけれど、こっちも、わからないでつかっている言葉だから、かえって、相手もわからないなりに、わかった気になる。わからないどうし、物語で通用してる言葉だからだ。（「寝台の穴」）

しかし、物語は、なまやさしい相手ではない。なにかをおもいかえし、記録しようとすると、もう物語がはじまってしまう。（「大尾《だいお》のこと」）

真実をただ愚直に語ろうとすればするほど、世界が、僕らの生が、言葉のことごとくが、理路ありげな「物語」にされてゆく。その忌むべき「生の物語化」を打破しうる奇蹟の啓示が表題の名編「ポロポロ」である。

瀬戸内の山腹に建つ日本家屋の教会で「父」はわずかな信徒らにポロポロを説いていた。この風変わりな「父」については長編『アメン父』にも詳しいが、作者の知友だったわが恩師種村季弘はかつて僕に、「ポロポロはペンテコステ派の異言だろう」と語った。そして、けれどもこういう「解釈」が「それら」を「物語」にしてしまうのだ、とも言った。

言葉ではない言葉をポロポロ呟《つぶや》く。道で信徒同士が会うとポロポロ、独りでもたえずポロポロやる。ポロポロの語源はパウロパウロだろうという解釈も物語でしかなく、ポロポロではない。ポロポロについて語るとそれはポロポロでなくなる。

〔十字架刑の前夜、ゲッセマネで〕イエスの口からでた音は、言葉ではなく、ただのポロポロだったのだろう。（略）教会では、ポロポロを受ける、と言う。しかし、受けるだけで、持っちゃいけない。いけないというより、ポロポロは持てないのだ。（略）ポロポロは宗教体験でさえない。（略）たえず、ポロポロくる。それを、たえず、ポロポロ受ける。

作者が幼児期に父の異言から得たのは、世界を「語らず・伝えず・持たず・解らず」飄然《ひょうぜん》と言葉でない言葉でひたすらに身を洗うこと、すなわちポロポロポロだった。僕らにポロポロは解せない。だが、「解さない」ことがポロポロであり、物語化される前の世界の裸形であり、小説が安易に語ることの不可能な遠い遠い架空の言葉なのである。

（11・12・20）

43

大地の突端・文体の突端

『岬』

❖中上健次

文春文庫

明治二十年以降、二葉亭・鷗外・漱石らが瞬く間に作り上げた日本の「小説言語」は、つづく荷風・谷崎・芥川、そして志賀直哉によって確立される。

僕自身、志賀の文体を愛する一人だ。それは梶井や藤枝静男をはじめ多くの作家、『如是我聞《にょぜがもん》』で志賀を罵《ののし》ったあの太宰にさえ若き日に狂おしい嫉妬を与えた形式美の軌範だった。だがそれは、現代人の眼にはいささか偏倚《へんき》な、畸形化した文体であり、逆にそれだからこそ僕は魅了されたのだ。主語の意識的な省略、一節の短縮、文末「た」の過剰使用。これらの特徴を異常な執念で急進させ、極度に凝縮させ、新しく昇華させたのが初期の中上健次の文体である。

「この女、いまさら」と彼は、声を殺して言った。舌うちした。(略)「やめてえ」声は震えた。思いっきり、顔を殴りつけた。呻《うめ》いた。力を抜いた。無抵抗になった。白くはっきりみえるパンティを取り去った。(「浄徳寺ツアー」)

同収の「火宅」もそうだが、中上の書く男たちは本当に何の躊躇《ちゅうちょ》もなく女の顔を殴る。女性読者はもちろん男性さえ、小説とはここまで書かねばならぬものなのか、と蒼褪《あおざ》める。だが特筆すべきは文体だ。誰が舌うちし、殴り、呻き、力を抜き、無抵抗になったか、不遜なくらい主語が省かれている。でも読める。ここに日本語の最も驚くべき性質がある。思うに、中上における志賀の文体の急進は「浄徳寺ツアー」で完成を見、その武器をもって書かれた文学史上空前の傑作が彼の故郷紀州に材をとった短編「岬」、及び長編『枯木灘』であった。

和歌山県新宮《しんぐう》。海山に閉ざされた神話的空間に作者の面影を宿した青年秋幸《あきゆき》の忌まわしい血縁の地獄が描かれる。実母、自殺した異父兄、異父姉たち。母を孕《はら》ませ自分を産ませた外道の「あの男」(フォークナーの登場人物を思わせる)。秋幸はあの男を父と呼ばない。あくまで「あの男」だ。呪われた分娩の主犯、悪の種馬と、決着をつけねばならぬ、そんな不穏な匕首《あいくち》を懐に秘め、寡黙な日々を生きている。

あの男はかつて三人の女を同時期に妊娠させ、彼、異母弟、異母妹を次々に産ませた。妹は新地の女郎屋で身を売っていた。小説の終盤、彼（秋幸）はそこへ行って、彼を異腹の兄とは知らぬ妹を、あの男へ復讐するためにのみ敢えて犯す。

自分が、あの男の子供を犯そうとしている、と思った。あの男そのものを凌辱しようとしている。いや、母も姉たちも兄も、すべて、自分の血につながるものを凌辱しようとしている。（略）女の奥の奥まで、性器は入っていた。（略）ほんとうに、あの、別れたままの、あいつの血で繫《つな》がった妹か？　女に頰をすりよせた。愛しい。愛しかった。

おまえの兄だ、あの男、いまはじめて言うあの父親の、おれたちはまぎれもない子供だ。（略）女は、声をあげた。女のまぶたに、涙のように、汗の玉がくっついていた。いま、あの男の血があふれる、と彼は思った。（「岬」）

終幕の射精の一点へ向かい、小説の総《すべ》ての言葉が雪崩《なだ》れ込む構成力と筆力は、作家中上の腕力に他ならない。読者は主語を失くした言葉の土石流に捻《ね》じ伏せられ、組み敷かれ、殴られ、犯される。そして、焦熱のような感情の錨《いかり》、小説言語の呪われた悪の種子を、否応《いやおう》なく孕まされ、ゆっくり、深く根を這《は》わされる。（12・1・17）

44

「終わり」を終わらせる

『マーフィー』

❖サミュエル・ベケット　川口喬一訳

白水社

最初の短編集『蹴り損の棘《とげ》もうけ』所収「ディーン・ドーン」にこう書かれている。「彼が逃げ出して来たのは、自分の観念、他人たちの観念のなかにじっとすわっていることからではなかったか?」。紋切り型的な安穏を嫌い、たえず「移動」を繰り返す文学的狂人。しかも、彼の「移動」は限りなく不休である。「なぜならその場所に休息するようになると、たちまちそうした場所はすべて消滅してしまうのであったからだ。」（同前・川口喬一訳）

僕の第一作『アサッテの人』に途轍もなく大きな影響を与えたのがアイルランド出身の仏語作家サミュエル・ベケットである。かつて僕は彼の著作を読み潰《つぶ》しながら綿密なノートを作成した。そこに記録された彼の創作の変遷は、まるで後にゆくほど呼吸を静め、最後には停止させんとするような、「文学の終末へ下り続ける負の階梯《かいてい》」に他ならない。

そもそもの初めにセルバンテスが、フローベールがいた。二十世紀、プルーストとジョイスが現れ、その各々が文学を終わらせるために小説を書いた。自覚的な作家であればあるほど、「自らの筆で文学の歴史を終わらせる」という傲岸《ごうがん》不遜な野望を内に秘め書いているものだ。文学史が自分の前と後で風景を異にすること。後の文学を失語的・絶望的な無明《むみょう》の闇に追い落とすこと。そうした剣呑《けんのん》な矜持《きょうじ》だけが結果的に文学史の主幹道を作ってゆくのである。

ベケットは同郷の作家ジョイスの直接的薫陶を受け書き始める。多層的言語環境にあるアイルランドからパリに出てプルーストを知り、両作家から重い筆を託される。その特命は「文学の終わり」なる言説自体を当の文学によって終わらせることだった。名作『モロイ』。モロイの調査を任された語り手＝探偵モランはやがて自分《モラン》と彼《モロイ》とが同一人物ではないかと訝《いぶか》る。『マロウンは死ぬ』では語り手が自分語りの末に自らの死が作者の死となる運命を悟る（モロイ→モラン→マロウンの語呂の近似は示唆的である）。『名づけえぬもの』では既に作者は死んで不在、無名の語り手「しゃべり玉」が小説を際限なく喋《しゃべ》りまくる。以上小説三部作と、待ち人ゴドーが最後まで来ない不条理戯曲『ゴドーを待ちながら』をもってベケットは文学を終わらせた。

文学の言語を酷使・消尽することで文学を再生不能にする。「想像力は死んだ、想像せよ」という作者後期の言葉は、換言すれば「文学は死んだ、文学せよ」であり、文学亡き場所でいかに文学的にその空虚を生きるかといった矛盾命題となる。記念すべきベケットの最初の長編『マーフィー』。主人公マーフィーを作者は作中でこう語る。「この本に登場する操り人形たちはみな遅かれ早かれめそめそすることになっている、ただマーフィーは違う、これは操り人形ではないので。」マーフィーだけが真に生きている登場人物なのだ。

〔部屋の中で独り〕彼は荒仕上げのチーク材の揺り椅子に裸ですわっていた。(略)七本のスカーフが彼を定位置に縛りつけていた。(略)呼吸の様子はない。(略)こうして椅子にすわっているのも、もとはといえばそれが彼に喜びを与えるからであった!

彼が何ゆえ自分で自分を椅子に縛りつけて息まで止めているのか、ベケット自身にも、マーフィーの意図は解らない。つまり物語が何ら予定されていない。ただマーフィーなる文学的狂躁に身を寄せて書くことがベケットの意図であり、ここから彼の「終わりを終わらせる」まさに言語を絶する旅が始まったのである。(12・1・31)

45

究極の家畜——「日本人」

『家畜人ヤプー』

❖沼正三

都市出版社

奇書が真に奇書たりうるには、作者の妄念の過剰さで物語全体の均整が損なわれ、部分肥大や竜頭蛇尾、中絶等により、およそ作品としての体をなさぬ不謹慎な代物であることが要件となる。奇書は別段傑作である必要さえなく、むしろ驚異的な欠陥品であればあるほどそれはいよいよ奇書としての名を高からしめる。

昭和三十年代、性的倒錯者らの梁山泊《りょうざんぱく》ともいえる前衛風俗雑誌『奇譚クラブ』に、この稀代《きだい》の奇書『家畜人ヤプー』は連載され、四十年代中頃、途絶したまま単行本にまとめられ、世の読者を震撼《しんかん》させた。

手元にある改訂版跋文《ばつぶん》によれば作者は終戦時、学徒兵捕虜として白人女性に被虐的性感を抱くことを強いられる境遇に置かれ、性的異常者として復員してきた。知的な昼の彼は、夜には女に辱められることに陶酔し、その空想の行き着く先には当然のように汚物愛好《スカトロジー》も存在した。

この長編の襞《ひだ》のまた襞、極微な細部にまで謎の作者沼正三にとっての不可避の性癖、被虐嗜好《マゾヒズム》の凄まじい妄執が浸《し》み渡っている。本書は時空間SFの構造だけを借りつつ、実態は作者の呪われた性倒錯の孤独、その飢渇を満たすための極楽浄土ならぬ地獄絵図が精緻に描き尽くされた、悲痛なる汚濁と悪徳の讃歌である。

未来帝国EHS《イース》は白人女性が神の座を占めて崇拝され（白神信仰《アルビニズム》）、黄色種である日本人《ヤプー》がそれに家畜として隷属奉仕する特殊な世界だ。家畜の原産地『邪蛮《ジャパン》』で飼育されたヤプーたちは自ら志望して生体改造を施され、高貴な白人の家具奴隷《ファニチュア・スレイヴ》になる。最も競争率の高い職種が肉便器《セッチン》や肉痰壺《スピッツーン》、肉反吐盆《ヴォミトラー》などの「不浄畜《ラヴァタ》」で、殊に肉便器に選ばれた幸福なヤプーは白人女性の神酒《ネクタール》（尿）や神糧《アンブロジア》（糞）を下賜《かし》される栄誉に与る。彼らは女主人の排泄部を口唇で覆い、賜物《たまもの》を綺麗に吸い取り、全て呑み込み、衛生的に舐め上げる。

新しいヤプーの調教は主人の分泌物を餌付けしながら行なわれる。経血の煮凝《にこご》りや恥垢凝脂《スメグマ・チーズ》、垢汗飴《ダーティー・ドロップ》などである。垢汗飴は「鼻糞、耳垢、爪垢、指間垢《あしゆびのまたのあか》」から造られ、本文に次のような丁寧な解説がある。

（ヤプーは昔から、「偉い人の爪の垢を煎《せん》じて飲むとよい」という迷信を持っており、ダーティー・ドロップはそれに当るので、非常に喜ぶ。主人の肉体の匂いをおぼえさせるには、これをしゃぶらせるのが普通である）

奴隷であるヤプーは性的な使役にも用いられる。白人女性の自慰の手伝いを専らとするヤプーは、舌の力と技巧で選ばれる。女貴族ポーリーンがなじみの工場長に新型ヤプーの「肉足台《スツール》兼用舌人形《クニリンガ》」を製造するよう指示を与えた場面……。

「畏《かしこ》まりました。舌長《レングス》を前のと同じにしておきます。たしか若奥様のは（略）全長二十五センチ、唇外長《しんがいちょう》十九センチにすればよろしいので」「［使いにくいから］あまり開股角度《シザーズ・アングル》の大きいのは困るわ」

雄ヤプーばかりでなく、唇人形《ベニリンガ》・子宮畜《ヤプム》と呼ばれる雌ヤプーも登場するので、女性読者も顔を顰《しか》める。これらはすべて被虐性愛者としての、またみじめな敗戦国民としての作者の、余りに切実な劣等意識から生まれた。

本書後半に顕著な、危険な政治性は極右からの脅迫も招いた。白人アンナ・テラス、が時空を超えて古代日本に降臨し、天照大神《あまてらす》の名と姿で、現存する神話へ帰着・接続するからだ。

出版直後、三島由紀夫・澁澤龍彥・種村季弘ら錚々《そうそう》たる識者が誌上で絶賛した。政治性を超越した性的異端者の絶叫がちんまりと「正常化」した戦後日本を轟《とどろ》かせたのである。

（12・2・7）

46 孤独の小説機械

『ロクス・ソルス』

❖レーモン・ルーセル　岡谷公二訳

ペヨトル工房

僕は去年フランス中東部のオートリーヴという村を訪れた。音に聞く「郵便屋シュヴァルの理想宮」を見るためだ。この奇天烈《きてれつ》な建造物は一人の常軌を逸した郵便配達夫が数十年間、石塊を夜ごと持ち帰って積み上げた彼の理想宮、狂気の宮殿である。過剰な勤勉が個人の荒唐無稽な夢想を力ずくで具現化する。本書『ロクス・ソルス』も一人の夢想者の執念が構築した、文字の建造物である。レーモン・ルーセルという文学的異常者の著作については澁澤龍彥によりつとに紹介され、哲学者フーコーによる研究書が訳されて受容が始まった。

規則マニアとも称される極度の几帳面、少年愛・機械愛の耽溺者でジュール・ヴェルヌの信奉者。本邦ならさしずめ乱歩（「パノラマ島奇談」）や稲垣足穂（「天体嗜好症」）に同質の偏向が窺《うかが》える。芸術家マルセル・デュシャンは代表作『彼女の独身者たちによって裸にされた花嫁、さえも』（通称「大ガラス」）がルーセルの直接的影響下に生まれたと告白し、以前本欄で取り上げたアルゼンチン作家ビオイ＝カサーレスの着想の多くはルーセルへの献辞《オマージュ》である。（ヴェルヌ…ジャリ…カフカ…ルーセル…デュシャン…ビオイ＝カサーレスらに通底する機械愛的傾向を批評家ミシェル・カルージュは「独身者の機械」と呼んだ。）

科学者カントレルはパリ郊外の別邸「ロクス・ソルス荘」（ラテン語で〝孤独な場所〟の意味）の広大な庭に発明品の数々を設置していた。本書の読者は語り手と共に客として博士に導かれ、庭をそぞろ歩きながら個々の装置について詳細な解説を聞く。巨大なダイヤとも見紛《みまご》うガラス製の多面体に水が満たされ、中には一人の踊り子が長く美しい金髪を水中に広げて微笑し、音楽を奏でている。

> 髪の一本一本は、水の鞘《さや》のようなものに包まれていて、少しでも動くと、流れる水とこすれあって振動した。こうして絃と化した髪は、その長さに従い、高低さまざまな音を発するのだった。（Ⅲ章）

また、人々の抜かれた歯を白・黄・黒（虫歯）の色に分け、それを個々の一片《ピース》にしてモザイク画を作る装置。気球の下へ伸びた「撞槌《しょうつい》」の鉤爪《かぎ》が任意の歯を挟み上げ、ジグソーパズルよろしく画枠に嵌《は》め込んでゆく。描かれているのは「死んだ庸兵と白い鳩」。

読者の多くは内容選択の無作為さに呆《あき》れ果てて本書を投げ出す。だが、この無作為こそ彼の方法《プロセデ》だ。例えば、「婚約者のいる令嬢《ドウモワゼル・ア・プレタンダン》」という一節がたまたまルーセルの前にあるとする。彼はこの文の音韻を換えず、「歯でできた庸兵の撞槌《ドウモフゼル・ア・レトル・アン・ダン》」なる全く別の意味文を無理やり捻出する。後はただ筆の走る限り微に入り細を穿《うが》ち、偶然手に入れたその話を力ずくで語り尽くす。これは例えば僕がたまたまここにある「中日新聞朝刊」という語を同音に近い「宙に死人文鳥《しにんぶんちょう》飼う」へ語意変換し、中空に浮いた死人《しびと》が文鳥を飼う話を強いて小説化するような偶然的要素に賭けた驚くべき方法である。

言語操作の偶然が生んだ主題とは、彼の無自覚な幼児性から来る理解不能な突然変異のアイデアであり、そこには物語通念の傾向も対策もない。物語は普通、我々の物語元型への既知を巧みに利用し、それを模倣・再生する。つまるところ、すべての物語とは、既知の物語なのだ。

造れば造るほど物語の既知性から離反し、偶発的な奇想を生産し続ける一個の小説機械がかつて、誰にも知られず稼働していたのである。

（12・2・21）

47 恐山少年地獄博覧会

『地獄篇』

❖寺山修司

思潮社

そもそもの初めに俳人がおり、次に歌人、詩人、随筆家、放送作家が、また作詞家、写真家、競馬狂が現れ、その人山にさらに怪しげな劇作家、演出家、俳優、映画監督も加わって、眼を凝らしてみれば、それは一人の寺山修司である。

全て紛れもなく本人ゆえ、肩書を問われると、「寺山修司」と答えた。

無知だった僕は彼をずっと「あしたのジョー」の作詞をした、競馬のCMでいつも襟を立てている気障《きざ》男と思っていた。上京後、彼の映画を続けて観て、戯曲集を読み、僕は足下《そっか》にひれ伏した。襟立て気障男は、天才だったのだ。

彼は青森の人だった。僕が幼少期を過ごした仙台の図書館では東北の作家たちを推奨した。宮沢賢治や太宰治。概して、岩手の文学には幻想の中にもノンシャランな明朗さがあるが、青森のそれは暗鬱でどこか生への怨みに満ちている。よされ・アイヤ・じょんがらといった異様な呼び名の津軽民謡、下北の恐山《おそれざん》・イタコ・賽《さい》の河原。僕は怖かった。二つの半島が作る青森の地形、下北の鎌で伐《き》られた津軽の首なし死体。少年寺山の母なる故郷《じごく》への思慕。この愛憎が彼の主題《モチーフ》をなす。

凶作の小作田を一匹の死んだ江戸川乱歩の悪夢の犬が走ってゆく。妊《はら》み死んだ腰巻女が後向《うしろむ》きに歩き去ってゆくと、田には真赤《まっか》な花を噛《か》み切られたカンナの茎が、首なしのまま風にそよいでいて、それがぼくの村役場の戸籍謄本にしるされた生前の母の初潮の色をぼくに物語る。

水銀と硫黄を混ぜても黄金は生まれない。が、それに呪術を施し金を造る業《わざ》を錬金術といい、ひとえに文字操作の秘儀がこれを実現する。詩も同じだ。ある語と語を魔術的センスによる組み合わせによって並べえた瞬間、両者は化合し閃光《せんこう》を放つ。

言葉同士の異常配列で存在しえぬものをそこに存在させる。曰《いわ》く、「言語の錬金術」。これぞ「賢者の石」たる詩性《エスプリ》の才能、たぐいまれなる文学的秘術である。

〔口から抜け出た〕母の義歯は、母を離れて宙にうき、ゆっくりと土間の暗闇をすすみ、納戸をあけて外へ出て、井戸端までいってガチガチと嚙み合って、くさい息を吐き出す。月夜、恐山がよく見える井戸のまわりで、ぼくは寝巻きのままで、それをおさえこもうと両手をのばすと、義歯は一段と高くひらひらと空へあがり、それからぼくのために、音痴にしてさみしい、子守唄をうたいはじめる。(略)ぼくは、その唄縄に、義歯の子守唄の細引きに、まるで恍惚《こうこつ》として首を括《くく》り、唄の中に死ぬ。

こういった文章は、例えば無造作に置かれた老母の入れ歯へ作家自身が長く病的な凝視を注がなければ生まれえない。母の口中では生きているごとく話し命じ笑い啜《すす》り泣く入れ歯。それが取り出され、石化した物体となって恐山の凍《こご》える風に乾いている。錬金術はここに生まれる。

漫画家つげ義春や丸尾末広、フォーク歌手三上寛《かん》、演出家天野天街など寺山の影響の圏域は計り知れない。とりわけ同郷の三上寛の歌詞は親殺し子殺しなどの暗い土俗伝承《フォークロア》に満ち、寺山少年の生き地獄の闇を継承する。

本書、二百頁ほどの一長編は寺山本人の跋《ばつ》によれば、小説ではなく「詩」である。小説の姿をした長編詩。昨年僕が詩の姿をした小説集『領土』を上梓するに至った所以《ゆえん》も本作への個人的な強い対抗心にある。　(12・3・6)

48 美しく、無遠慮な眼球

『薔薇色ノ怪物』

❖丸尾末広

青林堂

十九世紀イタリア精神医学の泰斗チェーザレ・ロンブローゾは、「先天性犯罪者説」を唱え、犯罪者に特有な身体的特徴を体系化した。「三白眼《さんぱくがん》」（黒目が小さい眼球）も彼の観相学的見地から犯罪者固有の徴《しるし》とされた。丸尾末広の描く人物の眼、それがこの三白眼であり、僕らは皆ロンブローゾの持説など知らずとも、あの眼の空恐ろしさを本能で知っている。丸尾は現代の漫画／アニメが無批判に模倣反復する定型、誰もが直ちに想起する「巨眼少年少女」らの規格化された瞳孔や虹彩の紋切り型から遠く隔絶し、反時代的孤高を貫いている。

ぞっとするような美しい眼。今し方どこかで人を殺してきたような眼。実際、丸尾の少年少女らは皆、常に殺し・殺され、残酷劇の刑吏と囚人の役を絶えず入れ替わり

丸尾末広『薔薇色ノ怪物』(青林堂、1982年)より

演じている。無自覚な惰性の模倣反復は何ものも創造しないが、同じ模倣でも丸尾のそれは古典を偏愛し批評し変容させるマニエリスムである点で、前者とは正反対の過激な創造性を持つ。

漫画におけるグロテスクは楳図かずおが開拓し、日野日出志・花輪和一・丸尾末広によって極北へ達する。最初期の丸尾には楳図の影響が見られるが(「リボンの騎士」本書所収)、楳図がもたらしたのは単なる霊感《インスピレーション》ではなく、「漫画とはここまでやってもよいのだ」という無遠慮への勇気であり、今では当の丸尾を標《しるべ》にして大越孝太郎や駕籠《かご》真太郎ら新鋭が健筆を揮《ふる》う。

丸尾の特異な画風はアール・ヌーヴォーの退廃《デカダン》と、芳幾《よしいく》・芳年《よしとし》ら幕末無残絵の血漿《けっしょう》との、洋邦両隅に遡《さかのぼ》り、双方の折衷である高畠華宵《たかばたけかしょう》の美人画、その面差しを髣髴《ほうふつ》させる。丸尾は華宵という時代的に隔たった先達を偏愛し、マニエリスティックに再批評したのだ。それゆえか、往々にして丸尾漫画の耽美は彼以後の絵画、山本タカト・会田誠・森口裕二らの画業に接続され論じられる。

題材《モチーフ》も丸尾自身が渉猟した文学や映画など夥《おびただ》しい出典から任意に選択されている。乱歩・久作・寺山はいわずもがな、ドイツ表現主義の怪奇・畸形《フリークス》映画からの引用も甚だ確信的で、その提示自体が逆に漫画から文学・映画など他分野への強靭《きょうじん》な批評たりえている。文字と図像が相互に殺戮《さつりく》し合う静かな密室、漫画本来の批評的混沌空間がここにある。

抜粋したコマは本書所収の「少女椿」、後に独立した長編へと加筆される丸尾の代表作だ。読者に配慮し最も穏便な頁を引いたが、『薔薇色ノ怪物』の原書に当たられる読者はそのあまりの残酷描写に嘔吐さえ催すだろう。肌膚《きふ》切開や糞尿嗜食《ふんにょうししょく》と並び丸尾漫画に頻出する性癖が「眼球なめ愛好《オキュロリンクタス》」で、バタイユの匿名小説『眼球譚』への目配せは無論、これは視《み》ることで我々を客体化するはずの相手の眼を、能動的な舌の愛撫で逆に客体化し返す苛烈な倒錯だ。

丸尾の残酷美が今も他の追随を許さないのは、何よりも創造的模倣《マニエリスム》のセンスと無遠慮への意志において彼が突出しているからである。　（12・3・20）

49 母と子の静かな崩壊

「かくれんぼ」ほか

❖フョードル・ソログープ　中山省三郎訳

『かくれんぼ・白い母　他二篇』所収　岩波文庫

この毎月二回の連載もようやく三年目に入る。連載開始前、取り上げたい本を選んだら五百冊を超え、やむなく一作家一冊（もしくは一作）、物故者優先など条件を絞ったが依然二百冊を下らない。読者からは毎回予想以上に過大な評価を頂き、今ではこの批評の仕事を本業の創作と同じくらい大事なものと思っている。もともと僕が恩師種村季弘から教わったのも批評（読むこと）であって創作（書くこと）ではなかった。書くことの本質、それは実は読むことに他ならず、作品とは作家が世界や自己をどう読んだかの記録に等しい。

さて、読者からのご意見の中に割と多いのが「諏訪さんは実はまだ読者に加減して比較的著名な作家を選んでいる。もっと無名の隠れた文学をこそ紹介してほしい」というものだ。そこで連載三年目の向こう一年間は、あまり世に知られていない作家や著書を続けて取り上げてみようと決心した。未だ漱石も鏡花も賢治も太宰もカフカもジョイスも書いていないので不安だが、四年目以降も連載は続くと信じ断行しよう。

僕の手元に明治の露文学者昇曙夢《のぼりしよむ》の翻訳集『六人集と毒の園』がある。ソログープの小説を僕はこの本で初めて読んだ。その後作家中井英夫の熱烈なソログープ讃から岩波文庫の本書を知り、大枚をはたいて古本を購《あがな》い、所収の「光と影」を読んだ。

この数篇に横溢する死の魅惑と静かな狂気のモチーフこそは、わが芥川・宇野・梶井らモダニズム期の多彩な「狂気文学」を生む土壌を用意した。僕の大学時代の卒論は西欧十九世紀末芸術の研究だったが、対象がいつしかロシアまで及び、そこにかつてアルツイバーシェフやアレクセイ・トルストイ（レフ・トルストイとは別人）などの象徴主義的で悪魔的な文学の頽廃《デカダンス》趣味が存在したことを知ったのであった。

愛息の病的な影絵遊びを叱っていた母が知らず知らず同じ児戯に没入してゆき、ついには影の前で母子とも発狂に至る幻想小説「光と影」。

〔少年は組み合わせた両手の影を壁に映し、母に〕「雪におほはれた草野《スチエピ》ですよ、（略）今度は旅のおぢいさんです。〔風が〕雪の中へおぢいさんを吹き倒す……」（略）二人は蒼《あお》くなつて、壁を眺めてゐた。ワローヂャの手はふるへて、――おぢいさんは倒れた。（略）二人の眼は狂気の色に、幸福な狂気の色に輝いてゐた。

ソログープの悪魔の筆は、なぜか好んで無垢で無邪気な無実の天使たちだけを狂わせ、いとも美しく衰弱・崩壊させてゆく。

傑作「かくれんぼ」もまた、母が愛娘《まなむすめ》のいとけない戯れの中にありもせぬ凶兆を幻視するところから奈落が顔をのぞかせる。

舌足らずの可愛いレレチカは母を「かくえんぼ」に誘い、隠れると「ママ、チューチュ！」と呼び、「見ちかつた！」と弾けるように笑う幼子《おさなご》だ。しかし、迷信深い料理女はかくれんぼ遊びを不吉な悪い行ないだと母親に教えさとす。そして料理女の「［お嬢様は］かくれて、かくれて、おかくれになる。」という呟《つぶや》きを機に娘は病床に臥《ふ》し、やがて逝去する。発病前、娘は母との戯れに身体を順々に蒲団に隠しては「お手々がチューチュ。」「お目々がチューチュ。」「レレチカがチューチュ。」と無邪気にふざけたものだ。不吉な予兆。最後、母は死んだ娘の面影をかくれんぼの如く部屋中に捜しながら「チューチュ！」と叫び、発狂してけたたましく笑う。

作家の眼がかつて世界を、人間をこのように見た、読んだのだ。もしも現世が無垢をただ無垢として読めばいい太平の世でしかないのなら、特殊極まりない作家の眼など誰が必要とするであろうか。（12・4・3）

50 遠い浮世のキネオラマ

『風船紛失記』

❖正岡蓉

改善社

隠れた文学・作家を紹介し、かつ再評価の俎上《そじょう》に載せるのは難しい。彼らは神業の如き傑作を僅《わず》かだけ世に遺《のこ》しては消えてゆく。一皿目がこんな美味なのに次の膳が出ない。その飢渇こそが隠れた無名文学の味だ。

隠れた文学の書き手は往々にして寡作だが、その分、他の売れっ子作家には決して書けない奇天烈な文体や作風を偶発的に編み出しもする。

明治・大正・昭和の帝都東京を生きた一人の作家の文体には、ことほど左様、黄表紙に描かれたおぼろな江戸情緒から、舶来品の押し寄せるモダニズム都市東京の街明かりまでが、一個の玩具箱に色もとりどりゴチャマゼにひしめき、摩訶不思議な世界を現出させる。

今は全くなくなつたが「東京《とうきやう》」といふびいどろ細工のヒロシゲみたいな大都会《とくわい》が新たに洋燈《らんぷ》の燈火《とうくわ》から燦然《さんぜん》と生《うま》れて来《き》たころの、蒼《あを》く、悩《なや》ましいそらを想ふと、妖魚《えうぎよ》のごとく、化鳥《けてう》のごとく、はたはたと眼前《まなさき》にあらはれるのが軽気球《けいききう》の姿相《すがた》である。（略）明治《めいぢ》！　東京！　考へるとまたあの位《くらゐ》、滅茶《めちや》々な時節もない。色硝子《ぎやまん》の落花狼藉《らくくわらうぜき》。7日の月の薄い破片《かけら》。（「開明餘情　風船紛失記」冒頭）

正岡蓉《いるる》。のち改名し容《いるる》。十九歳で書いた『江戸再来記』が芥川龍之介に激賞され世に出た天才少年。その後は圓朝《えんちよう》落語と寄席芸能の研究を専らとし、自身も噺家《はなしか》として高座に上り五十三年間の極貧の生涯を送った。二十二歳で傑作短編のつまった本書『風船紛失記』を上梓《じようし》。交友の深かった稲垣足穂《イナガキタルホ》が瀟洒《しようしや》でハイカラな装幀と風変わりな序文の執筆を買って出ている。先の引用で気づかれる読者もあろうが、正岡の初期の作風は足穂のそれに近似しており、本書が未だ文学史の中に埋もれているのも大方は足穂文学のまばゆい星影の下、その座を隠されてしまうがゆえであろう。

しかし足穂にしろ乱歩にしろ、モボ・モガ風のハイカラな奇抜さでこそ他に水をあけてはいても、正岡ほど幕末江戸の風情に身をひたした世界は容易に書けるものではない。正岡のモダンは当時にあって既に時代錯誤な「変態の相」をまとっている。

表題作は、ある夜消えてしまった軽気球（風船とはまさに風の船）を捜し、相模国から東京、安房の館山へと跨《また》がる痛快《すぺんさあ》な追跡行の顛末である。

本書には「異聞」と称すべきか、同じく軽気球の魔術的な飛行で東京人を震撼《しんかん》させるエキセントリックな怪異譚《たん》が収録されている。

　異国《いこく》の絵本《えほん》にのみかねて聞き馴《な》れてゐた軽気《けいき》球《きう》といふ風船に、牡丹《ぼたん》花のやうな洋服《やうふく》を着た若い男が乗つてゐてぢつと下界を凝視《げうし》してゐました。（略）旧幕《きうばく》時代のチヨコレートのやうに軽快《けいくわい》な悪人です。（「空中新話　士沙《すぺんさあ》風船餘聞」）

浅草に「十二階」と呼ばれた異様な風体《ふうてい》の塔、凌雲閣《りょううんかく》が建っていた頃の話。仁丹塔よりも遥か以前である。その十二階から夜な夜な青い鬼火が出ると噂が立ち、それが大団円で稀代《きだい》の怪盗柿之木金助《かきのききんすけ》の幻術と知れる。紙芝居の口上を聞くような全く荒唐無稽な突拍子もない小説だ。

『キネオラマ恋の夕焼』所収「ルナパークの盗賊」や「マリアの奇蹟」も実に呆《あき》れた作風だが、ここには奇妙な郷愁、それもかつて見た覚えのない世界への郷愁がある。現代において新しい小説とは本来こうした幻影のような世界の遠さを併せ持つべきものであろう。（12・4・17）

51 怠惰の果ての猫

『猫城記』

❖老舎　稲葉昭二訳

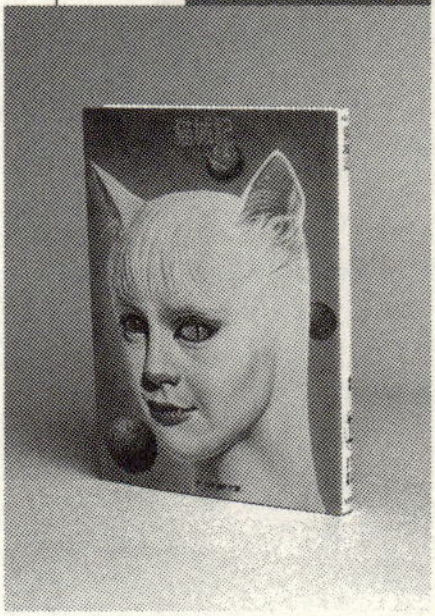

サンリオSF文庫

老舎《ろうしゃ》は二十世紀中国文学で魯迅と並ぶ傑物であるのに、どういうわけだか『駱駝《らくだの》祥子《シアンツ》』の他は日本ではほとんど読まれていない。

近現代中国なら魯迅・老舎・莫言《ばくげん》が代表だ。余談だが、僕は奇縁あってこのうちの莫言（『赤い高粱《コーリヤン》』の作者）と二人で数年前、蒲郡《がまごおり》の露天風呂に入ったことがある。

周知のように現代中国は多民族と世界最大人口を抱えながら、なお一党独裁体制の続く複雑な国家である。他国や自国家からの圧力・干渉が厳しくなればなるほど、作家という生き物はその地下に続々と生まれ出《い》でる。なぜなら、文学とは抑圧が発症させる「病」の、個人別カルテに他ならぬからである。

例えば英国史上最も風紀の厳格だったヴィクトリア朝時代、地下流通したポルノグラフィーにはなぜか傑作が多く、留学中の漱石もそれらを愛読した。また、あの神をも畏れぬサド侯爵の悪徳小説群は、号砲響く十八世紀フランス革命下のヴァンセンヌ、バスティーユの獄中で生み落とされた。言葉を持つ者たちを圧《お》し込める体制の焦りこそが、皮肉にも、その反動としての文学《アレルギー》に契機を、滋養を与える源になるのだ。

老舎は北京の、今では失われた下町を故郷に持つ愛国作家で、抗日戦線を題材にした作品もあるけれども、愛するが故に国家を叱咤《しった》する諷刺小説を多く遺《のこ》した。ロンドンに学んだ彼は英国流の諷刺文学《サタイア》、とりわけアイルランド生まれのジョナサン・スウイフトの「幽黙《ユウモア》」に多大な影響を受けた形跡がある。

本書『猫城記《マオチョンチ》』は愛すべき祖国の政治的腐敗と人民の怠惰を厳しく告発した危険な空想小説だ。火星に不時着した中国の宇宙飛行士の見聞録という体裁のため、SF文庫に入れられてしまった珍品中の珍品である。老舎の火星冒険譚は、後のレムやストルガツキーのような緻密なSFとは異なり、素朴で暢気《のんき》な味がある。

〔あえて言い表せば、〕豆腐屋さんで、夜、熱気が充満していて、たった一つランプだけが熱気の中に怪しい光を放っている、という光景がこの宇宙の縮図なのだ。

いかにも中国らしい壺中天的《こちゆうてん》・箱庭的宇宙観。不時着した星には猫人が住んでいた。猫、猫、猫。猫の国。老舎が朔太郎の「猫町」を知っていたかは不明だが、ホフマンや漱石の前例を見ても、怠惰でマイペースな猫は律儀な犬より諷刺に適すらしい。

猫人の地主である大蝎《タアシエ》と都へ行った私は聡明な息子の小蝎《シヤオシエ》に猫国の実態を教わる。そこは進歩を放棄し、目先の欲望にのみかまけた衰退社会、賄賂の横行する阿諛《あゆ》と追従《ついしょう》の世界だった。猫人たちは「迷葉《メイヨウ》」と呼ばれる麻薬的な食餌の奴隷と化し、それを巡って絶えず争っていた。彼らは「鬨《ホン》」と呼ばれる政党を組み、私利私欲で迷葉を独占すべく欲得ずくの革命を起こすのだった。

鬨に入らなければ〔迷葉が〕食えない、だから革命はぼくの国では一つの職業になっているんです。

こう話す小蝎は真の革命を起こそうと動乱の中で命を落とす。これら全てが老舎の母国批判に翻る。かつてアヘンの吸引・中毒で国力さえ奪われた近代史、革命と凋落《ちょうらく》を繰り返してきた祖国の長い歴史を憂い老舎は本作を書いた。彼は戦後の悪名高き「文革」の前夜、若い紅衛兵の暴行を受け、絶望のうちに自殺した。猫人の怠惰を祖国の現状に見い出したくなかったのであろう。（12・5・1）

52

うつくしい「不可解」

『ユーゲント』

❖ヴォルフガング・ケッペン　田尻三千夫訳

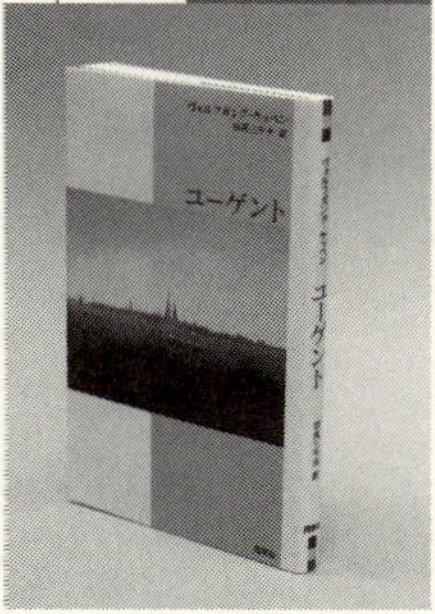

同学社

この四月から向こう一年、本欄では隠れた傑作を紹介するシリーズを始めた。ついては、「隠れた傑作（無名文学）」と、僕がよく使う「マイナー文学」との根本的な違いを読者が混乱しないよう、このあたりで明確にしておきたい。

哲学者ドゥルーズの思考に遡《さかのぼ》れば、「言語の内部に新しい言語、外国語を発明する」（プルーストの言葉をドゥルーズが用いている）営みがマイナー文学の原義だ。つまり、文学の内部にいながら、文学ではないもの、文学の外部を生み出す営みだといえる。それを踏まえた僕の定義はもう少し具体的で、「見なれない世界観を、見なれない表現（いわば安心のできる母語に対して、外国語のように不可解な印象を与える新しい文章や文体）で描いたもの」となる。これが僕のいうマイナー文学であり、ひいては言語芸術の本質でもある。決して無名の文学だけを指すのではなく、ジュネやベケット、漱石や百閒や島尾のような「有名なマイナー文学」もある。現に、これまで当コラムで取り上げてきたすべての作品（詩も漫画も）がマイナー文学である。

「マイナーといえば」とかつて恩師は酒をなめながら僕に言った。「ケッペンを読め。プルーストより凄《すご》いから。あれは〈意識の流れ〉とかじゃない。それ以上の何かだ」

　実際、僕は仰天した。ケッペンの作風は難解のレッテルを張られ黙殺される典型のようだった。ジョイスやプルースト、もしくはムージルや初期のル・クレジオが想起されたが、本書はさらなる異彩を放ち、僕に眩暈《めまい》を起こさせた。


　そしてその本はどこかに存在していた、あの領地の図書室のどれかに、そこからは領主の館、菩提樹の車寄せ、濡れた湿原の柳、濃緑のジャガイモ畑が望めた、カブラ畑、いくらかの穀物、闊葉樹林、ルーネ文字の書かれた石碑、黒白斑の牛、バルト海の霧を点景した水平線が望めた、そこに、連隊史の隣、狩猟暦、艦隊暦、植民地暦の隣、ビスマルク回想録の隣、読まれずあるいは半分しか読まれず、理解されないまま、あそこの彼が泣いたところ、小銃戸棚の隣、緑の玉突台の布の前に、（後略）。

むろん筋など抽出できない。だが、「その本」とは書かれる前の「この本」（本書）のことではないかという夢想の余地は残されている。図書館のどこか、万巻の書の隣、もしくはそこから見える領地や田園、石碑や海の隣に、読まれず、理解されず、置かれている……、そんな書物を、今から私は書こう……、そう耳打ちしてくるかのようだ。

世に不可解な小説はいくらもある。が、それがうつくしい不可解か不可解なだけの不可解かで全く別物になる。ただの不可解は文章が当の作者にさえ御《ぎょ》されていない。前衛しか書けぬ前衛詩人、抽象しか描けぬ抽象画家。しかるにうつくしい不可解には意思の全景が、見えない形状《フォルム》が、雲の流れのように悠揚とした方向《ベクトル》がある。それは「実在感」といっていいほど確固たる手触りで読む者を押し返してくる。単なる不可解は、なしくずしの豆腐か暖簾《のれん》のようにもろい。蒙昧《もうまい》な教育者が使う「文章はただ感じるべし」という安直な常套句《クリシエ》が玉石《ぎょくせき》の両者を一緒くたにする。

本書の扉には「文学作品は、現実に起こった出来事と同じように固有の権利を主張する」というゲーテの言葉が掲げられている。想像《イマージュ》、その表象でしかない文字世界が、ケッペンにとっては実在と等価なのだ。彼の「不可解」は濃密で、「不可解なるもの」自体を、うつくしく世界に実在させている。これぞ「マイナー文学」である。

（12・5・15）

53 天使たちの「遠い言語」

『路傍の神』

❖鷲巣繁男

冥草舎

例えばかつて漱石は、当時の日本が国策として移入せんとした西洋の言語（彼の場合、専ら英語を指す）に接する以前、幼少から漢籍に親しんでいた。とりわけ当時の教養人の基礎だった『楚辞』への通暁《つうぎよう》が、後にあの真の意味で完璧なる言文一致体としての「日本語」を創り上げる。中国古典と英語という時代を違《たが》えた東西の外国語の潮《うしお》が漱石の内で衝突し、今日に生きる驚異の新言語を成立せしめたのである。

ところで文学とは、詩（詩性）と批評の作用によって母語の内に絶えず新言語（外国語）を生み出し続ける営為である。これこそが真の「創造」であって、神話や民話や新聞や自らの人生や見た夢などを元にして題材《ネタ》を思いつくこと自体はいうなれば狩猟や木の実の採集の一種であり、作者の創造でも何でもない。文学という新言語を生み出すには、自らが外部・他者と出遭わなければならない。現代に生きる僕らにとって外部とは「いま・ここ」である足元から遠い世界、遠い言語、すなわち古典と海外文学（その訳文でも充分に外国語的だ）であり、異国《とつくに》の古典ならさらに遠い。

今回ご紹介するのは、一人アカデミズムの外にあって、漢籍はむろん、ギリシャ・ラテン・ヘブライ他の古代語、現代語を含め十種以上の外国語を独学で修めた執念の言語芸術家、鷲巣《わしす》繁男である。

> 眠るがよい、けもののやうに、肉よ。／この重い疲れの底で、石さへも老いてゆく夜に、／めつむりながら下つていく錨《いかり》よ。（『定本鷲巣繁男詩集』「年代記」より）

この定本の附録で、澁澤龍彥は鷲巣の気質を、「愛の形而上学のカテドラルを築くために、言葉の石を一つ一つ積み上げている、敬虔な、中世の石工《いしく》にも似た詩人のイメージ」であると評している。

鷲巣は文学のほぼ全領域に高密度の作品を残した。句集『石胎《せきたい》』、歌集『蝦夷《えぞ》のわかれ』、論集『呪法と変容』、先の『定本鷲巣繁男詩集』、そして今回取り上げる小説集『路傍の神』である。

五色の夢を見た。(略)いくたりもの天人が舞を舞つてゐた。だが、それも動いてゐない気配、それらはみな音楽が始まらうとする一瞬前のままで、宙に貼りつき、永劫にとどまつてゐる世界のやうだ。(「天使」)

収録作「天使」の少年は鷲巣自身を投影した正教会徒だ。幼少期に暗い映画館の便所で男に手淫の手伝いを強要された恐ろしい記憶と、安息日に教会で目にする聖画《イコン》の天使たちの美しく静謐《せいひつ》な面影とが創造の筆によって攪拌《かくはん》される。

それは丁度それ自身が獣《けだもの》めき、激しく喘《あへ》ぎ脈うつてゐた。ぼくの哀れな指は無感動を装ほつてその上をゆききしなければならなかつた。〔男が僕に放った白い粘液……〕それはうごめき、匐《は》ひ廻り、やがて空中を飛びあるき、(略)さうだ、ぼくはヘルウィムやセラフィムを思ひ浮べてゐたのだ。(同前)

清と濁、聖と俗の隔たった天地が少年の内部で溶融し、宙空に聖と俗の媒介者であるところの天使を幻視させる。信仰の業《わざ》か、背徳の業《ごう》か。

正教会での鷲巣の霊名(洗礼名)はダニール・ワシリースキーだ。ギリシャからビザンチン、東欧、ロシアを経て北海道に至りついた東方教会。彼らの信仰はひとえにハリストス（キリスト）へ捧げられる。

異教の遠い言葉＝他言語との邂逅《かいこう》が詩人を誕生させ、詩人は詩というさらなる他言語を誕生させる。鷲巣の狂おしいまでの遠方への投身、古代への憧憬《しょうけい》が、彼という一人の作家＝他言語話者を生んだのである。

（12・6・5）

54

無垢——善悪なき獣

『薔薇日記』

❖トニー・デュヴェール　志村清訳

新潮社

　中日新聞八日付朝刊の投書欄に、諏訪さんの家にはどんな本が並んでいるのだろう、とあった。僕の家には、人にあまり読まれることのないいわば「遠い本」たちが置いてある。毎回掲載している書影の本も古くて汚れているがすべて僕の蔵書だ。

僕は読むのに時間のかかる本が好きだ。すいすい読み流せる本はあまり買わない。そんなのは水ばかりの水割りを、口あたりがよいからといって飲まされているようなものだ。でも現実は水ばかりの水割り、ゴクゴク飲める与《くみ》しやすい本の方が売れる。

いかに現代の読者が自分の足元にある時代感覚や嗜好に「近い本」ばかりを求め、自己と相容れない他者的な飲みにくい「遠い本」を敬遠しているかが知れる。

トニー・デュヴェールもそんな「遠い本」の書き手であり、『幻想の風景』でメディシス賞を受けている。フランスこそは文学の王国だ。メディシス賞は「手法・文体が文学的に際立って革新的な作品」に与えられる。至極明快だ。残念ながら日本には同種の賞はない。悔しいが、日本で敬遠されそうな「遠い本」ほどフランスでは積極的に読まれているのだ。思えばフーコーの難解な哲学書『言葉と物』がベストセラーになる国だ。ブラジル人がみなサッカー解説者だというのと同じく、フランス人とは本質的にみな辛口の文芸評論家なのであろう。

『幻想の風景』は文体・内容とも奇矯《ききょう》を極めた驚くべき小説だが、僕はジャン・ジュネ風な、美しくも凄絶《せいぜつ》な本作『薔薇日記』を最も好む。

原題『無垢なる日記（Journal D'un Innocent）』の「無垢」が、かつてこれほど本義通り（人の俗念に汚《けが》されていない）に用いられた例を僕は知らない。無垢を純潔や無実という人間的な尺度に還元し中和させてしまうお目出度い偽善者は怒りだすかもしれないが、無垢とは本来ニーチェ的な「善悪の彼岸」、倫理を超えた、もしくは倫理に冒される前の、人知の外なる自然《ピュシス》、いわば獣《けだもの》の摂理を指すのであり、その意味でのみ純潔・無実なのであって、十八世紀のサドが喝破したように、他者を凌辱し殺《あや》めたいという獣の本能こそが無垢なるものの真実である。通俗的な善悪の側「此岸《しがん》」に棲《す》む人道主義者にとっては、真の無垢こそが端的に「悪」の謂《いい》に等しくなるだろう。

鳥について話したかったが、もうその時節ではない。(本書冒頭)

神業のように美しい書き出し。作者はそれでもなお、鳥について話す。

わたしにとって小鳥は幼い少年のようなものである。

木の上の少年が気軽にわたしに挨拶した。(略)少年は夏の日灼《や》けした褐色のきれいな脚をしていた。(略)美しい夕陽のなかで、高い木に止まった少年をつかまえるというのは別世界の自由だ。

その子は臓物が飛び出してしまいそうなくらいわたしのアヌスを吸い、その細い陰茎がわたしに満足を与えるくらい強くおかまをし、わたしの陰茎や睾丸をむさぼり、わたしの口に挿入し、四つん這《ば》いになってそのすばらしいふしだらな尻をわたしに突きだした。

本書での無垢とは、有体《ありてい》にいえば少年たちとの男色の欲動だ。人倫に従い無垢を封じて生きるには、なかんずく「縫いあわせたアヌス」の禁欲が必要というのだが、語り手は強い意志でその倫理的抑圧を放棄し、自身の獣の無垢を生きろうとする。げに、真摯《しんし》なる筆は物語の汚濁さえ美へ翻す。絶対的な無垢が、人間的な善悪や美醜の観念を遥かに超越するものだからである。（12・6・19）

55

混血の言語・流浪の文体

「眼中星」ほか

❖大泉黒石

『黒石怪奇物語集』所収　桃源社

東京での学生時代、僕はただ「珍奇な文体」の書物を求めて、ひたすら古書街をさまよい歩いた。物語（粗筋）や仕掛《トリック》けに圧倒される初心《うぶ》な読者をいつしか卒業し、僕はいよいよ本格的な文学の病、「表現（描き方）」そのものの力にしか圧倒されない読者になっていたのである。

書き手の文体を屈折させるには彼の中に「文学の病」を胚胎させねばならず、病を胚胎させるには彼の健全な感覚を捻《ね》じ曲げねばならず、感覚を捻じ曲げるには異常な数の多種多様な文体・分野の本を読んでそれら複雑な言葉の差異の狭間《はざま》に彼自身を抛《ほう》り込まねばならない。

こうした言葉の差異、その狭間を、生来の宿命として負わされた異端の作家が大泉黒石《こくせき》だ。黒石はロシア人の父と日本人の母との間に生まれた、本人いわく混血児だった。余談だが僕が子供の頃、奥田胃腸薬のCMで「あんた胃が丈夫で……いいね！」と恐妻家の夫を演じていた俳優大泉滉《あきら》は黒石の子だ。

これも自叙伝によれば、黒石は日露から日中への戦禍の時代、早くに母を亡くし、母方の祖母のいた長崎で小学三年まで、のち漢口《かんこう》の領事だった父のもとに身を寄せるが父も死去、父方の叔母とモスクワへ行き数年、パリに数年、スイス、イタリアを経て長崎へ戻り、中学卒業、再びロシアへ渡るも革命に遭い帰国、結婚、東京の第一高等学校に入学中退、石川島造船所書記から屠牛場番頭まで様々な職を転々とする。

常軌を逸した流転の生のなせる業というべきか、彼の小説の多くは躁病的な多弁・饒舌体《じょうぜつたい》である。

この男と女の肉の結合によっては、血球の形も変る。不思議ではないか？　不思議だ！　だがそれは今日の科学で説明のつくことではないか？　つまらない！　ただそれしきのことなのか？　そうではなかろう？（「眼中星」）

本書所収の「眼中星」は、夫婦のいずれかの眼の中に白い星形の徴《しるし》が顕《あらわ》れると他方が死ぬという怪奇譚で、若き眼科医の妻の眼に顕れた白星を治癒しおおせた刹那《せつな》、眼科医自身の眼に白星が浮き出て妻が命を落とす。物語は怪異だが、ともかくこのハイテンションの語りで改行なくみっちり喋《しゃべ》り倒されると読者はヘトヘトになる。しかし、この感情移入のしづらい徒労感こそが黒石の小説の個性・味わいなのである。「心癌狂《がん》」の独言もかなり異常だ。

〔那美子に恋する扇吉の心〕生きているのは有難いナ！　草叢《むら》に人目を避けて秋々と語り、涙を零《こぼ》し、溜息をつき、顔を見合い笑う！　或る日は和布刈《めかり》の浜へ。或る日は清瀧の山へ。たまらないな！

〔頼み状を拾った扇吉は〕これは何だ？　これは！　え？　俺に向って言うているのか？　誰に言うているのか？　冗談かい。本気かい？　一体全体何のこった！

明治・大正・昭和と移行する過渡期、どこで仕込んだか不明な狂気の江戸戯作調は、夢野久作のエロ・グロ・ナンセンスから牧野信一、そして坂口安吾の無頼派へ生き延び、またその虚無的な根なし草《デラシネ》の人生観は、同時代の辻潤（ダダイズム）や大杉栄（アナーキズム）に隣接する。

国の狭間、血の狭間、時代の狭間、言語の狭間。本来は一寸の幅もない虚無を無限の虚空へと変える自在な遊泳者。かくも長き流浪が彼に世界を読ませ、小説言語を嘔吐し続ける奇病、すなわち「小説家」という名の不治の宿痾《しゆくあ》を与えたのであった。

（12・7・3）

56 この路地、通るべからず

『幽霊の書』

❖ジャン・レイ　秋山和夫訳

国書刊行会

ベルギーの北西部、フランドル地方を列車で旅すると、山のないひたすら平らな大地と空とが遠望できる。地平線の上に浮かぶ雲はフランドル絵画の雲、今ならさしずめ宮﨑駿が好んで描きそうな、陰影を宿してたなびく雲の連なりだ。そんな車窓の中に時折教会の尖塔が見え、代赭《たいしや》色の町が身を寄せている。小運河を擁するそれらの町には昼なお暗い路地が幾筋も延びている。これらの淋《さび》しい路地に迷い込んだことのある者、もしくはデルヴォーやマグリットらの絵を知っている者なら、ベルギー幻想派の作家ジャン・レイの描く路地の何ともいえぬ異様さを理解するだろう。

ジャン・レイより前、ベルギー文学には僕の愛するローデンバッハの『死都ブリュージュ』がある。永井荷風も心酔したこの書を携え、僕はこれまでに四度ブリュージュを訪れた。ブリュージュと同じく運河と路地からなる古い町がゲントで、ジャン・レイはそこで生まれ育った。

> 通るたびに恐怖で身のすくむ思いのする通りというものがある。(略)子供の頃の私は、散歩の途中のある通り、ゲント市の聖バヴォン教会に近い通りだが、そこを通らせないようにと、両親にいくども願ったものだった。(「通り」)

高い煉瓦の壁の間に延びる細い路地。その特有の陰鬱さは作家の筆を駆り立てずにはおかない。路地、家、部屋といった場所《トポス》そのものが一個の人の形をとって我々に対《たい》峙《じ》してくる。そこは静寂に満ち、踏み入れた者の足音、衣擦《きぬず》れ、息遣いだけが話し相手となる。いわば、その「場所」で人は「無人」の存在に、姿なき彼自身に遇うのである。

例えば僕がかつて一人旅の途でよく試みたのは、「あてずっぽうに淋しい無人駅で夕方降りる」というささやかな冒険だった。東北でも四国でも東欧でも、真冬の北欧でもやった。もちろん途轍もなく難儀な目に遭う。観光客に慣れず言葉も通じない地元の老人を呼びとめ、不案内な夜道を汗みずくで歩いて宿屋を探す。仮にたどりつけても、そこは長く閉ざされていた酒場の二階だったり広すぎる無人病棟の一室だったりする。シャワーの水は赤錆を含み、座ったベッドからは埃が舞い立つ。でも僕は一人ではなかったのかもしれない。僕という「ひと気」に逢うために僕はその名も知らぬ、地図にもない駅に降りたのだ。本当に若かった頃、僕はそのようにして自らの「生の彼方《かなた》」、「世界の果て」を探し求めていたのである。

私の前に一本の道が伸びていた。闇に包まれた長い果しない道で、青みがかった街灯の明かりが所々に淋しそうに点っていた。（「シュークルート」）

この短編の語り手もある夜、見知らぬ駅で不意に列車から降りる。同じ車両にいた客が驚いて「降りられないのです……ここには！」と奇妙な忠告をするのを振りきり、駅からの道の先で彼は「何物か」に遇う。その駅が、その町が、無人の「死都」でなければ決して遇えぬはずのものと邂逅《かいこう》する。

あのローデンバッハの主人公は亡き妻の面影と遇うためにブリュージュに棲《す》んだ。そして、ひと気なき街の濠端《ほりばた》、橋、教会の裏、路地のそここに最愛の亡き妻を見る。フランドルの無言の町々は、旅人を、彼が求めさまよう当人に遇わせてくれる。彼自身の吐息や靴音、鼓動さえ身にまとった物言わぬ人影に。（12・7・17）

57

神経症と大正デカダンス

『怪異草紙』

❖畑耕一

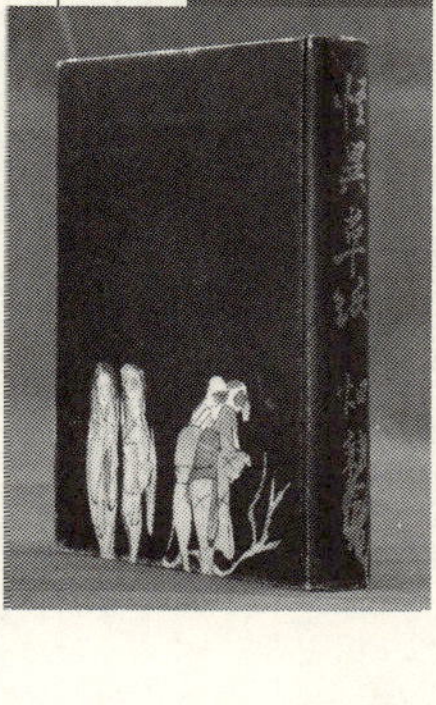

大阪屋號書店

先日、少年王者舘の芝居『累《かさね》』を観た勢いで圓朝《えんちょう》の怪談を再読、六代目圓生《えんしょう》の高座カセットも聴き直した。江戸末期、圓朝の輝きを最後に本朝の怪奇文学は通俗講談へ伏流しかけるが、大正に入り、作家の神経過敏による自己分裂的な文学の病が再び怪奇の伝統を召還する。

江戸怪談の唯一正統な後継者と目されたあの岡本綺堂が同時に西欧怪奇文学の優れた翻訳者でもあったその分裂にこそ文学史家は瞠目《どうもく》すべきだ。他者（黒船）との邂逅《かいこう》以後、自他の懸隔を力ずくで同定一致させた誇り高き明治期と、その反動としての剝離分裂が顕《あらわ》れる頽廃《デカダン》的な大正期とは、まさしく構築と崩壊、健常と異常の好対照をなす（ただし泉鏡花のみは早く明治期から分裂的な主題も扱っている）。

朔太郎や大手拓次の詩、芥川・谷崎・佐藤春夫の小説。大正文学の多くは鋭敏な神経の持ち主がその急拵《ごしら》えの近代的自我を引き裂かれる二重人格的な「影の煩《わずら》い」（自己の分身《ドッペルゲンガー》を目撃する病。見た者は早晩命を落とすという）に冒されることで発動する。もともと分身はポオやホフマン、ドストエフスキー、ワイルドら十九世紀の西欧文学を席巻した代表的な主題だったが、それが移入された後の大正期には、帝劇の客席の中にレエン・コオト姿の自分自身を見かけるという芥川の自殺前の傑作「歯車」をはじめ神経症文学が百花繚乱《りょうらん》と咲き誇る。

大正十四年発行の本書『怪異草紙』にも自我の分裂を描いた怪談がある。役者である語り手は「かんかんのう」を踊る稽古に日夜没頭し、本番前日の憂鬱のさ中、ふと眼前の街路に一人の背の低い自分と同じ顔の泥酔者が踊っているのを見る。

『かんかんのう、きうのれんす、きうはきうれんす、さんしよならへ……』私は口のなかで唄ひました。（略）しまひには、私の唄が、この男の一挙一動に合ふのか、それとも、この男が、私の口の中で唄つてゐる唄に囃《はや》し立てられて踊つてゐるのか、わけがわからなくなつてしまひました。（「踊る男」）

本書中の短編「怪談」は作者畑耕一の怪奇幻想の遍歴自叙伝の体裁だ。

朝々《あさな》母から袴《はかま》の紐を結んでもらつて、小学校へ通つてゐた時分、慈愛深き父は蠟のやうに瑕《きず》のつきやすい私の幼な心を饑《う》ゑしめまいと、適当なやはらかい食物として漣山人《さざなみさんじん》のお伽噺を選んだ。（略）庭に咲いた一群の合歓《ねむ》が夕闇の中に白々と暮れ残る頃まで、「浮城物語」や「十五少年」や「海底軍艦」などを、脇目もふらず読み耽つた。（「怪談」）

読書こそ孤独者が分裂する契機（好機）なのだ。前回も書いた通り、そもそも己の分身に遭遇するとは畢竟《ひっきょう》、広大な無辺世界の孤独の中で自分自身と小声の密談を交わすことであり、大正期に現れた「都市」という名の見知らぬ迷宮を彷徨《ほうこう》する個々の近代人が「影の煩い」を免れる方がよほど難しいことであった。以前書いた梶井基次郎の憂鬱や宇野浩二の遊民的散歩は、こうした都市の不如意、生のままならなさの中でいかに自我を見い出してゆくかという文学の本質を追究する作家の態度であった。

この「遊民《フラヌール》」の思考はボードレール時代のパリの風俗を研究したヴァルター・ベンヤミンの大著『パサージュ論』に詳しい。ちなみに僕の小説集『領土』も、言わば同様の遊民的思考、迷い児の思考に則《のっと》って書かれている。絶望と孤独の中からしか文学は生まれえないということかもしれない。（12・8・7）

58 「完全なる敗戦」を夢みて

『パルチザン伝説』

❖桐山襲

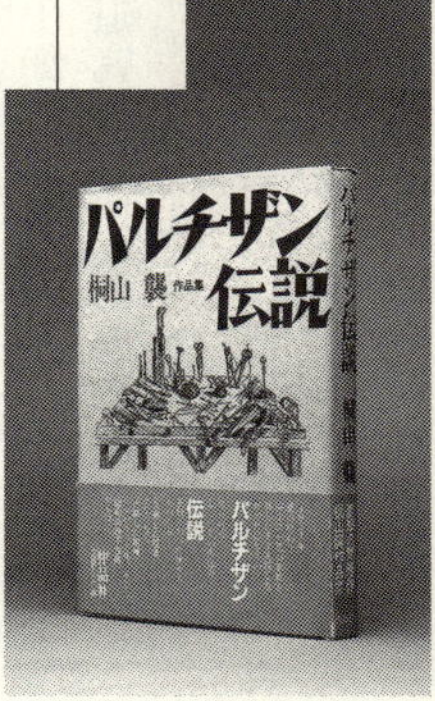

作品社

無声映画のように静かな文体。だが、そこに書かれているのは戦中から戦後、亡き父と遺《のこ》された二人の息子が、今も宮中で生き続ける「あの男」に大戦の罪を償わせるため、孤独な反体制戦士《パルチザン》として生を燃焼させる、余りに凄絶《せいぜつ》な物語だ。皇室用列車の荒川鉄橋上爆破計画に失敗した弟が、長年地下に潜伏する兄に宛てた手紙。そこで語られるのは知られざる亡き父の過去、かつて自ら命を絶った穂積一作という片目片腕の謎の男の執念の生き様だった。

本書の主人公である穂積一作の標的は戦後になってもなお旧態依然とした国体とその頂の玉座、「首都の真中にある奥深い森のなかに棲《す》んでいるあの男」、「茶色い戦争の時代の大元帥から、戦後のものやさしげな家庭人へと、巧妙に退却していったあの男」、「東亜の大地という大地、海という海を屍《しかばね》でいっぱいにし、なおかつこの国の敗戦に当って自ら生きのびようとしている」「あの男」であった。

敗色濃厚となった戦争末期、長野松代《まつしろ》の地下に広大な坑道を掘らせ、その地底の大本営に国体を据え直そうとした国の上層部は、本土決戦で国民が蹂躙《じゅうりん》されても国体を蹂躙されることは避けたがった。だが穂積の目指す日本の解放＝真の敗戦とは、国民と国体（天皇制）とのもろともの敗北終焉でなければならなかった。

このけじめを成就させるため、かつて自ら片目を潰《つぶ》し新聞記者として本土に残った穂積は、一人の画家に爆薬を調合させ、ブリキ缶爆弾を造らせる。兵器工場や鉄道車庫の爆破など、穂積の暗躍でみるみる敗戦も近づきつつあった八月六日、広島に新型爆弾が投下される。御前会議では降伏に際し天皇制護持を唯一条件として交渉する方針が決められ、連合国側も天皇制を占領統治の道具とすべくそれを容認してくる。いち早くその公電を握った記者穂積は、日本国全体が玉砕するのに元帥（＝天皇）は一切裁かれず罪さえ負わず安泰となる理不尽、その昏《くら》い忿怒《ふんぬ》を隻眼の内に滾《たぎ》らせる。

> 気怠《けだる》い真昼が廻り、天空が廻り、まだ熱をもった西日が広々とひろがっている焼跡に落ち、夜が訪れ、そしてもう一度陽が昇るまでに、鞄のなかのブリキカンはその最後の標的に向かって投ぜられなければならなかった。（略）そして、爽

やかに投ぜられたブリキカンの烈しい炸裂音ののちに、秋は突如として訪れねばならなかった。

かくして兄弟らの父にして孤高のパルチザン穂積一作は従軍記者の腕章で緊迫した八月十四日の夜の皇居に潜入し、ついに「あの男」の身を守る防空壕「御文庫」の裏手に大爆裂をもたらすのである。

以前紹介した深沢七郎「風流夢譚」や大江健三郎「セブンティーン第二部――政治少年死す」、また実際の政治的殺人者である奥崎謙三や見沢知廉《ちれん》らの諸著作とも共通するのは、書き手もしくは語り手の政治的・思想的な孤立、誰一人の賛意も協力も得られぬその絶望的に孤独な人間の魂である。

政治に限らずとも連続ピストル射殺事件の刑死作家永山則夫のような精神的孤独、またパリ人肉事件の佐川一政のような性的孤独が、「世界からの絶望的な孤立」であるなら、その魂は文学に再生される契機を孕《はら》む。

一九四九年生まれの桐山襲《かさね》は、三十三歳で本書を発表、四十二歳で死去するまで人知れぬ孤高の生を生きた。彼の作家人生こそ、「自己の魂への真の地下潜伏」だったのである。

（12・8・21）

59

ソ連で「個人」を生きる

『星の切符』

❖ワシーリー・アクショーノフ　工藤精一郎訳

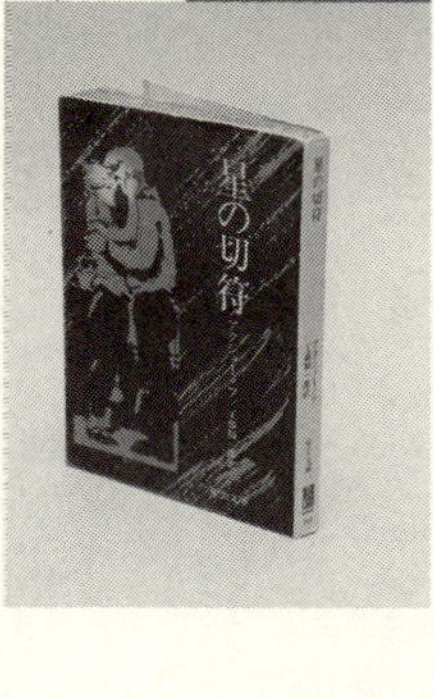

中公文庫

子供の頃は、ロシアじゃなかった。ソ連。ソビエト連邦。カザフもタジクもキルギスもウズベクもトルクメンもグルジアもアゼルバイジャンもアルメニアもモルドヴァもウクライナもベラルーシもリトアニアもラトヴィアもエストニアも、ユーラシアの北側はみんなソ連だった。大人はどうかするたびに「ソ連が攻めてくるぞ」といって僕らを怯《おび》えさせた。ソ連が何なのかもよく知らなかった。僕らの知っているソ連とは、アメリカの敵、KGB《カーゲーベー》、シベリア強制労働、マトリョーシカ人形、メーテルのかぶっている黒くてフワフワした帽子、なんたらチョフになんたらスキー、女はなんとかやースカヤ、走れトロイカ燃えろよペチカ、大きなかぶにイワンのばか、あとはボリショイ・サーカスくらいだった。本好きの僕には中東のほうがまだ身近だった。アラビアンナイトがあったからだ。それにひきかえロシア文学はひたすら分厚く長く重苦しかった。罪も罰も戦争も平和も悪霊までもがひしめき、文庫本の表紙では長い鬚を蓄えたモノクロのお爺さんたちが深刻な顔で苦悩していた。

二十世紀のソ連文学を代表する作家はソルジェニーツィンで、彼もまた長い鬚、厚い本の作家だった。『煉獄のなかで』『ガン病棟』『収容所群島』。暗い。長い。重い。

そんな重苦しいソ連文学に、一九六〇年代、アメリカン・グラフィティならぬソビエト・グラフィティのような挑戦的な青春文学が現れる。『同期生』『星の切符』の作者アクショーノフである。昔この二冊を読んだ時の感慨が忘れられない。あの重い鉄のカーテンの向こうに、こんな瑞々《みずみず》しい個人の無軌道の青春がある……そう思った。

十代の三人の少年と一人の少女がモスクワから西の果てのエストニアへ出奔する。家出の前、代わり映えのしないモスクワの古い集合アパートの出窓からみえる夜空はまるで「星のパンチを入れられた切符」だ。その切符が少年たちをどこへ、何のために誘《いざな》うのか、誰にも解らない。

〔列車は動きだし〕モスクワが後方へ流れ去ってゆく。自動車の洪水の中心街、風の巻くルージニキ競技場、映画館、レストラン、映画スタジオ《モスフィルム》、レーニン図書館、プーシキン美術館、国営百貨店《グム》（略）パパ、ママ、お爺さん、兄弟、すべてが遠く飛び去ってゆく。トラッ・タッ・タッ、光、闇、バラック、新しい建築、タッ・タッ、（略）すれちがう列車。（『星の切符』）

少年たちは傷つきながらソ連を知り、大陸を知り、海を知り、世界を知る。でも彼らはむざむざ世界に圧殺されはしない。文学の中で、若く矮小《わいしょう》な人間が広い世界を逆にその細い腕の内に抱きしめてゆく。

『星の切符』は、ソ連という特定の時代の、風土の、写し絵ではない。アクショーノフという見い出された一個の「生」の実存だ。

文学とは、時代や風土の記録ではない。プルーストもいうように文学とは個人である。個人の広い沃野《よくや》、その中の一仮象域が作品《テキスト》と呼ばれる「生」の痕跡に他ならない。

かつて大戦後にヘルマン・ヘッセが初めて広く読まれた時、あの冷酷非情なナチスを生んだ同じドイツが、思慮深く繊細な、自立した「個人」をも生んでいたというまぎれもない事実に世界中が驚嘆した。時代やツールや国ではない。人なのだ。

文学作品とは人が時代風土の規制や拘束下で書かされる風俗史料ではない。文学を時代や風土の産物としてのみ読む者は、それらを内包し同時に遠ざけ続ける「個人の生」の旅の果てなさを想像しえない。文学の裸形、それは時間や空間をはるかに超越する無辺大な個人の裸形に等しいというのに。

（12・9・4）

60 物質と記憶、そして「詩」

「鰓裂」

❖石上玄一郎

我々は今日、古代人の夢みた世界をいづこに求むべきかを知らぬ。原始の太陽の色、古代の文化、樹脂の香《にほ》ひのしたといはれる太古の人々の生活については何も知るところがない。（略）人間が母親の胎内に宿つてゐるあの一時期において、魚類にみられるやうな鰓裂《さひれつ》の痕跡を示し、鰓《ゑら》循環を行ふことがある。（略）してみると少年の日の他愛もない幻覚などもあるひは生れるまへの記憶を象徴する内面の鰓裂なのかも知れぬ。（「鰓裂《さいれつ》」）

『石上玄一郎傑作集』所収　東方書局

十九世紀末に著された『物質と記憶』の中でベルクソンは、物質と精神、体と心とを訣然《けつぜん》と分けるデカルト的二元論の伝統、また同時代の科学的唯物論の隆盛に掣肘《せいちゅう》を加え、「記憶の凝固したものが物質であり、物質の弛緩《しかん》したものが記憶である」という驚くべき世界観を提示した。物質と記憶はいわば黒から灰色を経て白へ至るようなグラデーションで繋《つな》がり、灰色の中間態を彼は「イマージュ」と呼んで本来対極にある両者を同質存在と見なした。この物質であり同時に記憶でもある「イマージュ」という様態が、実はかねてから僕の内で徐々に定義されつつあった「詩」のありように最も近いものなのである。正確には「詩性《ポエジー》」というべき文学の必須要素、それが記憶の彼方《かなた》の遠鳴りであると同時に、眼前の疑いえない即物的触感でもある。「詩性」は、すべからく確固たる物質性と、記憶の深度（遠近法《パースペクテイヴ》）とを併せ持たねばならず、物と心とが不可分に文字の内に収斂《しゅうれん》されていなければならない。例えば詩は往々にして修飾句、「形容詞」の戯れだと誤解されているが、詩とは圧倒的に「名詞」であり、物体の質量をイマージュとして身に負う「体言」にこそ詩性は宿る。

石上《いしがみ》玄一郎は弘前高校で太宰治と同学年、プロレタリア文学から出発し、本書同収の「針」のような民俗学的小説など、たえずスタイルを変え続け、太宰とは対照的に九十九歳まで生きた。

私の意識の流れには視覚や音覚の世界に先だつて触覚の世界があつた（略）。
それはちやうど滑らかな陶器の感触であつた。

夜はひやゝかな青銅の色をしてゐた。私は大きな砂時計の中にゐた。私は夜が私の周囲につめたい砂をふりまいて行くのを感じた。

月の晩は水の底のやうであつた。もの丶影が夜つぴてあたりを掠《かす》め、魚のやうに水泡《みなわ》をたてたりゆらめいたりした。私は月明りが水の面を打ち砕《くだ》くかすかな響をきいた。（同前）

本作「鰓裂」は、短編ながら硬質な物象性、詩的イマージュの強烈な存在感に満ちている。ピアスの『トムは真夜中の庭で』と同じだ。幼年期の記憶の最果ては「陶器」のような「触覚」の世界であり、「青銅」色の夜、時間は「砂時計」の中で私に降りかかる「砂」のさらさらする感触によって計られ続ける。そこは、「月明り」さえ水面《みなも》を「打ち砕く」膂力《りょりょく》を持ったまさに物質と記憶の世界なのである。

もしや近代の日本では、文字の一片一片にまで物質（硬さ・重さ）と記憶（深さ・遠さ）とが自《おの》ずから宿っていたのではないか。そんな僻《ひが》みを言いたくなるほど、現代に蔓延《はびこ》る言葉《パロール》の軽佻浮薄は耐えがたい。現代文学の凶禍《きょうか》というべきか。（12・9・18）

61

「生きていない生」を選ぶ

『眠る男』

❖ジョルジュ・ペレック　海老坂武訳

晶文社

長編小説『人生 使用法』で名高いペレックもどういうわけか日本では驚くほど読まれていない。『考える／分類する』などのエッセーや評論に至るまで全てが計略に満ち、読めば常に驚かされる作家だ。彼は言語遊戯集団「ウリポ」に属していた。「ウリポ」は彼の先達でダダ・シュルレアリスムの稀有《けう》なる作家アルフレッド・ジャリを奉ずる文学的秘密結社「コレージュ・ド・パタフィジック」がより先鋭化したグループだ。古くから「ウリポ」に着目していた恩師から僕はこのことを教わった。

アルファベットのうち最も使用頻度の高い「e」を使わずに書かれた小説（「煙滅」）や、逆に「e」以外の母音を使わない小説（「戻ってきた女たち」）。ここから派生した日本の筒井康隆の禁字実験《リポグラム》の作品『残像に口紅を』では五十音が章を経るごと

に一つずつ消滅してゆく。ウリポの言語遊戯についてはまたどこかで機会を改めたい。今回は忘れられた初期の哲学小説『眠る男』を取り上げる。

ベッド上を延々と輾転反側《てんてんはんそく》するプルースト「スワン家のほうへ」や、ダブリンを一日じゅう徘徊するジョイス『ユリシーズ』など、二十世紀文学は生活世界を極小化《ミニマル》し、物語の波に揺さぶられない狭い現実にあえて留《とど》まりつつ、遠大な観念の冒険を試みる。

　平凡なパリの日常の中から参加《アンガージュマン》の哲学で次第に自己を世界の中に存在させてゆくサルトルの『嘔吐』もそうだ。まさにペレックの本書『眠る男』はこの傑作に抗して書かれた。『嘔吐』の主人公ロカンタンは事物に「存在の裸形」を見、自と他を対自的に実存させるが、本書の主人公「おまえ」（自己の他者的な呼称）は、自他の存在を共々に否認し去るような、自分のものでも世界のものでもないような生を故意に選び取ろうとする。

　読む、着る、食べる、眠る、歩く、と言う以外に言いようがないようにすること、動作であり身振りであって、証明するもの、交換貨幣ではないようにすること。そのとき、着替えが、食事が、読書が、おまえにかわって語りかけることはもうなくなる、これらの動作とだましっこをすることはもうなくなる。自分を表現するという、消耗の多い、無鉄砲な、致命的な仕事を、これらの動作に託するということはもうなくなるのだ。

厳密に、おまえは道順を決める。（略）毎日、同じ時刻に、同じものを食べる。鉄道の駅や美術館を訪れる。同じキャッフェでコーヒーを飲む。五時から七時まで『ル・モンド』を読む。

「俺がこれをこのように欲したからこそこうなのだ、俺はこれをこのように欲したのだ、さもないと俺は死んでいる」

例えば哲学者アガンベンは主体が生きるべき「生」（ビオス）と、動物的・無人権的な「剝《む》き出しの生」（ゾーエー）の二項によって世界を見る。ペレックの主人公はなぜかその忌むべきはずのゾーエーを自らの意志で選び取り、無人称を標榜するように見える。あえて「生きていない生」を生きんとする意志とは何か。それを解くことが恐らくはこの不毛の現代を生きる僕らの生の哲学となる。だが少なくともそれは、社会や時代から配られただけの、受動の、既成の、惰性の、端末的な生、意志して選び・生きることを放棄した無邪気な単なるそのままの動物的生とはもとより無縁の思想に違いあるまい。

（12・10・2）

62

「人でなし」と人間

「鶏の脚」ほか

❖池田得太郎

『家畜小屋』所収　中央公論社

四月から始めた「忘れられた傑作」シリーズも一年の予定の半ばを過ぎ、残り十冊。これまでの十四冊は当初リストアップした順序で書けている。書影も全冊まとめて春先に撮影済みなので、残りもリスト通り書くつもりだ。

ただ、これら以外にも「忘れられた」傑作はいくらでもある。文学愛好者として悲痛の極みという他ない。忘れられず、重版もされ続けるには、「傑作であること」よりも、「売れること」が優先条件とされる。例えば映画も、ＤＶＤ化されず忘れられた過去作品の中にこそ超絶技巧の傑作は多い。それらは長すぎたり不可解すぎたりするので商品にされない。売れそうになければ制作以前に配給から金も出ない現代の商業映画は、売れるための傾向と対策を踏まえた枠の内部でしか実験が許されず、枠から逸脱する怪作は自主制作で撮るしかない。傑作を観《み》慣れない鑑賞者はやがて傑作を傑作と判別できなくなり、生まれるべき新たな傑作は予《あらかじ》め避妊され中絶される。資本主義からも共産主義からも、その原理に合わぬ怪作たちは排除される。この体制の防波壁を力ずくで越えてくる夥《おびただ》しい飛沫《ひまつ》、新たな傑作たちは、いわば無政府主義《アナーキー》的な「個我」、芸術の軌範を脅かす剣呑《けんのん》な一個の癌《がん》たらねばならぬのである。

今回取り上げるのは三島由紀夫の激賞によって文壇に束の間の生を得、その後隠遁《いんとん》に近い寡作の生涯を送った作家池田得太郎《とくたろう》の傑作である。本書の収録作では、人間でなくなった人間、「人でなし」たちが、人間と対等に、否、人間の本質を侵犯する他者として描かれている。例えば表題作「家畜小屋」では長年食肉処理場で豚の命を絶つ仕事をしてきた男の妻が、醜く肥った身体のまま意志して四本足の豚の生態を真似し始め、自ら豚小屋に棲《す》んで牡豚《おす》と番《つが》うに至る。家畜と化した妻に男は嫉妬し続ける。

　彼の視線は、ただちに二頭の家畜の肛門から腹部へのなだらかな丘の部分にむかわざるをえなかった。(略) 彼は、ふさふさとそよぐ柔らかいもりあがりをもっていた妻の内腿の根の柔毛が、おびただしい糊をまぶしたように白くごわついて膠着しているのを、はっきり見た。(「家畜小屋」)

作者の筆は、人を人の姿のまま「人でなし」に変える。神話的変身譚でもＳＦでも「豚のように」といった慣用的比喩でもなく、文字通りに人間が全き一頭の豚として生息し始めるのである。

僕を慄《おのの》かせた「鶏の脚」では、白燕尾服の似合う立派な軍人だった父が、脳に負った傷痍《しょうい》のため鳥獣の狂気を帯びて帰還してくる。父が発狂により人間的尊厳を喪失するという主題は、閲読当時の僕の実人生にとって他人《ひと》ごとではなかった。僕の父は双極性障害で発狂し、何年も監禁されて死んだからだ。

> 「ニ、ワ、ト、リ」と仮面のように無表情の彼の顔で、突然口だけがひらいた。（略）「ニワトリ、ニワトリ」（略）父親にのこされた唯一の言語、それが生涯僕の鼓膜にこびりつくのではないか、（略）「やめて！」と僕は、彼の肩をつかんで叫んだ。「その鶏という言葉、もうやめて」（「鶏の脚」）

狂気が父を獣《けだもの》に変える。獣のように、ではない。その本質を「獣にする」のだ。よって父は「獣になる」。

池田得太郎は故意にリアリズム的手法で人間をやめた人間を書いた。「人でなし」と人とを同一地平上に立たせ、等号で結ぶためである。（12・10・16）

63

読者を愚弄する

『プロタゴニスタ奇想譚』

❖ルイージ・マレルバ　千種堅訳

出帆社

んで、誰《だんれ》とやらかしたとよ、誰《だんれ》とかよ／まぼろしのとかよ（ドメニコ・テンピオ「がっかり尼っこ」）

尻に襞がなくなったのかと思うほどに／出入口を男根で拡げよ（「プリアプス讃歌」）

まるまる一カ月でも聞こうじゃないの、君が糞尻珍満と叫ぶのを。（アントニオ・デルフィーニ「世界の終末の詩」）

ちんぽを中に入れただけで、わたしは十ドゥカート金貨を払う破目となった。

(レオナルド・ダ・ヴィンチ「コーディチェ・アトランティコ」)

訳者後書きを読む限り、小説内にちりばめられたこれらの箴言《しんげん》は総《すべ》て実在の文献で、レオナルドの他に現代のガッダやパヴェーゼも選ばれている。よくぞ渉猟したというべきだが、これはひとえに作者マレルバが読者諸氏を徹底的に愚弄してさし上げるために引用したものだ。

が、果たして先の箴言を忍耐強く読み通しえた律儀な読者が愚弄と聞いて本気で憤慨するだろうか。むしろその余りの尾籠《びろう》さ・卑俗さに言葉を失い、その呆然自失の度合いに圧倒されたのではないだろうか。愚弄されて愉快だ。そういう読者こそ、本当の審美家であり読書家である。

小説には元来「いかに読み手を愚弄しうるか」という切実なるテーゼがある。中途半端な手抜きの愚弄こそが読者への真の愚弄であって、完膚なきまでの本気の愚弄とはすなわち読者への全身全霊の献身に他ならない。

例えば推理小説はいかに読み巧者を担ぎ、欺き、陥れるか、その愚弄の見事さが命だ。易々《やすやす》と犯人が露見したり、明かされた仕掛け《トリック》が幼稚で無理があるものは、読者に対する真摯《しんし》な愚弄を怠った無礼な駄作である。

さても本書はその下劣な猥雑さで眩暈《めまい》さえ覚える程の労作だ。原題は『主人公《イル・プロタゴニスタ》』。題からして愚弄している。

〔ぼくが〕アンテナとなって空にそそり立てば、ローマの屋根や、サン・ピエトロをふくめた教会の丸屋根がはるかに眺められる。

ぼくの色はローマの煉瓦の赤い色調を帯び、ぼくの形はどこかボロミーニのバロック風の鐘楼を思い出させるが、ぼくの形を真似したのは鐘楼の方で、ぼくが向うの真似をしたわけではない。

始まりから終わりまでずっとこんな調子で、題でもある「主人公」とは人間様ではなく、彼に付随するところの一竿《さお》の逸物《いちもつ》である。ここが通例と異なる。語りの視点を副次的な存在が担う場合、真の主人公は別にいることが多い。『ドン・キホーテ』の主人公がサンチョ・パンサでなく、『シャーロック・ホームズ』の主人公がワトソンでないように、語り手＝主人公である小説は西洋ではむしろ主流ではない。

この作品の語り手「ぼく」に近似する本邦の一人称はあの『吾輩《わがはい》』だ。マレルバが漱石を読んだ言質《げんち》はないが、主《あるじ》である珍野苦沙弥《ちんのくしゃみ》やその朋友らを観察する名無しの猫の長編随想こそ、日本文学の「愚弄」の金字塔であることは論を俟《ま》たない。それかあらぬか、甕《かめ》に落ちて死んだ吾輩への敬辞《オマージュ》とでもいうように、本書の「ぼく」は、失恋の淋《さび》しさで狂った主《ボス》に、隣接した後ろ穴（肛門）へ無謀な自慰的身投げを強いられる。つまり己の背後に口を開く禁断の陥穽《かんせい》へあわれ突き落とされるのである。やれやれ。

（12・11・6）

64 溺死者の息継ぎ

『触手』

❖小田仁二郎

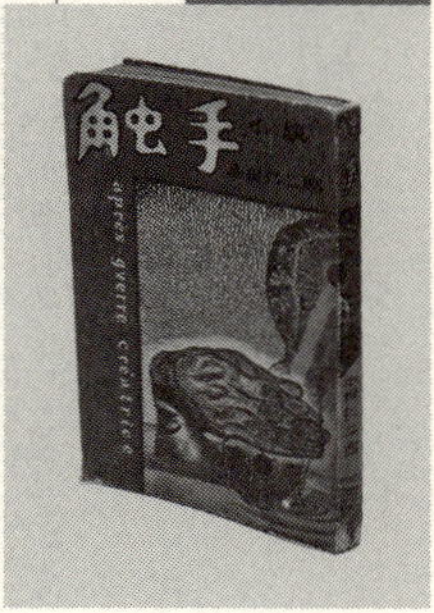

眞善美社

今まさに溺死せんとする者の最期の息継ぎ。本作の文体は僕にそんな苦しげな不安を抱かせる。終戦から間もない昭和二十三年、本書は野間宏『暗い繪《え》』や中村真一郎『死の影の下に』とともに、眞善美社の「アプレゲール（戦後）叢書」の一巻として上梓された。鬱の最底辺に身を置いた者のみが知る絶望の暗闇を、この特異な小説も負っている。実に『触手』こそは、僕の読書人生の上に焼き付けられた作家小田仁二《じんじ》郎《ろう》の呪いと怨嗟《えんさ》の黒点である。

萩原朔太郎や大手拓次に見られる極端な文節の寸断、のたうつひらがな、身体部位への病的な執着。一読してそれら近代詩の鮮烈な影響が本作の文体には認められる。非常に意識的な文体である。

私のまえに、たれか、たつていた。しろい、ねまきの、たけがたかく、やせているのが、ねまきのうえに、骨だち、みるともなく、みあげる、私のめに、髪だけが、ぬれ、ぬるぬるいきていた。うごめく。髪の毛の、ひとすじが、ひとすじづつ、私にさわる、感覚。私の、うすい、ひふ、さかめだつ。（略）あるいていく。私のまえのねまきすがたが。私が。私がみている私が。（略）ふすまがおともなくあき、私は、私のでたあとを、しめなかつた。

のっぴきならない朔太郎病に罹《かか》っていたかつての僕が、ようやくその文体の魔力の圏域から脱しえた大学卒業時、恩師の導きで本書と出会った。この文節寸断の多用は剣呑《けんのん》だった。めくるめく愉楽が僕を虜《とりこ》にし、僕の文体を乗っ取り、つまりは僕の呼吸自体をいつしか長い長いくちなわの、蛇のごとき一本の管《くだ》に転身せしめてしまうのであった。

僕の小説を通読されている方なら、『アサッテの人』にも、『領土』にも、拭おうとして拭い去れぬこの断末魔の息遣い、謡いの拍子、忌まわしい呼吸の名残を見られることだろう。左様なまでに解《ほど》かれぬ呪詛《じゅそ》の組紐、それが『触手』の我が身に絡みつくような文体であった。

　この夜ふけ、ひとすじみちの、ばらばらの家の、ひとつづつ《原文ママ》の屋根のしたで、いま、この瞬時、死に絶える虫の数、家なみはつづき、屋根はどこにでも、地面を覆いつくし、数しれない精虫の死骸がつまり、つきあげ、屋根は、くらい天にふきあげられた。ああ、天の一方で松が鳴る。きちがい。ゆがんだくろいかたまりの、屋根をぬけ、血のけない五本の指が、ゆらゆらはえ、くらやみのなかで、ひかりもなく蒼《あお》じろく、掌《てのひら》がはえ、（略）もう、家なみの、屋根という屋根に、つめたい死人の手がはえだし、いちように、私の眼に、せまってきた。

けだし、日本の「マイナー文学」はここに極まる。この二十世紀という「表現・描写の時代」の一つの先端、日本語表現の一つの極北が、戦後の混乱期に束の間現れ消えたのである。それは大勢の古人の声の唱和だった。彼らの祈りだった。彼ら黄泉《よみ》の水死人の、僕らへと空しく差し伸べられた、夥《おびただ》しい手。手、手、手。手であった。

　文壇と大衆とがこの奇蹟の傑作を黙殺した。生前の師は僕にそう言った。そしてこの喘息《ぜんそく》、否、結核に似た血を吐くような宿痾《しゅくあ》を僕に移植した。爾来《じらい》、僕は失われた観念のサナトリウムに幽閉され、去年《こぞ》も今年もその高原の窓に咳《しわぶ》きして暮らす。

（12・11・20）

65

「外」を閉じ込める

『内部』

❖エレーヌ・シクスス　若林真訳

新潮社

太陽は、私たちの生が始まるときに沈んでいた、そして私たちの生が終るときに昇る。

かつての僕が他愛もなく魅せられたフランス文学やフランス映画の多くが、こうした極度に感傷的な、もしくは極度に無感傷なスタイリッシュな書き出し・語り出しから始まった。いずれにしても、それらには言い放たれてしまった極論のみが持つ或る種の痛々しい悲愴さ、決心されてしまった事後の、うつくしい諦念があった。

もし兄が死ねば、私は死ぬだろう、そうなれば、私が生きていることを願い、私に話しかける人は誰もいなくなるのだから。

　私は自分の幼少期のほかに何も所有していなかった。（略）私の夢想は書かれていない物語であった。

　父が死に、母は去り、兄と私（妹）だけがここにいる。この幼年期、過酷な外部を知らぬ、私の「内部」に。兄は私にとって唯一の二人称「tu《あんた》」で、この内部には「je《わたし》」と「tu《あんた》」しかいない。あたたかく静かなママゴトの時間。
　この奇妙な小説は徹頭徹尾まるで洞窟か子宮に似た自らの仄暗《ほのぐら》い虚《うろ》、安全な私の「内部」の闇において語られる。安全なはずの内部で語られるのはしかし、世界の、私の、不安だ。来《こ》し方の不安。行く末の不安。それら外部にあるはずの空間と時間の狂った遠近法、不気味な測りがたさが、様々な生活の中の細部に代替されて、私の眼前を単調に、幻燈のように通り過ぎてゆく。

　私は正真正銘の町のなかを歩き回っていたのだけれど、すべての現実、未来、思念などは、私の内部に閉じこめられて生きていた。（略）私以外に話をする人も、私以外に考える人も、私以外に待望したり、懇願したり、欲求したり、待伏《まちぶ》せしたりする人も、誰ひとりいなかった。

作者という圧倒的に孤絶した主体《シュジェ》がここに息づいている。彼女は自分の世界である「内部」からいつでもいなくなることができる。すると内部も、そこに映し出される幻燈絵も消える。映す絵が、夢想がなくなった時、小説もなくなるだろう。

包括的な自己の「内部」によって、広大な外的空間、広大な過去の時間そのものを、あたかも私室の壁紙に描き込むように、タペストリーに織り込むように、閉じ込めた作家は、マルセル・プルーストである。同じ二十世紀の作家でもフランツ・カフカは逆に、矛盾した内的空間、不条理な夢の時間そのものを、あたかも手袋をめくり返すように反転させ、自己の内部のすべてを「外部」に移築し、外へ展開させた。甲虫と化したザムザはいわば「内部」を奪われ、彼の潜在的な悪夢を、まさに外部へのみ表象化させられた。

外も内も、表も裏も、いずれもが「表面」である。彼らの文学こそは、可視化された内壁または外皮である。

エレーヌ・シクスス（シクスー）はフランス植民地時代のアルジェリアに生まれた。母はドイツ系ユダヤ人であり、彼女は言うまでもなくカフカと同じ「外部」に生きる、彷徨《さまよ》える民の末裔《まつえい》だった。その彼女があえてプルースト的な「内部」を志向するベクトルを選んだことは決して単純な言語や性差の別によるものではなかろう。その無期限なる死への猶予《モラトリアム》の内部世界が、凪《な》いだ羊水の安穏でなく、冷厳な海原の怒濤《どとう》に見えるのも、よもや偶然のことではあるまい。（12・12・4）

66 様式美としての「少年」

『美童』

❖山崎俊夫

忘れられ、その後つかのま見い出され、また忘れられる。そういう作家こそ愛《いと》おしい。大正期に咲いた「蔭《かげ》の文学」山崎俊夫の忘却のされ方ははなはだ無情で、それだけになお一層美しい。衆道《しゅどう》という名の道がこの世にはある。陰間《かげま》に生きる薄倖の稚児たちの美しく脆弱《ぜいじゃく》なありよう、女を愛さず、年長の男からの愛のみをこやしに受け、常に死の闇を背景にして白く咲く路傍の花。山崎俊夫はそういう儚《はかな》げな美少年たちの隠された生だけを、泉鏡花や永井荷風ゆずりの繊細な筆致で描いた。

散り悩む芍薬《しゃくやく》の花の蔭に、飽くまで春を貪《むさぼ》つて精魂の尽き果てた鉄漿蝶《おはぐろてふ》が、疲《つ》労《か》れきつて重たい翅《はね》を靠《もた》れるやうに投げ出して、酒のやうな濃い空気のなかに恍《うっ》

生田耕作編　奢灞都館

惚《とり》と見据ゑる緑の瞳、そこに市彌《いちや》といふ妖童の姿が映つてゐる。また金泥のなかにまみれて沈む江戸紫のゆかしい祥雲寺《しやううんじ》、もしくは柿地に玉虫のこぼれ唐草浮紋も巧み極めた雁金屋《かりがねや》、その襴絹《らんけん》のなかに市彌の蕩《と》けるやうな魂がつつまれてゐる。

「今夜はあたい思ひきつて綺麗に粧《つく》らうや。」／市彌は石鹸《しやぼん》箱と洗粉《あらひこ》を濡手拭《ぬれてぬぐひ》に包んだのをそつと畳の上においたまま、長火鉢の抽匣《ひきだし》から燐寸《まつち》を出してきて、またとんと下駄の上へおりた。さつと燐寸を擦つて提燈の蠟燭へ灯を移した時、湯あがりの白い腕が浴衣の袖口からしんなり現れて、首條《くびすぢ》が女のやうに優しくかしいだ。(「夕化粧」)

こうした古典的様式美に拠って立った作品というものはただただその流れるような色模様を絵巻さながらに眼《め》で追っていればよく、説明を加えればたちまち無粋になる。女の色気をはるかに超えた絶世の美童（美少年）という存在そのものが、この世にあってはならぬ禁忌、余人が本来は見てはならぬ魔道魔性の立ち姿であるのだろう。彼らは恐らく古《いにしえ》より、連綿とその世界の言語や習いといった数々の符牒、隠微な暗号のごとき所作を伝えて来た。以前も書いたように、西洋ではプルーストやジュネといった作家がこうした蔭の道の符牒を解剖して独自の文学世界に仕立てたが、本邦では、世界に冠たる男色の伝統を能や梨園《りえん》の文化の裏に隠し持ち様式化してきたにもかかわらず、正統文学史がついに観念してそれを顕《あら》わにするには三島の登場を待つしかなかったのである。西鶴も熊楠も乱歩も足穂も折口も、この昏《くら》い蔭の道の様式に通じていた。その美を知悉《ちしつ》し、その背徳を了解し、人の世の中において性的に孤立する寂寥《せきりょう》を苦く味わったのだ。いわんやこの作家をやというべきが山崎俊夫であった。

蔭の世界の常道ともいうべき嗜虐《しぎゃく》性、エロティックな血の様式も顕著に見られる。

弘ちゃんの柔《やはらか》い舌の先が〔私の太腿の〕創口《きずぐち》へべろべろと触るのが、えもいはれぬ気持なので、私は顔を顰《しか》めながらも首を横に振つて見せました。／弘ちゃんは例の持前《もちまへ》の微笑を含んで、更に私の太腿を両腕にしつかと抱へ、渇ゑ切つた人の様に咽喉をびく〳〵鳴して、血塗《ちみどろ》になつた皮膚面を隈《くま》なく綺麗に嘗《なめ》摩り廻しました。（「さみだれ草紙」）

忘却の闇から山崎を発掘し作品集を刊行したのは仏文学界の異端児、生田耕作だ。澁澤龍彥・種村季弘と並び生田の生前の文学紹介の仕事からは今世紀の僕らが継承すべき点も多い。その一役を担うことが本書に課せられた使命でもあろう。（12・12・18）

67 「外国語」の密造

『夜ひらく・夜とざす』

❖ポオル・モオラン　堀口大學訳

新潮社

これほどの名著が今の日本では読まれていない。実に不可解なことだ。モオランのこの二作品が明治の末に堀口大學によって訳されていなければ、恐らくは横光利一も川端康成も現れず、日本に「新感覚派」は生まれえなかった。

因みにこの「新感覚」とは、新しい感覚、作者や読者の内部に懐胎される未知の情感《エモーション》を指す語ではない。「新感覚」とは「新文体」、「新言語」、または「新外国語」のことである。それは外部からの言語的侵犯、総《すべ》ての国家・民族・言語を超克し相対化する文学的「密航者」たちが国境を侵す際にのみ捏造《ねつぞう》する華麗なる暗号、新しい「文体」の別称であり、いわば密造された新しい「外国語」を指す文学用語である。

僕が鉤括弧《かぎかっこ》つきで書くこの「外国語」とはむろん、一般的な意味での、海外で話されている異国語のことではない。その言葉は世界のどこの母国語でもない。従ってそれは密輸できず、飽くまで密造される。各々の母国・母語の柵、それを踏み越えるなり「内」がたちまち「外」と化す架空の線、その境界をあえて跨《また》ぎ越す密航者だけが、跨ぎ越す際にのみ発明しうる「純粋に外なる言語」、世界中の総ての話者にとって「外」である異語、これこそが「文学言語」であり、プルースト＝ドゥルーズ的な「マイナー文学」の言語使用であり、その本質を意識的に誇張したモオラン流の文体（特に横光利一の初期文体）が近代日本において「新感覚」と称された。

　とある五階建の大きな家の地階から、すぐに田舎が始まつてゐた。路の果に毛《まう》氈《せん》を敷いたやうに、雲が所々に捨ててあつた。（略）私たちは道路とは呼び難い、この穴だらけのリボンを燃やしながら走つた。（車窓には）黒框《くろがまち》づきの白樺、植物界の死亡広告ばかりが立ち並んでゐた。（夜ひらく「北欧の夜」）

　私たちは、巴里《パリ》を愛惜するであらう。その並木と、共同便所と、屋台店と、ベンチとを飾つたアヴニュウを、（略）その街燈の光を、その宝石のやうな橋を、書物が氾濫を防いでゐるセエヌ河を、（後略）。（夜とざす「パットネイの夜」）

無粋を承知で注釈するならば、引用前段の「リボンを燃やしながら走つた」とはもうもうと排気ガスを上げ、凸凹《でこぼこ》の一本道を、まるで導火線を燃やすように車で走る情景をいい、後段の「書物が氾濫を防いでゐるセエヌ河」とは両河岸に軒を連ねる露店の古書肆群（ブキニスト）の密集するさまをわずかにユーモアを交え表現している。

外交官の任にあったポオル・モオランは、全西欧を股にかけた国際人《コスモポリット》だった。国境越えを日常とした彼の詩と小説が、密造された新外国語を用いて書かれることは必然だった。

だが、本稿で僕が述べたいのは、現実の越境が「文学言語」を産出するといった旅行会社的惹句《じゃつく》ではない。内が外に翻る契機を仮に「越境」と呼ぶならば、その言語的国境は実は個々人総ての表皮の上に、言語的自我の外接面上にこそ存在する。モオランの外交と詩才がもたらした特殊言語、その言語を自身の内に越境させるべく生み落とされた翻訳者堀口大學の密造言語、さらにこの文体に震撼《しんかん》させられ、自らが言語の皮膚たらんと新文体の密造に挺身《ていしん》した作家横光利一の「新感覚」。これらことごとくが「越境」である。

総ての文学は越境者各人が各人の「国境」を侵す刹那に生まれる。家内的《ドメスティック》な日常の中にさえ「言語の国境」は意識しうる。「外国語」は密造しうる。国境は個々人の眼前に引かれているからだ。

（13・1・8）

68

各人による各人の統治

『アナキスト詩集』

❖萩原恭次郎ほか

秋山清編　海燕書房

銃剣のように鋭い意志／銃口をそろえているような眼／それはみぢんも君達を許さない思想である／また自らを許さない思想である。（萩原恭次郎「断片32」より）

俺達は強権者にとって反対者でありまた全くの無価値者である事をよろこびとする／彼等の価値も秩序も認めないから我々は無価値者なのだ（同「断片26」より）

無政府主義《アナーキズム》の書籍は暗く重く、そして黒い。黒はアナーキズムの旗の色だ。僕は学生時代に黒色戦線社という、その名の通り黒い装丁の地下出版社の本を好んで読んでいた。東京か京都の限られた本屋にしか置いていなかった。ある時、クロポトキンの『倫理学』だったかの中に、新宿か巣鴨を根城にしたアナーキズムの研究会の「一緒に勉強しましょう」という広告《ビラ》が折り込まれていた。偶然本を手にした僕への極秘私信かと疑い、周囲を窺《うかが》いつつ会計する掌《てのひら》にはじっと汗が滲《にじ》んだ。アナーキズムとは国家にとって剣呑《けんのん》な、否定と拒絶の徹底的に無生産な思想だった。僕はその危険な無価値性をことのほか愛した。

僕のアナーキズムへの傾倒は絶望的な厭世《えんせい》思想の隘路《あいろ》からの帰結として訪れた。この無価値の黒い哲学が、無意味の文学＝ダダをもたらし、僕に文学への帰路を教示した。ペシミズム→アナーキズム→ダダイズム→文学的テロリズム。これら一連の思考線が後年、僕に小説『アサッテの人』を書かせることになる。

シュティルナーの『唯一者とその所有』を僕は初め本欄で紹介する気だった。日本のダダイスト辻潤の訳した本著の骨子は、唯一者＝孤独者、キルケゴールの「単独者」にも先行する主体概念の構築であるが、生半《なまなか》な紹介を拒む難読書であり、ならばいっそアナキスト詩人の詩篇を呼び水に語り出すのが得策と考えたのだ。

この世は、十七世紀のホッブズの述べる通り「万人の万人に対する戦争」（「文民論」）が基本状態である。十九世紀アナーキズムの理論家プルードンは、これに抗する社会形態として、①個人による万人の統治（君主制）、②万人による万人の統治（共産制）、③各人による万人の統治（民主制）、をまず整理・例示し、最後に④各人による各人の統治（アナーキズム）の可能性を示唆した（「連邦主義的原理と革命党再建の必要について」より）。

例えばいま僕ら日本に住む個々人は民主主義国家により統治されている。仮に都道府県が独立国家になるとする、次に市町村が独立国家に、家族が独立国家に……と統治者を細分化していくと、最後には一分の一、すなわち己が己のみを統治するたった一人の独立国家ができる。それがself-government、すなわち理念上のアナーキズムの社会である。ただし、この一人だけの「社会」という語義矛盾を真っ先に認識し、これが実現困難な架空の無可有郷《ユートピア》であることをも当のプルードンが暗に認めている。

社会科学上でなく、アナーキズムが達成されうる場所は、けだし個々の表現者の内部国家、魂の領土においてである。引用のアナキスト詩人萩原恭次郎も元々は無意味の芸術ダダから出発した。孤独な社会的無産者が表現の産出者となる逆転。総《すべ》ての文学・芸術は、孤独者がその孤独の極致で、己の荒ぶる魂を鎮めるために行なう絶体絶命の舞踏である。そこにこそ強靭《きょうじん》な自分だけの表現が生まれ、己自身をのみ強権的に統治する芸術の禁欲主義《ストイシズム》が、作品と作者とを厳格に律するのである。（13・1・22）

69　戦争――無秩序の繁栄

『五十万人の兵士の墓――反乱の雅歌篇』

❖ピエール・ギュイヨタ　榊原晃三訳

二見書房

『おお、血よ、おれはお前が好きだ。血こそ、精神の乳、憎悪の体液、戦いのさ中にほとばしり出る体液なんだ』

戦争こそ悪の栄える場所だ。悪は自分らだけが悪の外側にいる（と信じている）人間どもが内側を指して呼んでいる便宜的な仮称に過ぎない。悪＝戦争の内側にいる者の前にそんな狭義の悪など存在しない。殺す者も殺される者も蜂起軍も鎮圧軍も、両者にとって悪は空気に等しく、これを吸わねば殺す前に死んでしまう。相手を殺すべきか殺さざるべきか都度黙考する人道主義者から順に殺されてゆく。戦場の理《ことわり》だ。

アフリカの熱帯《サバナ》で獲物の殺戮《さつりく》を日常とする獣《けだもの》にも悪はない。悪とは生、彼らの生そのもののことだからだ。人間という、善悪を云々《うんぬん》する獣＝さも人間ぶった族《うから》が、殺戮を専らとする熱帯の外から勝手に「悪」の名を下す。ベトナムやコソボやイラクを経て僕らが学んだのは、戦争は善悪の観念を喪失した狂人にだけ行ないうる営為だということだ。悪人は善人を殺す。が、善人は悪人を殺せない。殺すと決めた者はその時点で既に善を手放しているからだ。サルトルの論理に従えば、防衛などいかなる大義があれど、殺した者が絶対的に悪である。悪を殺すには自らも悪となって殺戮に加担せねばならない。善は、ただ殺された者のみが有する。ひとたび殺せば敗者も勝者も悪。とりわけ勝者とは生き残りのための殺戮を貫徹した最悪人に冠される名だ。あらゆる戦争において正義は勝たないのである。

一九六〇年代アルジェリア戦線で仏軍に従じたギュイヨタの本作は、戦争が日常と化した暴力と性の無秩序世界である。この小説には筋らしい筋がない。砂漠の嵐のごとくただ悪と汚濁とが吹き荒れている。

兵士たちの匂いは、汗、錆、手につく汚油、甘く紫色がかった唾、鼻汁、体液、オルガスムの最中に流れ出る排泄物の匂い。

〔短刀を〕若い男の腹に突き立てて、引き裂く。（略）小石をひろい集め、それを引き裂かれた腹の中に押し込む。血と内臓が押されて外に溢れ出る。兵士たちは小石でふくらんだ腹を踏みにじる。

舞い上がった埃《ほこり》が二人の合わせた唇をこすり、兵士が咳をする。兵士の唾と鼻汁が女奴隷の口蓋《こうがい》にとび散り、女奴隷の口がふくらむ。

キャタピラが少年の頭を地面にたたきつけ、少年の肩を押し潰《つぶ》す。頭は砕けて、ざわめく砂に血をひっかける。夕方になると、他の子供たちも全部、拷問室の中に押し込められて、〔食肉用の〕鉤《かぎ》に吊るされる。小さな身体が探照灯のむき出しの光の中でもがく（後略）。

作家のマンディアルグも言うように、ギュイヨタの文体はジュネやロートレアモンを想起させる。私見ではランボーの『地獄の季節』の影響もある気がする。だが、彼の小説は何より「意味の麻痺」「悪という意味の蒸発のさま」が特徴だ。この直説法現在（～だ・～する）で語られる即物的文体は、中上健次や村上龍らの初期作品にも通ずる。闘いの時代は本来、詩には危機だが、その危機を言葉が強いて生きんとする時、無秩序の砂漠のただ中に、暴力としての詩も吐瀉《としゃ》されるのである。（13・2・5）

70

植物姦——不可能なる愛

『妖花譚』

❖荒木良一

毎日新聞社

本書をどこで購《あがな》ったのか全く思い出せない。学生時代。神田神保町。そんなところか。記憶にないほどだから高価な本ではなかったのだろう。異端文学に溺れていた頃で、蠱惑《こわく》的な書名に惹《ひ》かれて購入したのに違いない。

初読時、文体的には見るべきものは僅《わず》かだと感じた。が、読後二十年を経た今でも、何か異様な禍々《まがまが》しさ、禁忌にふれる感触、常軌を逸した倒錯的な印象を僕は拭い去れずにいる。人知れぬ、不可能なる愛。

どの短編にも、植物に関する作者の蘊蓄《うんちく》が非常識なほどの紙幅を費やし嬉々として書かれている。この異常な自己顕示欲が文学的狂気を煽《あお》り立てる。変人の本だからやむをえまいという諦念を否応なく読者に抱かせることは、普通の人間には難しい。

端的にいえば、本書中で目を惹く幾つかの短編は植物、とりわけその生殖器にあたる花との実際的な交合を夢想した、狂気の官能小説である。

人間の男女がひたすら秘して他者の目にはふれさせない性器を、植物たちは誇らかに外部へ余さず差し出し、妍《けん》を競い合っている。僕らはかぐわしい性器の束を恋人に捧げ、顔を埋《うず》め、髪を飾る。花を愛《め》でるとは性器の色や形状、匂いを愛でることに等しい。げに猥褻の極みといえよう。

収録の「蝶恋亭」では、山奥の寺の住職が多くの女をまるで蝶が石楠花《しゃくなげ》の蜜を吸い尽くすように殺しては屍姦する。その後も彼は竹夫人《ちくふじん》（籐編みで筒状の全身抱き枕。夏に使う）に石楠花の花を挿して床を共にする。すなわち花と同衾《どうきん》するのである。

別編「女仙《めせん》」ではリトープスなるアフリカ産の多肉植物（棘《とげ》の退化したサボテンの仲間）と交情を遂げる。


半球形の多肉質らしく、ちょうどお椀を伏せた形で、その頂部を真っ二つに割ったような割れ目のあるものがほとんどだ。（略）裂け目の周囲には、さまざまな斑《ふ》模様がついているかと思うと、鞭毛《べんもう》のようなものが生えているものもあり、割れ目の真ん中から、菊の花のようなものを咲かせているものもあった。（略）それは彼がかつて味わったこともないくらいすばらしく、生き生きとした絶妙な恍惚感《こうこつ》であった。木村さんは、この植物体の心奥部深く、あれよ、あれよと射精してしまったのである。

荒木の小説に登場する物は総《すべ》て現実に在る物ゆえ気味が悪い。竹夫人など名前からしてダッチワイフなのに日本でも古くから売られている伝統品だ。リトープスは本当に女陰の形状に近い。植物マニアの面目躍如といえよう。

人と動物との交合（＝獣姦）なら既に本邦の古典「問はず語り」等に言及がある。だが「植物姦」は例を見ず、相応しい言葉もない。以前取り上げた中井英夫は薔薇狂だったが、それは根に身を捧げ、棘に蹂躙《じゅうりん》され、ついには薔薇そのものの内に転生する被虐的《マゾヒスティック》な願望だった。だが荒木の夢想は受動的な物言わぬ植物に対してあくまで一方的に、嗜虐的《サディスティック》に埒《らち》をあけることであった。

本書所収の十二の短編の扉には作者自らが描いた稚拙なイラストが飾られている（表紙絵は別）。その絵がまた冗談か本気か判らない珍妙な花の絵だ。しかしそこに名の売れた作家にはない造本への変質的なまでの拘泥が垣間見える。

本当に、作家はたった一冊、棺桶まで持ってゆく自分だけの作品、前例のない唯一無二の個性的な文学的倒錯があればよい。その一冊にこめた執念こそが強力な防腐剤となり、後世の発掘に寄与するからである。（13・2・19）

71

ふたたび「物」のそばへ

『物の味方』

❖フランシス・ポンジュ　阿部弘一訳

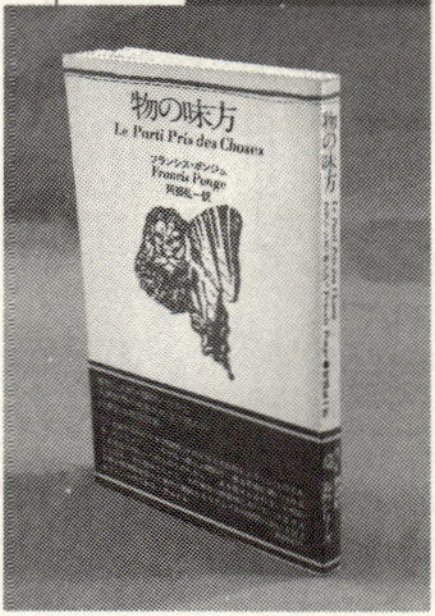

思潮社

例えばドアならドアという物が、そこに確固として現前する、その「実存」のために言葉が使われるということ。

王は、ドアに手を触れることがない。〔下僕たちがすべて開けてくれるからだ〕／身近かにある大きな鏡板の一つを、手荒に、あるいは、そっと自分の前に押しあける、それをもとの位置に戻すためにその方にふりむく、——腕でドアをおさえる、この幸福を彼ら〔王侯ら〕は知らない。（略）——強靭《きょうじん》な、しかし、よく油のきいたばねの、快い、確実な音。（「ドアの楽しみ」）

この詩を読む者は、「ああ、そこに間違いなくドアがある」と実感する。「ドアを経験する」といってもいい。この経験が物を実在させる。

詩人としてポンジュは愛だの情《なさけ》だのといった形而上的な「観念」の側ではなく、形而下の「物」の側に立とうとする。曰《いわ》く、物の味方。しかし言葉は元来、それを名指すことで、物を「物そのもの（物自体）」と「物という観念（物性《ものせい》）」とに分離させる性質を持ち、物自体から引き剝がした観念や意味の側に寄り添い、物の物性だけを文字や声によって弄《もてあそ》ぶ。このように言葉のせいで人は物から遠く離れていった。

十九世紀末、マニエリスム的なイメージの優位である象徴主義に席巻された西欧芸術は、世紀を跨《また》いで二十世紀のシュルレアリスムを招来する。秘教的《エソテリック》な記号操作の側面を推し進めた果てに人が見い出したものはしかし、物と切り離された心象の堆積だった。「互いに意味と対象を否定し破壊しあう言葉と言葉との空虚な『ぶつけ合い』が（略）新しい対象と意味とを獲得する方向にむけられなかったというシュルレアリスムの方法論的な不毛性」（訳者あとがき）への反省からポンジュは「〔自分自身の〕物象辞典をつくらねばならぬ、言葉のもつ意味論的な厚みによって、その項目の一つ一つを正確に表現しなければならぬ」（同）と決意するに至る。次の「蠟燭」と題する詩も、物から観念のみを都合よく蒸留して使うのではなく、己の言葉によっていかに物に近づき物のみを見、徹底して物に寄り添えるか、その試みである。

ときおり、夜は奇妙な一本の植物を生きかえらせる。その微光は家具のある部屋を幾重もの影に分解する。／金色の葉〔炎〕は、非常に暗い柄で大理石の小円柱のくぼみに無感覚に立っている。／不格好な蛾は、森をかすむようにみせている中天の月よりも、好んでその葉におそいかかる。〔略〕／そのとき、不意に、蠟燭は独特な煙を吐き出す、本の上に光をゆらめかせ、読者をはげます、――それから、皿の上に身をかたむけ、自分の食物〔蠟〕の中に溺れてゆく。（「蠟燭」）

カントの不可知論（人の認識は物自体を把捉《はそく》しえない）は物に対する人間の、言葉の無力、その諦念を先取りしたが、言葉と物、指示語と指示対象の絆を信ずる敬虔な一群の詩人たちが二十世紀に現れた。以前取り上げたリルケや吉岡実。他にツェランやプレヴェールらも「物の味方」派であろう。

彼らは単なる唯物論者でも、言葉で物自体を捉えうると考える楽天家《オプティミスト》でもない。彼らにとって物は、リルケにおける神のように依然言葉では直接触れえない彼岸の存在だが、祈りとして言葉を使うことで物に肉迫し、その傍らに立ち続けることだけはできる。こうして詩人たちは再び物を見い出し、そこから逆に言葉への信頼を、そして世界を見い出したのである。（13・3・5）

72 オナニズムと文学

『葬儀のあとの寝室』

❖秋山正美

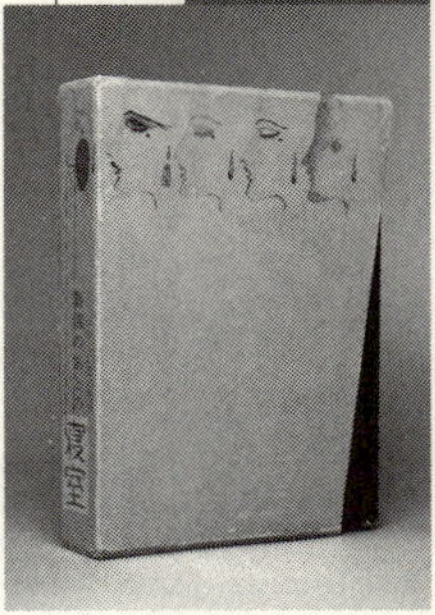

新世紀書房

　昨年四月から一年と定めて書き継いできた無名の「忘れられた本」特集も今回でひとまず区切りとする。来月からは再び有名作も交えた僕の偏愛蔵書を俎上《そじょう》に載せ、論じてゆきたい。

　以前、異端漫画家の徳南晴一郎を紹介したが、現世に対する怨念の烈しさで彼に勝るとも劣らぬ作家が秋山正美だ。彼もまた己の奇怪で孤独な生をひたすら呪って死んだ。彼は生の糧を得るため、仏事のノウハウ本から昭和児童文化のレポート、そして『ホモテクニック』『レズビアンテクニック』『へんたい学入門』などマイノリティー向けの実用書までを書いては売った。原稿の売り込みの際はいつも全身緑ずくめのスーツ姿だった。画期的・啓蒙的なオナニーの教則本『ひとりぼっちの性生活』シリーズには同性愛者や性的孤独者からの真摯《しんし》な手紙が多く寄せられ、第二書房代表の伊藤文學を瞠目《どうもく》させたことで、後にあの伝説のゲイ専門誌『薔薇族』の発刊へ結実することになる。

今回の本は秋山が生前上梓した唯一の、渾身の変態小説《クイア》集だ。造本からして異常である。巻頭カラー口絵の書影をご覧頂きたい。写真左の外箱は口を歪《いびつ》な斜角落としに切ってある。右にはカバーの絵が見える。著者自身が描いた黒地に白の女体画には著者の体から採った本物の鮮血が一冊々々になすりつけられている。それが後書きで初めて明かされるので、そのとたん読者は思わず手中から本を取り落としそうになる。

収録の短編はどれも狂気の沙汰という他ない。仲睦《むつ》まじいはずの夫婦が毎晩交互に淹《い》れる珈琲《コーヒー》に各々の唾液や汗、洟《はなじる》、フケ、垢《あか》、膿《うみ》、瘡蓋《かさぶた》、妻は経血、夫は精液を混入させ、自らは（飲むほうは）気づかぬまま飲ませ合う「妖液」。

夫の後妻への怨念から、先妻は自分の息子の精液を巧妙な計略により後妻に注入・受胎・出産させるが、生れて来たのは一体の身にして双頭四臂《しび》（二つの頭部と四本の手）を有する畸形で、片方の頭部は先妻の顔に、もう片方は後妻に生き写しの、その双方が乳母車《ベビー・カー》の中で果てなき摑《つか》み合いを演じる「胎児たちの相似」。

逢ったこともない写真の中の女に恋した青年がその肖像に毎晩美容液を塗っては同《どう》衾《きん》し、舌の愛撫で唾液まみれにもしながら孤独な愛欲を満たす「艶《あで》やかな虚像」。

そして綺譚「恥球男《ちきゅうおとこ》」の作中劇である残酷映画では、《人間時計》という非合法の独創的な私刑が執行される。

大時計の文字盤の下に、美少女を振り子の代わりに逆さ吊りにし、左右へ動かしながら、（略）九時には左の耳を落とし、十時には鼻先をけずり、十一時には右の眼をくり抜く、（略）文字盤の数字のひとつひとつに、切断された血まみれの耳や鼻や眼球が、ピンで留められていく（後略）。

総《すべ》ての創作意欲は自慰衝動《オナニズム》に近似する。「読む」より「書く」を欲する人がなぜか現代ほど膨満した時代は未だかつてないが、創作の真の力とは反省・自己批評の側面、つまり「書く」より「読む」感性にある。自慰による漏出自体は単なる欲求の必然にすぎない。それより漏出物の客観的な吟味選別、自己叱咤《しった》、強靭《きようじん》な推敲《すいこう》の力こそが創作の本質だ。「読むのは嫌いだが書くのは好き」という書き手は信用ならない。それは「観るのは嫌いだが撮るのは好き」という映画監督のようなものだからだ。

秋山は自身の小説の自慰性を自覚し、批評した上で故意にその醜態を徹底させた。彼は病的なまでのオナニズムと自己批評の執念により「己だけの墓標＝作品」を打ち立てたのである。

（13・3・19）

73

いつか、舶来の街へ

『ふたりだけの Season』

❖わたせせいぞう

角川書店

一九八〇年代。それは僕の十歳から二十歳、小学校卒業から大学入学までを含み込む多感な夢の時代だった。この時代の僕の精神史、思春期の意識下には、二筋の相反する底流が交わることなく伸びていた。昼と夜、光と影の両面の文学的志向である。高校でそれは鮮明化し、僕は片岡義男や村上春樹に傾倒する一方で澁澤龍彦や種村季弘に耽溺した。白昼の光の下《もと》で読むべき晴朗な前者と、夜陰の下で盗み読むべき奇怪《きっかい》な後者の世界とは好対照をなしていた。

後者については本書で既に多くを語った。今日は少し前者について語ろう。

この明媚《めいび》な世界、少年の舶来信仰とでも呼ぶべき遠い異邦への憧れは、例えば父のパーカー万年筆やカティーサークの瓶のラベルなどに象徴される物象崇拝《フェティシズム》に源《みなもと》する。

その後歌謡界にニューミュージックが台頭し、大瀧詠一や山下達郎、佐藤隆、ゴダイゴ、久保田早紀、佐野元春、杉山清貴&オメガトライブ（林哲司がほとんどの曲を提供した）らがエキゾチックな世界を歌った。

中学からは英語授業も始まり、ニューホライズンという教科書の表紙には鈴木英人《えいじん》のアメリカ西海岸風イラストが鮮烈に彩色されていた。彼の絵では風がリボン、光粒《プリズム》や香気《アロマ》が極小の丸や方形で描写され、僕を虜《とりこ》にした。そして片岡狂・春樹狂たけなわの高校時代、僕の前にわたせせいぞうのオールカラー漫画が立ち現れた。

今でこそ日本漫画が欧州に影響を与える様相を呈しているが、世界的になった宮崎駿や大友克洋がかつて影響を受けたのは元々欧州の仏語圏漫画《バンド・デシネ》（ジャン・ジロー他）である。そして、もっと遡《さかのぼ》った三〇年代の米国漫画《アメコミ》やベルギーの「タンタン」（エルジェ作）の、八〇年代にはとうに時代錯誤に見えるそれらの画法を意図的に日本で実践したのがわたせの特異な漫画だった。

わたせの描く街は、いわば「舶来」の風景だ。文学における村上春樹的な海外からの小説言語の移入を、わたせは漫画の世界で行なっている。繰り返し言うように、こうした自己裁量による移入こそはある種の創造なのだ。

代表作『ハートカクテル』が各回四頁完結の掌編集なら、本作は各回八頁の落ち着いた短編集の趣きで、ありようはより画集や絵本に近い。引用した次頁およびカラー

わたせせいぞう『ふたりだけのSeason』（角川書店、1987年）より

口絵の画《え》のように一頁がそっくり前奏《イントロ》に使われ、物語の周辺風景をこそ見せたいという作者意図が解る。

一人の男が暮れ方の港街に姿を現す。十五年前に別れた女は、その後生れた一人娘と街で花屋を営んでいる。男女の昔を知る向かいのバーの店主は電話で娘に花を届けさせ、あえて何も語らずに、男とその実娘とを一刹那対面させる（「September」）。それだけの八頁に、しかし読者は満たされる。満たすのは筋書き《ストーリー》でなく、その経糸《たていと》を口実にした典雅な描線や色彩、大胆なコマ割り、字幕風な台詞《せりふ》の手書き文字などだ。誰もがいつか訪れたはずの、そこは懐かしくも「リアル」な、あの原色の街なのである。

（13・4・2）

74 触覚の天国・視覚の地獄

「人間椅子」ほか

❖江戸川乱歩

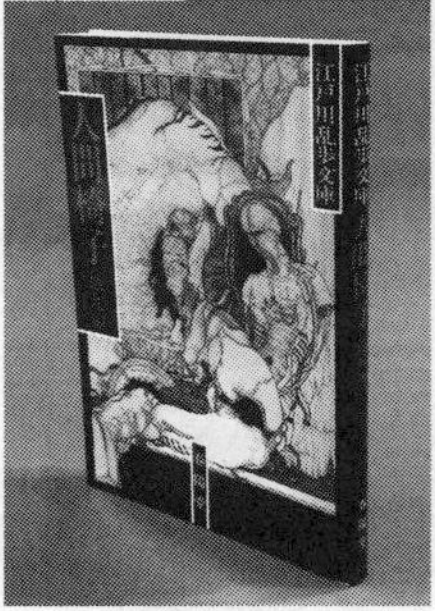

『人間椅子　他九編』 春陽文庫

小学校の四年生頃、僕は小林少年で、長ずれば明智小五郎になるはずだった。団員バッヂこそなかったが、黄金仮面が背表紙で笑うポプラ社の少年探偵団シリーズを図書館で黙々と読み、僕は深夜の東京を跳梁する怪人二十面相と丁々発止闘った。

僕が棚にあった二十六巻を読み終え、カバー裏に記載の二十七巻目以降がないか係のおじさんに聞くと、あいにくポプラ社版では置いていないが、君は熱心な読者だから、特別に一般書棚の大人向けの乱歩の本をこっそり出してあげると言った。

そこで読んだ本たちが僕に、読書とは実は罪深く後ろめたい行為なのだと教えた。そして大人が本気で書いた小説とはこれほどまで想像を絶して恐ろしいものかと圧倒された。今まで闘ってきた怪人二十面相とは子供に手加減をしてわざと負けて退散してくれる心優しいおじさんだったのだ。

大人になって再読した折も印象は子供の頃と同じで、第一級の作品は短編なら「芋虫」と「人間椅子」、「押絵と旅する男」、「鏡地獄」、中編なら「パノラマ島奇談」、「盲獣」だった。うち「押絵」・「鏡地獄」が視覚の崩壊を主題とする図像的光学的な地獄なら、「盲獣」・「人間椅子」は触覚のみの悦楽世界である。

乱歩の倒錯的な性向が見事に昇華された「芋虫」では、声帯・聴覚・四肢を失い、醜い肉塊となり果てた傷痍《しょうい》軍人の夫を介護する妻が、夫の唯一の感覚の窓だった両眼をサディスティックな発作にかられ、指で潰《つぶ》してしまう。妻は完全な無音の闇に墜《お》ちた夫の胸に指で何度も「ユルシテ」と書く。常に乱歩は高級感覚である視覚を徹底的に蔑《さげす》み、代わりに低級感覚である触覚を覚醒させ、その暗中に棲《す》むのである。

視覚の貶斥《へんせき》と触覚の称揚の主題は「盲獣」の中の常軌を逸した「触覚芸術論」に止《とど》めを刺すが、僕はむしろ初期短編「人間椅子」にこそ乱歩のその執念が漲《みなぎ》っていると思う。

作家の佳子《よしこ》の邸《やしき》の書斎に届いた無署名の手紙は唐突に「奥様、」と書き出されていた。家具職人と名乗るその男は「わたしは生れつき、世にも醜い容貌の持ち主でございます。これをどうか、はっきりと、お覚えなすっていてくださいませ。」と念を入れて前置きする。革張の一人がけ用大型肘掛椅子《ソファー》を専門に作っていた彼は椅子を愛する余り、内側の空洞へ自らが椅子の形になって入ることを思いつく。「考えてみれば、墓場に相違ありません。わたしは、イスの中へはいると同時に、ちょうど隠れみのでも着たように、この人間世界から、消滅してしまうわけですから。」

こうしてのち、首尾よく高級ホテルのラウンジに納品された彼の上に様々な人がゆったりと身を任せる。

まっ暗で、身動きもできない革張りの中の天地。(略) そこでは、人間というものが、日ごろ目で見ているあの人間とは全然別な不思議な生きものに感ぜられます。彼らは、声と、鼻息と、足音と、きぬずれの音と、そして、いくつかの丸々とした弾力に富む肉塊にすぎないのでございます。〔わたしはそれらと〕薄いなめし革ひとえを隔てて、膚《はだ》のぬくみを感じるほども密着しているのでございます。

やがて彼は競売にかけられ、ある邸の若い夫人の書斎に置かれることになる。彼は肉の重みと量感《ボリューム》としての彼女を揺籃《ようらん》となって抱擁し、恋し、ついには不埒《ふらち》な付文《つけぶみ》を書く(!)に至る。佳子とともに手紙を読んできた読者が思わず今掛けている自分の椅子から腰を浮かせかけるほどに、彼の触覚の世界はリアルなのである。(13・4・16)

75

読者処刑機械

「流刑地にて」ほか

フランツ・カフカ　池内紀編訳

『カフカ短篇集』所収　岩波文庫

カフカ文学に対する万人のおびただしい解釈は、これまでもこれからも、ことごとく間違え続ける宿命にある。カフカの真意を言い当てる、などという勇み足は当のカフカによってこっぴどく嘲笑される。カフカとはそういう作家だ。

長編『審判』の中で教誨師がKに告げる科白《せりふ》、「書物だけが絶対不変で、個々の解釈などはたいていそれに対する絶望の表現にすぎません」は既に歴然と書かれてしまったもの（文字）に対する読む者の無力を暗喩している。文字とは神なのである。『審判』のKはまず先に逮捕され、その後から身に覚えのない自分の「罪」を捜しにゆく。順序が逆なのだ。本書所収の「流刑地にて」の囚人も自分の罪を知らぬまま将校の行なう処刑に臨む。一人の旅行家が将校の案内で偶然その一部始終を見物する。

旅行家が〔将校を〕さえぎった。／「自分が受けた判決を知らないのですか」／「ええ」／なぜそんなことを訊くのか、むしろそれを知りたいとでもいうふうに将校は口をつぐんだ。／「わざわざ告げてやる必要などないのです。当人のからだで知るのですから」


この後、旅行家は将校から囚人の判決文の「図面」を見せられる。紙は迷路のような錯綜する線で埋められていた。「さあ、お読みください」「読めません」「一目瞭然じゃありませんか」。その図像を、緊縛した囚人の背中の膚《はだ》の上に精密な処刑機械の針で何時間もかけて「書いてゆく」というのである。ここにも「先に書かれたもの」の優位と「後から読まされる者（解釈）」の絶望とがある。ユダヤ教の律法《トーラー》のようだ。

カフカ文学は不可解ゆえに豊かな無限の解釈の余地を持っている、などと喝采を上げる能天気なテキスト論者の言に対してもカフカは馬耳東風を決め込む。僕らはただ理由も判らずカフカという処刑機械の下に自らの膚を差し出す囚人である。囚人のいちいちの喜怒哀楽など予め考慮に入れられていない。ただ文字の刻印がなされ、弁疏《べんそ》も許されず捨て置かれる被告＝読者の生を生きること、それがカフカ体験なのだ。

この否応のない不可解の体験はしかし、解釈を拒絶する別の書き手の「新たな不可解」を生みもする。以前取り上げたボルヘスの『伝奇集』はこのカフカ体験から生まれた。「無限」という不可解、天文学的な途方もなさを、捉えどころのない図像として読者へ直《じか》に刻印する。「バベルの図書館」の超絶的な巨大さは読者という主体を芥《け》子《し》粒大の客体へと微分し、ついには抹殺しようとする。多分にカフカ的な世界観だ。

僕がわけもなく好きなカフカの短編「万里の長城」は、ボルヘスの「バベルの図書館」を生んだ原初の「無限小説」である。

古代中国。一人の人間の眼には確かめられない広大な国土。それは余りに広すぎて、遠い地の果ての村には皇帝の命も容易に届かない。届くには何年も何年もかかる。そもそも皇帝の広すぎる宮殿から俊足の使者が抜け出るのさえ不可能に近い。無数の階段、無数の部屋、無数の庭、第二の宮殿、第三の宮殿。門には一向にたどりつけない。

〔最果ての〕村ではいまだ、とっくの昔に死んだはずの皇帝が健在であり、歌に伝わっているだけの皇帝が、つい先だって詔勅を発し（略）、大昔の戦争がこのごろようやく勃発して、隣人が息せき切って報告にとびこんできたばかりだ。

人間の知覚も知恵も完膚なきまで愚弄されている。たどりつけぬ使者とは「無力な読者」「解釈の不能」を示唆する皮肉だ。全く手に負えない作家である。（13・5・14）

76 宗教絵本の「遠さ」

『石童丸』

❖仏説「苅萱」（ぶん・五雨みな子　え・井上与志夫、加藤直）

大道社

子供の頃、祖父母が高野山から土産に買ってきてくれたのは天津甘栗《てんしんあまぐり》と那智黒飴《なちぐろあめ》と、頑丈なボール紙でできた「石童丸《いしどうまる》」の絵本だった。石童丸絵本はこれまで何種類もの版があるが、どの表紙にも白い頭巾を纏《まと》った僧形の苅萱道心《かるかやどうしん》と、幼く愛らしい狩衣《かりぎぬ》の旅姿の石童丸が、朱塗りの橋の上で「もしや」と互いに見つめ合うように対面するさまが描かれている。

今と違って、僕の子供の頃には石童丸の他にも「安寿《あんじゅ》と厨子王《ずしおう》」や「瞼の母」（長谷川伸の戯曲）、「青の洞門」（細部は菊池寛「恩讐の彼方《かなた》に」）といった有名な哀話をどの大人たちも共有していた。かつて僕も母に「青の洞門」の話を聞かされ、不覚にも涙した記憶がある。人を殺《あや》めた罪滅ぼしのため峠の岩山に隧道《ずいどう》を鑿《のみ》一本で掘り抜こうとする了海と、父の仇討《かたき》ちに来た実之助。貫通まで猶予を与えるが、了海の鬼気迫る改心のさまに打たれた実之助は自らも鑿を取り、貫通の暁、手をとって了海を許す。「石童丸」は「月に叢雲《むらくも》、華に風、散りて儚《はかな》き世の習い」で始まる和讃で有名な仏教説話の一つで、古くから説教や謡曲、浄瑠璃となって伝えられた。筑前領主加藤左衛門繁氏《しげうじ》は二人の妻の確執を見抜き、世の無常を観じて出家、高野に入山する。その後生まれた石童丸は十四の折、未《ま》だ見ぬ父恋しさに母と旅に出、父は高野にありとの噂を聞いてその山麓にたどりつく。女人禁制の高野山、麓の宿に母を残し、一人山に入った石童丸は橋の上で、もしや父ではと思われる面立ちの僧に会う。僧（苅萱道心）は話を聞き、眼前の子供を我が子と知るが、俗世を捨てた身の掟のため、「その方は残念ながら亡くなられた、これがその墓だ」と別人の墓を指して偽る。

絵本では墓前に泣き崩れる石童丸と、断腸の思いで顔を覆う道心（繁氏）の姿が描かれている。傷心をかかえ山を下ると麓の母は急病で他界していた。石童丸は再び入山し、道心のもとで仏道に帰依、父と子は一生涯互いを父子と名乗らず修行を続けた。

僕はいくらでも本を買ってもらえる家の子ではなかった。ほとんどの本は借りて読んだ。そんな中、両親や祖父母が土産にくれた本たちは宝物だった。父が洋行帰りにくれたドイツ語の重厚な細密画の絵本はほんとうに夢の中でも読んだ。同様に祖父母がくれた石童丸の絵本も強い印象を僕に与えた。この印象をどう言え

井上与志夫、加藤直・絵『石童丸』（大道社）より

ば伝わるだろう。それは悲話の感動よりも、絵自体が訴える宗教的な真摯《しんし》さ、異様なほどの謹直さ、信心と放心が限りなく接近するような、幼い僕とは相容れない遠い隔絶、ある種の錯誤の感じだった。

これと似た感じを僕は幼時、街路で優しそうな日傘の婦人がくれた冊子《パンフレット》の絵から受けた。それは大勢の全裸の男女が救世主《メシア》の傍らで平和に暮らしている極彩色の天国の絵だった。僕は陶然とした。

没入したくとも一瞬それが憚《はばか》られるような不思議な遠さ、冗談が許されない厳粛さ、一般の絵本になく宗教絵本にのみある隔絶感。それがいわば「石童丸」の魅力である。（13・5・21）

77 狂気と破滅の讃歌

『モナ・リーザ泥棒』

❖ゲオルク・ハイム　本郷義武訳

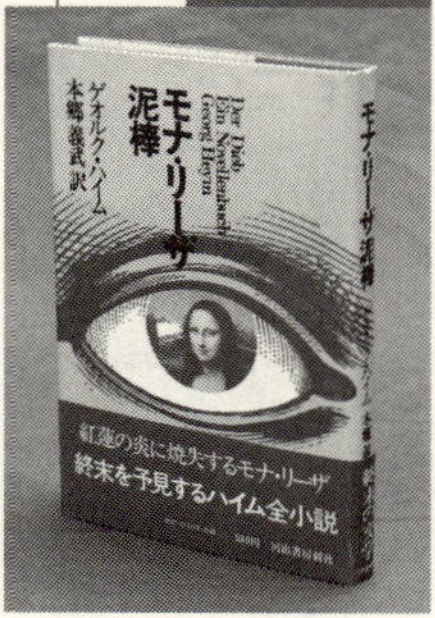

河出書房新社

ぼくらの病気は、際限のない退屈である。（略）ぼくらの病気は、世界の日の終末に、その腐臭に耐えられぬほどに息苦しい夕暮れに生きていることである。

（「戯画」）

十九世紀末に生まれ、二十世紀初頭に二十四歳で没したベルリンの詩人・作家ゲオルク・ハイム。彼は河でスケートの最中、氷の亀裂に落ちた友人を救おうとして共に溺死した。そんな情に篤《あつ》い彼の遺稿短編集には信じがたいことに、人を人とも思わぬ狂った兇漢ばかりが描かれている。世紀転換期の大都市ベルリンの内に、何か眼に見えない「平穏の生みだす狂気」「破滅への欲望」が胎動していたのだ。それはその後の二度の大戦が示すとおりだ。

早熟な少年だったハイムはノートにニーチェの『悲劇の誕生』の「シレノスの智恵」の箇所を書きつけている。「最も良いことは生まれてこないこと、その次に良いことはすぐ死ぬこと」。すでにこうした厭世《えんせい》的な観念が彼の中に息づいていた。

表題作「モナ・リーザ泥棒」の男は、毎日ルーブル美術館の美しいジョコンダの絵の前に立ち、静かな視線の「決闘」を繰り返す。彼女の口元に不敵な挑発や嘲弄《ちょうろう》を読み、彼女を屈服させるため、ついに絵を掠奪する。盗まれた名画がフィレンツェのアパートで発見された時、彼女の口も目もナイフで引き裂かれ、画布は剝がされて男の顔を覆い、口からは「長い舌がとびだし、べろべろ動いていた」。モナ・リザの笑みの奥にありもしない「内面」を読み取ろうとする「意味の病」に憑《つ》かれた近代人の狂気がこの作品には鮮烈に描かれている。

本書の白眉《はくび》である一編「狂人」でも非道の男の理解しがたい意識が追尾されている。禁を解かれ獄舎を出てきた男は誰に向けたものか解らぬ怒りをじっと燻《くす》ぶらせ、昔の妻に復讐すればそれが収まりそうだと考え街へ歩いてゆく。草叢《くさむら》で眠っていると子供の声に起こされ、子供らは走って逃げる。すると「かれは、このふたりの子供におそろしい怒りをおぼえた」。つかまえた子供らが倒れ泣き始めると「ところが、泣くのはかれのまったく我慢ならないものだったのだ」。片手で女の子を、もう片方で男の子を捕まえ、二つの頭を打ち合わせた。

一、二、三、一、二、三、と数えた。三でふたつの小さな頭蓋がいつも本物の雷のような音をたてて砕けていくのだった。

血まみれで街の百貨店の回廊の上に立ち、下を見た。「かれは、大きな淋しい海のうえをとぶ一羽の大きな、白い鳥だった」。「かれは、太陽の隣人だった」。「畜生《ちくしょう》、鳥になるってことはなんてすばらしいんだ」。捕まえた女店員を圧し殺しながら男は恍《こう》惚《こっ》として思う。

かれのまわりには、大きな金色《こんじき》の海があるのだ。（略）はるか眼下に、数条のふるえる日光のなかに見えがくれする緑の海底に、かれは緑の城を見る。〔駆けつけた警官に頭部を狙撃され〕海底へ沈んでいくかのような気がしていた。ますます深く、やわらかな羽のように静かに。ある永遠の音楽が底のほうから立ちのぼってきた。すると、かれの瀕死《ひんし》の心は、はかりしれない浄福のなかでうちふるえながらひらいていった。

この男の狂気が讃えられるべき唯一の場所、それが文学だ。文学こそ「金色の海」なのだ。けれども例えばあの五年前の秋葉原事件などは単なる血の海にすぎない。ハイム的昇華との懸隔は余りにも遠い。

（13・6・4）

78

夏が来たら、死のう

『晩年』

太宰治

死のうと思っていた。ことしの正月、よそから着物を一反もらった。お年玉としてである。着物の布地は麻であった。鼠色のこまかい縞目《しまめ》が織りこめられていた。これは夏に着る着物であろう。夏まで生きていようと思った。（「葉」）

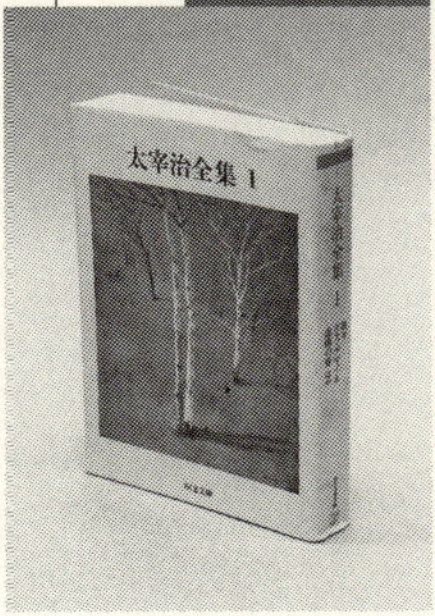

『太宰治全集1』所収　ちくま文庫

ただ夏の着物ごときに延命される彼の重みなき生。生に意味などない。夏着をもらったから死なないだけだ。彼は惰性に生かされている。

早熟な作家の若い初作品集の題名が『晩年』。その巻頭稿「葉」の書き出しが「死のうと思っていた」。こんなことを本に書いてもいいのか。小学生だった僕は言葉を失った。小説は何をやってもいい。頭では解っている。だがその自在性につけ込み、それをここまで不遜に展開できる人間がいる。生を冒瀆《ぼうとく》する彼の勇気、どんな恥でもかいてやるという「道化力」の途方もなさに、幼い僕は卒然とした。

明日六月十九日は桜桃忌《おうとうき》。桜桃《さくらんぼ》が好きだった太宰の誕生日であり命日だ。彼、散々自分を嘘つきと蔑《さげす》んできた彼は、本当に、夏の訪れとともに死んでいった。

虚構である小説の中で嘘をつくには、作中でその小説から離れ、真実の告白を始めればよい。例えば短編「道化の華」では作者と語り手の果てしもない嘘のつき合いが行なわれる。

翌る朝は、なごやかに晴れていた。海は凪《な》いで、大島の噴火のけむりが、水平線の上に白くたちのぼっていた。よくない。僕は景色を書くのがいやなのだ。

僕はなぜ小説を書くのだろう。新進作家としての栄光がほしいのか。もしくは金がほしいのか。芝居気を抜きにして答えろ。どっちもほしいと。ほしくてならぬと。

作家はみんなこういうものであろうか。告白するのにも言葉を飾る。

敗北した。いや、僕はこの敗北の告白をも、この小説のプランのなかにかぞえていた筈である。

ああ、もう僕を信ずるな。僕の言うことをひとことも信ずるな。

凄惨《せいさん》すぎる自己卑下。小説に供する言葉も、その外にあるべき作者の告白も、己の全言動をどこまでも作為＝嘘と暴き自嘲する醜い露悪趣味。太宰の自己嫌悪は徹底的だ。「死のう」は演技にみせた告白か、告白にみせた演技か。疑心暗鬼の小説の地獄がここにある。

三島由紀夫が死を、武士道的な美や、ニーチェ＝バタイユ的な「蕩尽《とうじん》」のエロティシズムと見なして讃美しようとしたのと異なり、太宰にとって死とは、生と同じくらい無価値な、犬にでもくれてやるべき代物だった。三島が生と死をともに高め美化したのに対し、太宰は両者をともに踏みにじることで己を踏みにじったのである。

一般に自殺は弱者の「逃避」とされている。三島は生を絶対にまで高めるため自死したが、芥川や川端は逃避的であり、太宰も一見それと同じであるように思われる。しかし彼の場合、逃避の醜悪を恥じるどころか、卑劣な逃避者としての己の醜さを誇示するようなそぶりによって余計に醜く、また我々が醜いと言えば言うほど彼の光輝はいよいよ高まるのだからいっそう始末が悪い。生への敗北の苦い水が、敗れれば敗れるほど旨《うま》くなる美酒へすり替わる逆説。太宰が反転した勝利者に見えるのは、ひとえに彼の醒《さ》めきった自己客観視の壮絶さによる。この「外」に立つ者の勝利とは、決して自殺者の勝利なのでなく、純粋に彼の文学の勝利だと言う他はない。（13・6・18）

79

「奴隷」を生きる

『O嬢の物語』

❖ポーリーヌ・レアージュ　澁澤龍彥 訳

角川文庫

世界で最もスタイリッシュで思索的な美しいポルノグラフィー。それは間違いなく『O《オー》嬢の物語』である。

宗教的ともいうべき壮絶な献身のさま、理解しがたい不屈の愛、「慎ましさ」の極致。Oとは超人そのものだ。他者の「所有物」としての生、それへの絶対的な意志は最早神々しいと形容するしかない。

ジョセフ・ケッセルの小説『昼顔』、後にブニュエルにより映画化されたこの名作にも描かれている人間の被虐的潜在願望（『昼顔』の新妻は夫の意志で馬車の御者たちに身を譲られ緊縛凌辱される妄想に苛《さいな》まれる）が、レアージュの本作では夢ではなく現実の出来事として展開する。愛する恋人ルネにタクシーに乗せられたOは城館に監禁され、ルネを含めた男たちの性の奴隷になるべく鞭で調教される。後半、Oはルネから彼よりも冷徹なステファン卿へ身柄を物のように移譲され、卿の「持ち物」である証《あかし》として尻に彼の頭文字を焼印、性器の襞《ひだ》に重い鉄輪と鎖を施され、梟《ふくろう》の仮面を着け秘密のパーティーで披露される。

今では古典に属する本書の、なぜか今でも色褪《あ》せることのない最大の理由は、女性作者レアージュ（筆名）の呵責《かしゃく》ない無感情な筆遣いにある。とりわけ瞠目《どうもく》すべきは例えば冒頭のタクシー内部の場面などだ。

「きみは、あんまり着すぎている。（略）ガードルをはずして、パンティを脱ぎなさい」〔ルネのいうことにOが従うと〕「スリップとスカートの上にすわっている必要はないね。そんなものは取って、座席にじかにすわるがいい」（略）座席はレザーで、すべすべして冷たかった。（略）「さあ、今度は手袋をはめるんだよ」

城館に着くとOは女たちに美しく身繕いされる。この細部の筆致も極めて女性作者らしい。

眼瞼《まぶた》にはほんのりアイ・シャドーをつけ、唇には濃く紅をさし、乳首と乳暈《にゅううん》にはバラ色をはき、下の唇の縁には紅色を塗り（後略）。

豊かな感情に恵まれたOが人間とは思われぬ強靭《きょうじん》さを身につけてゆき、ついには無機的な玩弄物にまでなりおおせる過程は凄絶なものだ。Oは館での最初の日、男たちから次のような訓話を教え込まれる。

「お前の手も、お前の乳房も、またお前の肉体のどんな孔《あな》も、一つとしてお前自身のものではない。（略）おれたちは、お前がおれたちの前では絶対に唇を閉じ合わさないこと、絶対に脚を、絶対に膝を閉じ合わさないことを命令する。（略）けっして自分の乳房に手をふれてはいけない。乳房はおれたちに属するものとして、コルセットで持ち上げられているのだ。」

精緻な序文の中でジャン・ポーランも指摘する通り、この小説が女性にしか書けないと思われることの根拠に、調教者の一味となった恋人ルネのスリッパが古びて擦り切れており、新しい物に買い替えてあげねばと思う奴隷の身としてのOの場違いな「観察」「気遣い」の心理が挙げられる。

けだしOの超人的な意志とは、男性的な理性の賜物《たまもの》というより、むしろ究極の女性原理（ユング的な）の体現、ガードルやアイ・シャドーや紅《ルージュ》やコルセット等の細部《ディテール》と、神や政治やヒューマニズムといった大文字の難問の重みとが、不埒《ふらち》な等号で結ばれる、ある種の「悟入《ごにゅう》」の境地であり、それは恐らく我々男性（生物上のでなく精神的性差の）には備わっていない「智恵」、驚嘆すべき秘技であるのに違いなかろう。

（13・7・2）

80

色と音との発狂

「龍潭譚」ほか

❖泉鏡花

『由縁文庫』所収　春陽堂

梅雨も明けて、そろそろ怪談を読むにはうってつけの時節だ。お化けの話には昔から様式があり、怪異がいつ出来《しゆつたい》するかの差はあれど、さして革新的な手法がないところに妙味がある。出るものはいつか出る。あるいは出そうなところで終わる。この定型的な制約の上に作家たちが各々に凝らす語り口の個性を読むことこそが怪談物の楽しみでもあろう。

泉鏡花もこの能舞台然と仕切られた方形の様式の上で怪異の魅せ方を追求した。「出るもの」は鏡花の場合、本書所収の短編なら「霰《あられ》ふる」のようにあちらがこちらへ出る形と、「龍潭譚《りゆうたんだん》」のようにこちらがあちらへ出る形とがある。

前者「霰ふる」は書影もしくは巻頭カラー口絵の小村雪岱《せつたい》の表紙画に見られるよう

な美しい二女が、その覚束《おぼつか》なく儚《はかな》げな道行きのなりで民也《たみや》の少年期のふとした折々に全く同じ装束をして幾度《いくたび》も現れ出る。

〔寄りそう二人の女人が〕峰を視《なが》めて、山の端《は》に彳《たたず》むだ時もあり、岸づたひに川船に乗つて船頭もなしに流れて行くのを見たり、揃つて、すつと抜けて、二人が床の間の柱から出て来た事もある。

小説では民也が友達と徹夜勉強をしているところへ、この二女が無人のはずの二階から、能の橋掛かりを行くがごとくトン〳〵、と哀しげな顔で降りてくる。能神楽《かぐら》の反閇《へんばい》(邪気を祓《はら》う足の踏み方)のようなトン〳〵の「音」だけで怖がりの僕などは総毛のよだつ思いがする。

片や「龍潭譚」では美しい毒虫に刺されたのを契機に幼い「われ」はあちら(異界)に参入し、亡き妣《はは》の俤《おもかげ》を宿す妖しげな姐人《あねびと》に逢って帰宅後気がふれる。幼児を異界へと踏み迷わせる山野の一本道の紅い山躑躅《つつじ》の描写が凄《すさ》まじい。

行《ゆ》く方《かた》も躑躅なり。来《こ》し方も躑躅なり。(略)見渡せば、見まはせば、赤土の道幅せまく、うねりうねる果しなきに、両側つゞきの躑躅の花、遠き方は前後を塞《ふさ》ぎて、日かげあかく咲込めたる空のいろの真《ま》蒼《あを》き下《もと》に、彳むはわれのみなり。

鏡花の創作秘話「おばけずきの謂《いわ》れ少々と処女作」に次の件《くだ》りがある。

　文章の死活が亦屢々《またしばしば》音調の巧拙に支配せらるゝ事の少からざるを思ふに、文章の生命は慥《たし》かに其半《そのなかば》以上懸《かか》つて音調（ふしがあると云ふ意味ではない。）の上にあることを信ずるのである。

どうかすると、鏡花が文章の音の面を重視し、内容を副次物に貶《おとし》めているように見えるが違う。確かに彼の文は文語体にまれ口語体にまれ科白《せりふ》にまれ、謡曲や浄瑠璃の前近代的な独特の間の取り方（西洋的五線譜の浸透で現代の僕らが失ってしまった日本古来の「拍《はく》」）を踏まえた最後の文章かもしれない。だが、驚嘆すべきはその音調が錦絵風な色彩描写や物語の経緯《ゆくたて》を共感覚的なイマージュとして音の中に繰り畳んでいることだ。鏡花を読むとは、読者が世界を目で聴き、同時に観てもいるという奇妙な没入体験であり、小説よりは恐らく詩に近い何かなのである。

例えば同収の「朱《しゅ》日記」では、赤毛猿に赤合羽、赤い旗、朱い墨、紅い実、火曜日、火事と赤のイマージュが畳み込まれ、作中の女妖の科白まで意味不明な赤の変奏になる。

「紅い木の実を沢山《たんと》食べて、血の美しく綺麗な児《こ》には、そのかはり、火の粉も桜の露となつて、美しく降るばかりですよ」

鏡花の小説は絢爛《けんらん》たる織物、一反《いったん》の装飾芸術だ。ゆえにそれはただ色や音、「表面」でありさえすれば足るのである。

（13・7・16）

81

人肉たちの夢

『ミッドナイト・ミートトレイン』

❖クライヴ・バーカー　宮脇孝雄訳

集英社文庫

　血と人肉と人骨と内臓と糞尿とを皮膚という袋に隠し入れながら、人は毎日街を往《い》き来し、挨拶を交わし、語り、笑い、抱きしめ合う。

　袋に裂け目でもできれば直ちに繕う。袋の中身は所有者本人にさえついぞ開陳されていない。もし袋が開かれ、温かな中身が検視室のテーブルにぶちまけられ並べられても人はそれを愛せるだろうか。仮にそれが自分自身の袋だったとしても。

　鏡に映る着飾った皮膚、これこそは私である。この悪臭を放つ血まみれの肉塊、これが私だろうか？　前者と後者、同一の思考・精神を宿す一抱えの、同じ空間を占める位相でありながら、人は見慣れた前者の客体を自己と見做《みな》し、見慣れぬ後者のそれは不快な異物・汚物として、まるでこの世にないもののごとく敬遠する。

目に見える存在は安心である。目に見えない存在は不安を連れてくる。クライヴ・バーカーの全六巻の小説集『血の本』は、この臓腑の詰まった皮袋、人間にとってもっとも身近な異世界を、無残に予告もなく暴くことで、不可視だったはずの内界を外界へ反転させ、その吐き気を催すような血溜りの中に我々を置き去りにしてしまう。

> 〔夜の地下鉄の車内で逆さ吊りにされた少年の〕喉仏を切り裂かれてぐらぐらしている頭部。毛をむしり取られた股ぐらでは、ペニスまで左右に揺れ動いている。
>
> 女の死体の一つが半回転し、うしろむきになった。（略）背中は、首の付け根から腰のくぼみまで、縦一文字に切り裂かれ、筋肉も左右に開かれて、灰色に光る背骨が剝《む》き出しになっていたのである。

『血の本』の第一巻である本書の表題作は、「真夜中の人肉列車《ミッドナイト・ミートトレイン》」の題の通り、深夜のニューヨークの地下鉄の車内で、逆さに吊られた犠牲者らを黙々と人肉処理する兇漢と、彼を使役する「街の父祖」、異形の怪物たちが登場する。主人公カウフマンは偶然その電車に乗り合わせ、闇の支配者たちと対峙《たいじ》する。

バーカーの小説は現代ホラー映画との近親性の他、H・P・ラヴクラフトを始祖とする「クトゥルフ神話大系」等に通ずる古典的な幻想文学、さらに西欧の幻想絵画の系譜も継いでいる。所収の短編「丘に、町が」はリアリズムの文体を用いつつ、あたかもアルチンボルドやゴヤを髣髴《ほうふつ》させる驚くべき光景が展開する。二つの町と町とが古《いにしえ》からの奇習に従い、一対一、否、一体対一体で闘うのだ。これは比喩ではない。

祝祭の日、丘では一つの町の何万人もの市民が総出で互いの体を紐で縛り付け、足から膝、腰、胸、両手と首を大規模な組み体操の要領で組み上げ、雲にも届く巨人を創る。もう一つの敵方の町も同様に組み上がると、銃声を合図に巨人同士が摑《つか》みかかる。二人の旅行者が偶然その丘の夜の闘いの光景を目撃する。

その暗闇は人間の形をしていた。（略）肉を編みあげて造られたこの巨人の体のいたるところで、ポポラックの市民が身悶《みもだ》え、苦しんでいた。（略）すねや、かかと、足の甲などにはめこまれた人々の顔まではっきりわかった。〔巨人の片足が上がると〕仲間の体重に押しつぶされた血まみれの死体が、ジグソー・パズルのように足の裏にへばりついていた。

本書は当時高校生だった僕を驚かせた。非現実の奇想を文字だけで表現し尽くそうとする情熱と力に感嘆したのだ。言葉はＣＧより遥かに自在なのである。（13・8・6）

82

銀河を旅するための言葉

『春と修羅』

❖宮沢賢治

海だべがど　おら　おもたれば／やつぱり光る山だたぢやい／ホウ／髪毛《かみけ》風吹けば／鹿《しし》踊りだぢやい　（「高原」）

東北方言という不思議な異国語の中で、長く僕は幼少期を過ごした。わが耳に入る言葉は訛《なま》り、わが口から出る言葉は元より吃《ども》り（僕は幼時から吃音を持つ）、そこは、ホウ、髪毛、風、鹿踊りの各語が、無法に聯関《れんかん》し了承される隔絶した世界だった。補遺や異稿も含め僕が全作品を読んだ最初の作家は宮沢賢治だ。それは何度も書くように僕が育った仙台の図書館が児童らに専ら啄木や賢治や太宰など東北の郷土文学を推奨していたからだ。

『宮沢賢治全集1』所収　ちくま文庫

初めは童話だった。幻想的な鉄道譚「月夜のでんしんばしら」や「シグナルとシグナレス」「銀河鉄道の夜」に夢中になった。僕が夢みる岩手軽便《けいべん》鉄道の夜の線路と架線はそのまま星雲の涯《はて》まで敷設されていた。

こんなやみよののはらのなかをゆくときは／客車のまどはみんな水族館の窓になる／（乾いたでんしんばしらの列が／せはしく遷《うつ》つてゐるらしい／きしやは銀河系の玲瓏《れいろう》レンズ／巨きな水素のりんごのなかをかけてゐる）（「青森挽歌《ばんか》」）

日本近代詩史上の金字塔『春と修羅』は賢治にとって詩集ではなく、「心象スケッチ」と称される。それまで詩とされてきた旧《ふる》い言葉との訣別の意志がそこにはある。例えば、『春と修羅』より三年前、一九二一（大正十）年に発表された北原白秋の名詩「落葉松《からまつ》」は、「からまつはさびしかりけり　たびゆくはさびしかりけり」と抒情的だが、賢治は同じ落葉松をモダンな学名 Larix に変換する。

ラリツクス　ラリツクス　いよいよ青く／雲はますます縮れてひかり／わたくしはかつきりみちをまがる（「小岩井農場」末尾）

ラリックスという躍るような音の連続が匂い立つ五月の高原の光を乱反射させ、一人で歩く「わたくし」に林の道をお道化て「かつきり」まがらせる。

賢治は幼い頃から仏教経典に親しみ、長じてのちは世紀初頭に喧伝され始めた人工言語「エスペラント」に傾倒して自作に採り入れている。岩手を表す造語イーハトーヴもそうだ。彼の作品を律する超絶的な音感は物理・科学用語や鉱物・動物・植物の学名、経典や人工言語に頭を掻《か》き乱されながら培われたのである。

賢治について大抵の人々は、慈愛と献身の詩人という印象を持っている。妹トシ子の死に際して詠んだ有名な「永訣の朝」の哀憐《あいれん》だけを漉《こ》し採り、抒情的＝落葉松的なセンチメントの色眼鏡で読む旧弊がこれを助長する。宗教的な愛の詩人賢治とはしかし、同時に血に餓《う》えた獣《けだもの》であり、「いかりのにがさまた青さ／四月の気層のひかりの底を／唾《つばき》し　はぎしりゆききする／おれはひとりの修羅なのだ」(「春と修羅」)。

先に一部引用した絶唱「青森挽歌」こそは賢治の言語感覚、宗教的な愛と業、清濁を併呑《へいどん》した集中の白眉である。決定稿の前、校正で消された「修羅の叫び」のような十二行には初め忌まわしくこう書かれていた。

凍りさうな叫びのきれぎれや／意識ある蛋白質の裂かれるときにあげる声（略）むぢやむぢやの四足の巨きな影／馳《は》せまはり拾ひ頬ばり裂きあるいは棄《す》て／ある

いはあやしく再生する／亜硫酸や笑気《せうき》のにほひ（初版印刷原稿削除部）

賢治ほどの勤勉と節制をもってしても人の奥底に棲《す》む荒《すさ》ぶる修羅を鎮めることは難《かた》い。『春と修羅』は清純な抒情のうたではない。この銀河、この宇宙という名の苦悩の煉獄を生き切るための言葉の力による格闘の記録である。（13・8・20）

83 悪の勝利、文学の勝利

『ジュリエット物語あるいは悪徳の栄え』

❖マルキ・ド・サド　澁澤龍彦訳

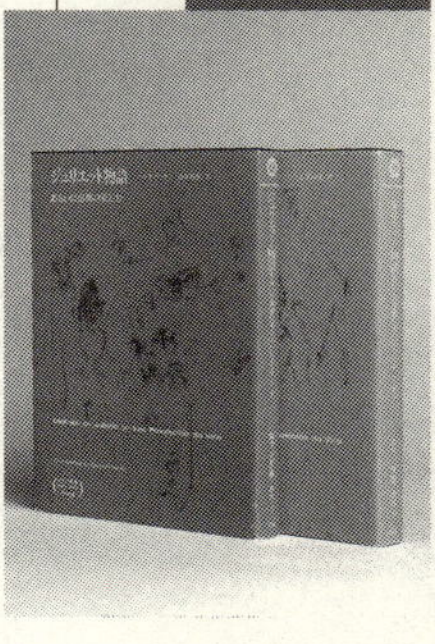

富士見ロマン文庫（上・下）

善人はみな嬲《なぶ》り殺され、悪い人殺したちは末永く楽しく暮らしましたとさ……。こんなありえない、裏返しにされた教訓譚を多くの長編小説として現代人に遺《のこ》したのは、十八世紀フランスの作家、ドナチアン・アルフォンス・フランソワ・ド・サド。加虐性欲《サディズム》の名の由来にもなったサド侯爵《マルキ・ド・サド》である。

十七歳で読んだサドの哲学は平凡な少年だった僕の頭をしたたかに痛打し、後年、かつての侯爵領プロヴァンスはラコスト村の城の廃墟まで旅をさせたほどだった。

悪の想像力、文学の想像力の極北に至った二百年前の先人を僕らは今も超えられない。サドとは近代の薄っぺらな人間精神に打ち込まれた致命的な楔《くさび》である。

悪徳こそわれわれ人間に固有のもの、つねに自然の第一法則なのであって、それにくらべればどんなりっぱな美徳だって利己主義的なものでしかなく、分析してみれば実は美徳そのものが悪徳なのだ。

サドが用いる「自然」とは、東洋的な無為なる不可抗力に近く、宗教的・倫理的な審判者・報復者ではない。人間の全欲求は自然の現象で、人が快楽から他者を殺したい欲求とて例外でなく、自然のまっとうな摂理と見做《みな》される。道徳や美徳はこの自然の欲求を抑圧し制しようとする人為の不自然な後付けの決め事であるからには、善(意図)とは自然に逆らう背信であり、悪(無意図)こそが自然そのものなのだ。

悪徳の限りを尽くす姉ジュリエットと美徳の忠実な僕《しもべ》である妹ジュスティーヌ。サドの哲学を体現した本書で姉は栄光と幸福の頂に登りつめ、貞淑な妹はさんざん不幸な蹂躙《じゅうりん》の犠牲にされた後、不意の落雷に打たれ絶命する。

サドを日本に翻訳紹介した澁澤龍彥は内容の余りの不遜さゆえ発禁と罰金刑を蒙《こうむ》った。澁澤版は全六巻の原書を三分の一に抄訳したものを、当局の命で十四箇所も危険な場面を削除することになった。だが今では青少年も文庫で読める、たとえ教科書に載せても何ら恥ずかしくない健全な合法の書である。隠語の多用に苦心が窺《うかが》える。

「おまえも糞をせい、そうしておれの口の中に、おまえの尻から出た聖なる汚物と、おれが〔今おまえの若気《にやけ》（肛門）に〕こぼしたもの〔精液〕とを二つながらそそぎこんでくれい」

〔縛った女の〕両脚のあいだに十二本の燃えた蠟燭を置き、焔《ほのお》が玉《ぎよく》の門〔女性器〕の内や菊座〔肛門〕の内壁を侵したり、小丘や臀《しり》を焦がしたりして、この女の美しい顔面筋肉が、その激しい熱のためにひどくゆがみ、全身が欲情をそそる苦痛の身悶《みもだ》えを起こすようなぐあいにいたしました。

あたしに命じて彼女の両手を切り落とさせました。それから血を止めて、傷口に包帯をすると、あい変わらず栽尾〔肛門への挿入〕したままで、彼女に舌を出すことを命じました。その舌をあたしがやっとこではさんで、やはり根本から抜き取ってやりました。あたしがさらにもう一つの目をえぐり出すと、ノアルスイユはそこで埒《らち》をあけ〔射精〕ました。

サドを読むと、先のような哲学談義と残酷描写の連続に読者は人間的《ヒユーマニステイツク》な感覚を麻痺させられ、人が自然＝野生の摂理に逆らって定めた法や道徳といった後天的な躾《しつけ》が、いかに上っ面な人間中心の利己的・利人的な作為で出来ているか反省できる。これは同じ十八世紀のルソー哲学への皮肉なあてつけである。ところで人の営みにおいては、文学・芸術だけが心の奥底から突き上げてくる自然や悪の力を減ぜずに崇高な作品へと昇華しうる。このため文学は古来より社会的良識からの干渉や抑圧と闘い続ける宿命《さだめ》にある。真の文学は、いつの世も統治者の側の思惑に沿わぬものなのである。

（13・9・3）

84 小説——筆先の「分裂」

『普賢』

❖石川淳

集英社文庫

往々にして小説は、世界の断片を書き手が「統合」して成る芸術だと誤解されているが、ことは全く逆で、小説は世界の断片をいよいよ支離に滅裂、「分裂」させてしまう一つの狂気だ。神話や物語は、整頓、まとめられ、決着することを希《のぞ》むが、小説は物語と違って宿命的に呪われ、病んでいるので、話をまとめようと自分の筆先を意識すればするほど、言葉の数珠はほどかれてバラバラに散乱してしまう。あるべき統合の和が予め失調した、いわば分裂と拡散の文学的症例こそが小説なのである。

原理的にいえば、神話と物語に作者はいない。採取者・整理者・伝承者がいるのみだ。物語とは悩みなき健康な身体だ。これに対し小説には「作者」という精神を引き裂かれた不幸な患者がおり、彼が自ら小説を書きながら、眼前に記されゆくそれを都度避け難く読んでしまい、反芻《はんすう》・反省・批評してしまうがゆえに小説の分裂は起こる。

わたしは……ある老女のことから書きはじめるつもりでいたのだが、いざとなると老女の姿が前面に浮んで来る代りに、わたしはわたしはと、ペンの尖《さき》が堰《せき》の口でもあるかのようにわたしという溜り水が際限もなくあふれ出そうな気がするのは一応わたしが自分のことではちきれそうになっているからだと思われもするけれど、（後略）。（「佳人」冒頭より）

この奇蹟のように瑞々《みずみず》しい第一作「佳人」は石川淳の全小説で僕が最も愛する短編である。この作品で作者は語るべき物語をほぼ何も語れず、曲がりなりに情話らしき風情が整いかけたとみるや語りを断念し憮然《ぶぜん》と筆を投げてしまう。この終幕の自暴自棄、読者を顧みない無節操な放擲《ほうてき》のさまが僕の本作を愛する所以《ゆえん》である。真に優れた小説とは愛と分裂をもって読者を蔑《ないがし》ろにするものなのだ。

語る対象はある。が、近代的自我はそれ以前に、語る自分の存在根拠《レゾン・デートル》（何ゆえに私がこれを書かねばならぬのか）に始末をつけねば済まない。始末のつかぬ己が何事を語ろうにも、筆は起こされたわけを肚《はら》へ落とさぬうちは紙に靡《なび》かず、結果、小説はその筆の縁起、エッシャー風な、筆が筆の絵を描くの図から語らねばならなくなる。

芥川賞受賞作「普賢《ふげん》」は「佳人」に比べやや大尾《たいび》が整いすぎている憾《うら》みはあるが、芥川賞史上で中上健次「岬」などと一二を争う傑作である。語り手「わたし」はジャンヌ・ダルクの伝記作者の伝記を書いている。その伝記を書くわたしの執筆信条を司るのが飄逸《ひょういつ》な寒山拾得《かんざんじっとく》の二姿であり、この二人の風狂が各々文殊《もんじゅ》普賢の化身である旨を筆に含め、小説は狂気と不遜さをもって書かれてゆく。

> しかし、かりにも拾得の箒《ほうき》を手にした以上、町角の屑を掻《か》きあつめるだけではすまず、文殊の智慧の玉を世話に砕いて地上に撒《ま》き散らすことこそ本来の任務で、（略）今や普賢菩薩はわたしの守本尊《まもりほんぞん》となったのだ。

> 末世の地上を蓋《おお》うためには、如来がまんなかで居睡《いねむ》りをしている有り来りの曼《まん》荼羅《だら》では納まらん。如来おんみずから錯乱させたまえ。おれの菩薩は宙にきりきり舞をしている。拾得はほこりの中で狂った箒を振りまわしている。

遠くセルバンテスの世から小説とは世界を綜合し書くことではなく、分裂させ読むことだった。拾得＝普賢の錯乱する箒こそは文学に病んだ現代人の好個の筆、僕らが世界を読むための筆だ。さても書くことの本質は読むことなのであった。（13・9・17）

85

不在の神への薔薇

「フーエディブルー」ほか

❖パウル・ツェラン　生野幸吉訳

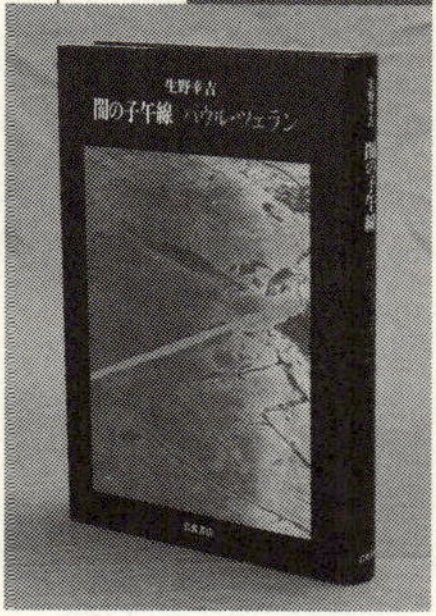

生野幸吉著『闇の子午線 パウル・ツェラン』所収　岩波書店

夜明けの黒いミルクぼくらはそれを夕方に飲む／ぼくらはそれを昼に飲み朝ごとに飲むぼくらはそれを夜ごとに飲む／（略）家に住む男がいて蛇とたわむれる彼は書く／暗くなると彼は書くドイツに向けてきみの金いろの髪マルガレーテ／（後略）（「死のフーガ」）

ルーマニア生まれのユダヤ人詩人パウル・ツェランは戦時中、ナチス・ドイツに父を収容所の強制労働で、母をうなじ狙撃《うち》で殺されたが、戦後も親の母語であるドイツ語で詩を書き続け、最後はセーヌ河に身を投げて死んだ。いたましい生涯である。

学者エリアーデやシオラン、ダダの領袖《りょうしゅう》ツァラもそうだが、スラブ地域にありながらローマ族《ローマニア》をルーツに持ち東西世界の狭間《はざま》でユダヤ人も多いルーマニアには、古今の様々な言語に通暁《つうぎよう》した多言語話者《ポリグロット》が出やすく、ツェランもその例に洩《も》れずたぐいまれなる言語感覚の持ち主だった。

大戦におけるナチの大量虐殺《ホロコースト》は神と契約によって結ばれたユダヤ人に、契約の不履行、神の不在を疑わせた。ツェランはそれでもなお、不履行不在の「誰でもない者」へ向けて詩を捧げた。

讃えられてあれ、誰でもないものよ。／あなたのためにわたしたちは／花咲こうと思うのだ。／あなたに／向って。(「讃歌」)

リルケの回と同様、ツェランに対しても詩人生野幸吉《しようのこうきち》の翻訳が相応しい。本書で生野は同じドイツ語で書いた、時代も境遇も異なる両詩人を比較し、リルケの『ドゥイーノの悲歌』で愛すべき救済の主として讃えられた神が、ツェランの詩では複雑な賞讃と誹謗、愛と憎の矛盾となっているさまをみる。「夜のなかへ王冠をかぶらされ、唾吐き捨てられ。」(「夜のなかへ王冠を……」)そして矛盾は矛盾のまま、言語的引き裂かれの受難者ツェランにのみ可能な詩文となって吐瀉《としや》される。傑作「フーエディブルー」では誰でもない者＝神のためになお花咲こうとする人々をリルケ同様、薔薇に喩《たと》えている。だが薔薇は、なんと「ばいたの花《フーエディブルー》」なる辛辣な貶辞《へんじ》で呼ばれるのである。

いつ、いつ花咲くんだ、いつ／いつ咲く気か、あのばいたの花ども、／そうだ、あいつら、九月の／ばらは？／／ヒュー、ころしますわよ……と言って、いつだ？／／いつ、いつのいつだ、／ものぐるいのいつ、そうとも、きちげえ妄想、／兄弟、目玉つぶされちまった、／消されちまった、おめえ、読むのか、こいつを、ここで、この／ばら／ばらを――、いつ／花は咲くんだ、そのいつってやつ、／どこからきた、どこへ行っちまう、そして何が、／（略）ひでえ音だ、おお、／おお、の音、ああ／ああ、っていうやつ、おおってやつ、／おお・うう、また首しばりの台、ああまたあいつの花盛りが、（後略）

リルケもツェランも薔薇の詩人だ。でも両者の薔薇は天と地ほども違う。一方は言《こと》祝《ほ》がれ、一方は唾吐き捨てられている。花であり唾《つばき》にもなるのが詩の言葉だ。何よりツェランにおいては父母を育てまた殺したドイツ語、言葉の、そして人の「純粋なる矛盾」が矛盾のまま言語の混淆《こんこう》のさなかで錯乱しながら吐き捨てにされている。これほどの言語的修羅道を経ねば超絶的な詩は生まれないのか。そう、おそらく生まれないのである。

（13・10・1）

86 古典美＝死体美

『眠れる美女』

❖川端康成

新潮文庫

日本的古典美などという黴《かび》臭くも解り易い観念が日本を知らない国々に幾分ツーリスティックに持て囃《はや》され、川端も死体になった。

古典化されるとはすなわち死体化されることだ。絶対的受動性を帯びた鑑賞者の玩具《おもちゃ》＝静物《オブジェ》にされて初めて美は人の公平かつ客観的な、共通言語的な審査対象資格を付与される。花鳥風月を様式の内に封じ、四季の移ろいを季語の内に定式化することで美の普遍化は行なわれる。しかし、こうした殊に日本において顕著な静物化＝古典化には、それが途轍もなく倒錯的な「人形化」「死体化」の営みであるという自覚がない。琳派しかり狩野派しかり、桂離宮しかり銀閣寺しかり、日本とは累々たる死体愛好《ネクロフィリア》の国である。死体としての日本の美は、フェノロサのような聡《さと》い海外の眼《め》に見い出された。が、例えば世阿弥によって成った能の空間が死の寂滅と面の死相の上に保証されること、また義太夫・常磐津・清元などの浄瑠璃がまず人形芝居を要請し、人の演じる歌舞伎も「人間の人形化」であること等を鑑みれば、日本人の本来持っていた正しくも前向きな死体嗜好の甚だしさが推し量られよう。

川端康成は日本で最も倒錯的な作家のうちの一人だ。その変態性《クイア》が共通言語の役を担って日本文学の国際化は果たされた。例えばあの有名な「伊豆の踊子」には書生と旅の一座の青年との男色小説の構想があったという丹尾安典の卓抜な論証も近年出た。

表題作「眠れる美女」は性の現役を退いた不能の老人たちの秘密宿が舞台だ。期日に訪う宿には薬で深く眠らされて意識のない全裸の娘が床に用意されており、さびしい老人たちはただ女体と添寝《そいね》するのである。

娘の手のさきにも眠りは深くて、江口が放したままの形でそこに落ちていた。（略）〔江口は〕「まるで生きているようだ。」とつぶやいた。

眠らされた娘のそばで自分も永久に眠ってしまうことを、ひそかに願った老人もあっただろうか。

主人公江口老人は実はまだ不能ではない。老人は宿にそれを隠している。彼は性の代替行為または諦めのために女体と寝るのでなく、娘の体が受動的な静物であるがゆえに「秘仏と寝るよう」にそれと寝るのだ。とはいえ魔の差しそうな時もある。

深紅のびろうどに映えた薄明《あか》りは娘の口のなかにまではいっている。（略）老人は指を入れて舌にふれてみたいというよりも、もっと血のさわぐ悪が胸にゆらめくようだった。

江口の思いついたこの「悪」が具体的にどんな行為を指しているのか、練達の読者であれば容易にお判りになるだろう。不能でない江口が、破瓜《はか》せず処女の娘の中で快を得る方法だ。

同収の短編「片腕」は物体愛《フエテイシズム》の極致で、女が肩ごと外した一本の右腕を男が一晩借りるという寓話だ。女体が末節へと部分化されることで偏執《へんしゆう》性も増す。

〔肩の〕つけ根の円み、そこから細まって二の腕のふくらみ、また細まって肘のきれいな円み、肘の内がわのほのかなくぼみ、（略）私は娘の片腕を静かに廻しながら、それらにゆらめく光りとかげの移りをながめつづけていた。（「片腕」）

「水晶幻想」など超実験的＝新感覚派的文体に始まった川端文学は、既成の文学に対して極めてマイナーでありながら、「伊豆の踊子」や「雪国」「古都」等の古典的抒情性を観光的に読まれてメジャーと見做《みな》されるに至った。では川端の性的・根源的孤独は黙殺されたのか。違う。川端が今も世界文学たりうるのは、この倒錯的孤独が人間の無意識の中のそれとかなしく共鳴するからである。

（13・10・22）

87

通約不可能な生

「一九〇〇年頃のベルリンの幼年時代」ほか

❖ヴァルター・ベンヤミン　浅井健二郎編訳　久保哲司訳

『ベンヤミン・コレクション3　記憶への旅』所収　ちくま学芸文庫

おお　こんがりと焼きあがった凱旋《がいせん》記念塔よ／幼き日々の　冬の砂糖をまぶされて。（題辞より）

プルースト「スワン家のほうへ」などの小説作品を別にすれば、我が国の柳田国男『故郷七十年』と並んで、幼年期回想のおそらくは世界で最も美しい自伝的テキストがヴァルター・ベンヤミンの本作である。

積み木箱にはドイツ字体の文字が、ひとつずつ小さな板片に並んでいて、印刷されたものよりも若々しく、また少女めいて見えた。（略）この積み木箱に私が本当に探し求めているのは幼年時代そのもの、すなわち手が枠のなかに文字を押して言葉になるように順々に並べた、その指使いのうちに横たわっていたような、幼年時代全体なのだ。（略）〔例えば〕私はいま歩くことはできるが、それを覚えることはもはや叶わないのである。（「字習い積み木箱」）

思想家ベンヤミンにとって幼年時代とは、彼の批評の方法そのものを定義しうる一つの不可能性の寓喩である。回想された幼年期は、あの進行形の、一回きりの生成の直中《ただなか》にあった幼年期と同じものではない。例えばプルーストは過去をふたたび「発見」し「見い出す」が、ベンヤミンの野心はその生成を全き一回性《アインマルリヒ》として初めてのように生き直すことであって、無論それは今からでは不可能だ。だがその不可能こそが自己への、もしくは作品へのロマン主義的な無限反省を促す。彼の批評とは不可能に誘発され動き出す自己反省の永久運動なのである。

隠れ処《が》では、私は物の世界の中に包み込まれていた。物の世界が途方もなく露《あら》わになり、無言のまま私に迫ってくるのだった。（略）戸口のカーテンの後ろに立つ子供は、自身が風に揺らめく白いものになり、幽霊になる。食卓のしたにうずくまれば、それによって子供は、彫刻を施された脚を四方の柱とする神殿の、木彫りの神像と化す。（略）〔もしその時〕誰かが私を見つけてしまったら、私は木偶《でく》のまま食卓のしたで硬直し、幽霊のまま永久にカーテンに織りこまれ、生涯重たい扉のなかに呪縛されてしまうかもしれなかった。それで私は、探しにきた者の手が私をぎゅっと摑んだとたん大声で叫んで、（略）いや、摑まれる瞬間まで待たずに、機先を制して自己解放の叫び声をあげたのだった。（「隠れ処」）

こうした過去を再び一回的な生成として生きんとする不可能への野心こそがベンヤミンの考える「批評」であり、同時に、それは「小説」の営為でもある。彼は別の場所で小説を「他と通約不可能なものを極限まで押し進める」、つまり伝達不可能な経験を伝達せんとする行為だ、と言っている（『物語作者』同文庫コレクション１）。

真理が望んでいるのは、突然に、あたかも一撃をくらったかのように、自己沈潜から引き出されること、（略）物音に驚かされて飛び起きることなのだ。（略）そして〈執筆〉とは、それらの警報器を機能させることにほかならない。（「応急技術援助」、本書所収「一方通行路」より）

易々《やすやす》と再生伝達可能な物語的幼年の書割の中に、再生伝達不可能なその時だけのナマの小説的幼年が突如現れ出ようとし、作家はその「不可能《リアル》」を無理に生きようとする。批評的に自分の作品を生き直し、「生」を生き直す。その不可能に直面し続ける徒労、それが小説という呪われた生の正体である。

（13・11・5）

88

冬籠り文字の獄舎に季語の檻

『現代の俳句』

❖高浜虚子・永田耕衣ほか

平井照敏編　講談社学術文庫

小説がわからなくなる時、僕はよく俳句に戻ってみる。俳句が僕に小説をとり戻させてくれる。大学では俳句の会に入っていた。五七五という世界一短い文学形式と時の移ろいを刻印する季語との二つの枷《かせ》、不自由を、不自由ゆえに僕は愛した。小説でも、僕はあえて自分で不自由な律を作ってその中で書く。拙作『アサッテの人』にも俳句への言及がある。主人公の叔父は五七五に収まらない自由律俳句より、むしろ定型を成そうとして成さない字余り字足らずの句を愛した……そう書いているが、僕自身は定型を読み詰めた上でそこから逸《そ》れる自由律には好感を持っている。今回は対象から外すが、次回、尾崎放哉《ほうさい》や種田山頭火《さんとうか》、荻原井泉水《おぎわらせいせんすい》らについても書いてみたい。

連歌の発句のみを独立させた俳諧に、俳句としての文学性を与えた芭蕉、それを近代芸術にした子規、その形式の徹底者だった虚子《きょし》。本書はその虚子以降の選集だ。僕が二十句を選び、列挙の後、僕の所感を付す。まず明治生まれの十人。

①能すみし面の衰《おとろ》へ暮《くれ》の秋　高浜虚子
②うらがへし又うらがへし大蛾《たいが》掃く　前田普羅《ふら》
③嫁ぐすぐ妊《みごも》るあはれ桜草　篠田悌二郎《ていじろう》
④枯蔦《かれつた》となり一木《いちぼく》を捕縛せり　三橋鷹女《みつはしたかじょ》
⑤煮凝《にこご》つてゐるぞと箸を弾きける　阿波野青畝《あわのせいほ》
⑥強秋《こわあき》や我《われ》に残《のこ》んの一死《いっし》在り　永田耕衣《こうい》
⑦ぜんまいののの字ばかりの寂光土《じゃっくわうど》　川端茅舎《ぼうしゃ》
⑧梅を噛む少年の耳透きとほる　西東三鬼《さいとうさんき》
⑨蟷螂《たうらう》の眼《め》の中までも枯れ尽くす　山口誓子《せいし》
⑩これ以上ゆるくは持てず熟柿《じゅくし》持つ　山口波津女《はつじょ》

①能の後、再び静謐《せいひつ》な木箱の寂滅の時間の中に戻る面。その疲労と老朽とを衰えと表現する。②短い句にうらがへしを二度も用いて死蛾へ眼を凝らす。③嫁ぐ・妊るの主語を省いたそこに一輪を挿す。④男に添い尽くし共に枯れ、ついに主《あるじ》を支配し果《おお》せ

る。⑤弾力が味覚まで連れてくる。⑥己の死という最後の所有物を投げ出し、以《も》って秋を深める。⑦のが三つ並んでいる風景。⑧あの酸味はこう表すのか。⑨枯れた蟷螂《かまきり》の眼の中までも見ている人がいる。⑩熟柿の重たさ脆《もろ》さをこれ以上正確には書けない。

次に大正昭和の生まれの十人。

⑪曼珠沙華《まんじゆしやげ》散るや赤きに耐へかねて　野見山朱鳥《のみやまあすか》
⑫幼木にして一本の紅葉す　鈴木六林男《むりお》
⑬存念《ぞんねん》のいろ定まれる山の柿　飯田龍太
⑭筍《たけのこ》や雨粒ひとつふたつ百　藤田湘子《しようし》
⑮紅《あか》い父青い母走馬灯かこむ　鷹羽狩行《たかはしゆぎよう》
⑯秋の暮と思ひゐる間も暮れゆける　上田五千石《ごせんごく》
⑰軒下に濃きすみれある深睡《ふかねむり》　黒田杏子《ももこ》
⑱いにしへの花の奈落の中に坐す　角川春樹
⑲夏の闇鶴を抱へてゆくごとく　長谷川櫂《かい》
⑳裸木《はだかぎ》よ今夜も星星は誤植だ　夏石番矢《なついしばんや》

⑪赤いから散る。⑫一本の、が書けない。紅葉すへの接続の妙。⑬落ちず喰われず残った冬の山柿。その黒い怨念。⑭竹林の俄雨《にわかあめ》。二の次は百。十でも千でもいけない。⑮比喩ではない実物の走馬灯（これを知らぬ若い人が多いが、盆提灯《ぢょうちん》に似た、くるくる回る和紙に彩色の施された昔の照明玩具）を父母と子の三人で見る。子の視線、闇、色が揃って回り出す。⑯句に留《とど》めんとする現在が、暮れゆく日の現在《いま》に追いつかない。⑰すみれの濃さが見る者の眠りの深さになる。⑱古仏の沈黙。坐すでなく坐《ざ》す。尊大でなく、ただひたすら鈍色《にびいろ》に坐す。⑲鶴などいない。濃密な闇の質感だけがある。シュルレアリスム的な一句。⑳銀河の配列をめぐるある夜の孤独な植字工と冬の木との立ち話。現代の大胆な実験作。

十七音による時空間の奇蹟の切断面。極小の句と句はまるでモナドのように世界を反射させ合う。それが俳句だ。

（13・11・19）

89 律を出ても一人

『尾崎放哉全句集』

❖尾崎放哉

放哉《ほうさい》の自由律俳句から十句選ぶ。

①蛙《かえる》たくさんなかせ灯《ひ》を消して寝る
②漬物桶《おけ》に塩ふれと母は産んだか
③夜中の襖《ふすま》遠くしめられたる
④赤いたすきをかけて台所がせまい
⑤浪音淋《さび》しく三味《しゃみ》やめさせて居る
⑥となりにも雨の葱《ねぎ》畑
⑦一日物云わず蝶の影さす

村上護編　ちくま文庫

⑧畳を歩く雀《すずめ》の足音を知つて居る
⑨咳《せき》をしても一人
⑩うつろの心に眼が二つあいてゐる

本書にはないが、放哉より一歳上の俳句の師荻原井泉水《おぎわらせいせんすい》の句を三句挙げる。

⑪石、蝶が一羽考えている
⑫掉《さお》さして月のただ中
⑬陰《ほと》もあらはに病む母見るも別れか

放哉より三歳上の種田山頭火《さんとうか》の句も三句。

⑭この道しかない春の雪ふる
⑮病めば梅ぼしのあかさ
⑯生死の中の雪ふりしきる

俳人とは何かを独りじっと見つめる人だ。蝶の影や雀の足音を自分の孤独の前に置き、長い間黙っている。この沈黙、語らぬ時間が文学を生む。

前回の『現代の俳句』の編者で俳人の平井照敏《しょうびん》は子規以降の俳句の趨勢《すうせい》を端的に「詩」と「俳」の相克と捉える。「詩」とは新しさを求め定型を破ろうとする革命的衝動で、「俳」とは古典の静謐《せいひつ》に憩い定型に安住しようとする保守的無欲である。子規高弟のうち前者の推進者が河東碧梧桐《かわひがしへきごとう》、後者の守護者が高浜虚子で、指導力で勝る虚子のホトトギス一門が俳壇を制するに至る。

井泉水の主宰する自由律俳句誌の『層雲』は前者、つまり「詩」の衝動の中から出てきた。「詩」の衝動が、絶対的な律とされてきた五七五の定型、さらに季語の縛りへの破戒も行なう。そこに参加したのが放浪の人山頭火であり隠遁《いんとん》の人放哉だった。古来「歩く山頭火、座る放哉」といい、二人はともに井泉水と『層雲』誌上でしのぎを削ったが、信じ難いことにこの自由律俳句の三聖人が一堂に会することはついに一度もなかった。世を捨て律をも捨てた彼らには、壮絶な流刑が、生の孤独の刑が科せられたのである。

自由律俳句は俳句である。僕がこう念を押すのはこの傍流を俳句として認めない派があるからだ。しかし自由律は初めから無拘束なのではなく、五七五の出自・痕跡を如何《いかん》ともし難く身に帯びつつ、そこから致し方なく泣いて勘当・放逐される。定型を結ぼうとして結べなかった宿命的な俳句の鬼子なのである。

そもそも「詩」とは絶体絶命の孤独の底から血反吐《へど》のように排出される不可抗力の衝動だ。その新しさ＝「詩」が「俳」の定型に収まらず、これを逸脱せんとする。逸脱は俳句の正嫡であることの自主的放棄だ。放哉遁世以後の句「つくづく淋しい我《わ》が影よ動かして見る」や引用⑦⑧⑨⑩など、庵《いおり》での孤独の日々が短い文字列に鏤刻《ろうこく》されている。読む度に僕は胸が苦しくなる。

電気の普及で漆黒の闇がなくなってゆくように、携帯電話の普及で絶対的な心の孤独もなくなってゆく。個々人の孤独は液晶の光で容易に癒《いや》される。ネットの端末である状態が逆に孤独を煽《あお》るというのは所詮方便だ。テレビも携帯電話もなく小豆島の庵から明け暮れの海を見つめ無言でいる絶対的孤独の俳人の比ではない。軟弱な僕らはいよいよ文学から遠ざかる。

実母逝去の際、放哉は俗世にあって任地京城《けいじょう》（現在のソウル）からただ「カヘレヌ」のみ打電する。無論これは俳句ではない。が、限りなく放哉の作品に近い。彼の句集に紛れ込ませても詩として遜色がない。極限まで孤独であること、いつの世もそれが詩の要諦なのである。

（13・12・3）

90 悪魔に捧げる花々

『悪の華』

❖シャルル・ボードレール　安藤元雄訳

集英社文庫

サドの悪徳小説が近代十八世紀という思考土台《エピステーメー》の上で書かれた無垢の産物であるならば、ボードレールの『悪の華』はその爛熟期十九世紀の自覚的な悪徳詩だ。

パリ。この都を愛する者は多かれ少なかれボードレール的もしくは遊民《フラヌール》的な彷徨《ほうこう》を経て、この都市の猥雑さを愛する。ヘンリー・ミラーしかり、セルジュ・ゲンスブールしかり。かつて一九九一年、二十二歳、欧州の三カ月放浪の途、物騒なカルチエ・ラタンの安宿で僕は毎夕教会の鐘を聴きながら空腹に耐え、ボードレールの散文詩集『パリの憂鬱』を読んでいた。

ああ、汚濁の首都よ、われ汝を愛す！　娼婦らと強盗どもよ、汝らは凡俗の庶

民たちの窺《うかが》い知らざる快楽を、かくもしばしばここに捧げ参らすなり。（「エピローグ」村上菊一郎訳・角川文庫）

ボードレールは有名だが実際にその詩を読んでみると好さが解らないという人が多い。それは原詩の韻律が訳詩では補いきれないこと、そして詩人特有の倒錯的・背徳的嗜好を一般の読者が容易には生きられないからだ。それでは試みに、同じ『パリの憂鬱』の次の一節を読まれよ。

その人〔外科医〕に、手術器具の入ったケースを提げて、手術着を着て、わたしの家へきてもらいたかったの、少しくらい血がついたままでね！（「外科刀嬢」）

この節を読んであっと思った人がボードレールの読者だ。この詩の女（娼婦）は馴染みの上客である外科医に手術の鮮血が迸った白衣の姿そのままで私に逢いに来てほしいと懇願する。その血痕が女を暗い炎で欲情させるからである。『悪の華』はこうした倒錯の花園、とりわけ触れる・嗅ぐ・舐《な》めるの低級感覚の讃歌、悪魔への祈禱《きとう》だ。彼の逆説的弁証法では、美はひとえに醜の堪能からのみ生まれる。

私はおまえの吐息を飲んだ、おお　その甘さ！　おお　毒の味！（「バルコニー」）

その　弾力のある重い髪、／生きている匂い袋（「まぼろし」）

おそるべき魔力／おまえの唾液の腐蝕の力、（「毒薬」）

君の気高い両脚は、蹴って行く襞《ひだ》飾りの下で、／口に言えない欲望をそそり立てては焦《じ》らしている、／まるで二人の魔女がいて／深い壺の中で黒い媚薬を搔《か》きまぜているようだ。（「美しい船」）

各々「吐息」「髪（の匂い）」「唾液」「黒い媚薬（愛液）」など身体の汚穢《おわい》の臭気と味を賞《め》でる倒錯の涯《はて》に美の観念が立ちのぼる。美しいものは汚いものを受け入れて初めて現れるのだ。彼自らの糞尿嗜好的《スカトロジック》な欲望を抑圧しつつ、なお詩人の筆から滴り落ちたものが詩になる。

ふるえる指を沈めていたい／部厚く茂った　おまえの重いたてがみの中に。（「忘れの河」）

おまえの嬉しげな肉を懲らしめてやりたい、／おまえの許された乳房をいためつけてやりたい、／そしておまえの驚いた脇腹に／ぱっくり大きな傷をこしらえてやりたい、／／それから、目もくらむほどの楽しさ！／本物以上にあざやかで美しい、／この新しく出来た唇から、おまえに／私の毒をつぎこんでやりたいね、わが妹よ！（「あまりに快活な女《ひと》に」）

この「たてがみ」「唇」とも下腹部の場所を指している。とりわけ後者では下腹部にあるべき器官を脇腹に気紛れに刃物でこしらえてそこに無理やり挿入してやりたいといっているのだ。上位と下位の価値の逆転。それがボードレール的・悪魔的な美の観念である。もし十九世紀に『悪の華』が出なかったら、パリの魅力と文学の魅力の大半が生まれていなかっただろう。

（13・12・17）

91 小説、その美しい「狂い」

『草枕』

❖夏目漱石

新潮文庫

最初の『吾輩は猫である』が三十八歳、未完の遺作『明暗』が四十九歳。ほぼ十年であの傑作群を全て書き、以って日本の小説を誕生させ確立した夏目漱石。僕の漱石への思いは複雑すぎ、こんな遅い回まで逡巡《しゅんじゅん》してしまった。

漱石の小説を読破した二十代後半、僕は『夢十夜』の自在な筆運びに夢中だった。拙作『領土』の短編の構成数がちょうど十なのは決して偶然ではない。三十代には『道草』を愛した。漱石を読みすぎると一度はこういう枯淡の空隙《くうげき》に憩いたくなる。

『草枕』を読んだのはずっと前、十八歳くらい。解らなかった。いや、もう少し正確にいうと「何か変てこなもの」だと首を捻《ひね》った。でも今は自信をもって言える。草枕は異常な小説観の持ち主によって書かれた異常な小説である。そしてそれ以後、小説とは作者の異常な小説観を具現化したもの、という驚くべき倒立を日本文学にもたらしたそもそもの元凶でもある。日本の「小説」はこうして生まれた。冒頭、山路《やまみち》を登りながら四方山《よもやま》の人生観・芸術観（これが小説観）を途中わざわざ足元の角石《かくいし》を踏み損ないなんとか転ばず踏ん張った描写を交えつつなんと十一頁も考え続ける。いや、以降末尾までずっとこの芸術家（画工《えかき》）の「観想」の延々たる披瀝《ひれき》だといってもいい。ここがまず異常だ。

　これ〔どこに詩があるか〕がわかる為めには、わかるだけの余裕のある第三者の地位に立たねばならぬ。

　ここでいう「第三者の地位」が、草枕の中に頻出する鍵語「非人情」に相当する。非人情は不人情ではない。つまり無節操な冷淡さのことではなく、世界を努めて客観的にみようとする作者の鵜《う》の目鷹《たか》の目、世界の外からの必然的にメタ・フィクショナルな鳥瞰《ちょうかん》である。

　作中に雨が降ってきて馬子《まご》が登場し、「ここらに休む所はないかね」という会話文が現れてようやく読者は芝居が始まったと胸をなでおろす。が、出てくる馬子も茶屋の婆さんも語り手の画工までも、次々に非人情（外にいる作者）の絵画的な客観視により突き放され、作中の一点景として筆で固定されてゆく。

　画中の人物はどう動いても平面以外に出られるものではない。

> 茫々たる薄墨色の世界を、幾条の銀箭《ぎんせん》が斜めに走るなかを、ひたぶるに濡れて行くわれを、われならぬ人の姿と思えば、詩にもなる、句にも吟《よ》まれる。

　この小説の本筋はほとんど那美《なみ》という女性の魅力だけで牽引されてゆくが、彼女の狂女にも似た言動も、この狂った小説の小説観を強化こそすれ、決して無化することはない。だが、たった一カ所だけ小説の不文律を裏切る「作中人物による作外への侵犯」が行なわれる驚嘆すべき場面がある。

　序盤、画工は馬子の話した未だ見ぬ那古井《なこい》の嬢さま（那美）の花嫁姿にJ・E・ミレーの名画「オフェリア」（「ハムレット」で入水《じゅすい》するオフィーリア）の死顔を心の中で重ね、次いで茶屋の婆さんからかつて淵に身投げした「長良《ながら》の乙女」の悲恋伝説を聞かされる。これらは作者が語り手の胸中で語らせた独白（いわば物語の外部）であり作者と読者だけの秘密だが、中盤、それを知らぬはずの作中の那美が画工と理屈では不可能な話をする。宿の近くにある池の話だ。

〔画工〕「〔その池は〕画《え》にかくに好《い》い所ですか」／〔那美〕「身を投げるに好い所です」（略）「私が身を投げて浮いている所を――苦しんで浮いている所じゃないんです――やすやすと往生して浮いている所を――奇麗な画にかいて下さい」／「え？」／「驚ろいた、驚ろいた、驚ろいたでしょう」

すべて小説とは作中と作外、作品と作者との、非人情《メタ・フィクション》による決闘なのだ（メタ・フィクションとは小説の単なる一技法ではなく、全ての小説に内在する書く者と書かれる者との宿命的な分裂である）。その超越論的な小説観自体を小説にしたものが『草枕』、本邦小説の始原となった異常なる傑作なのである。

（14・1・7）

92

「生」に意味はない

『嘔吐』

❖ジャン＝ポール・サルトル　白井浩司訳

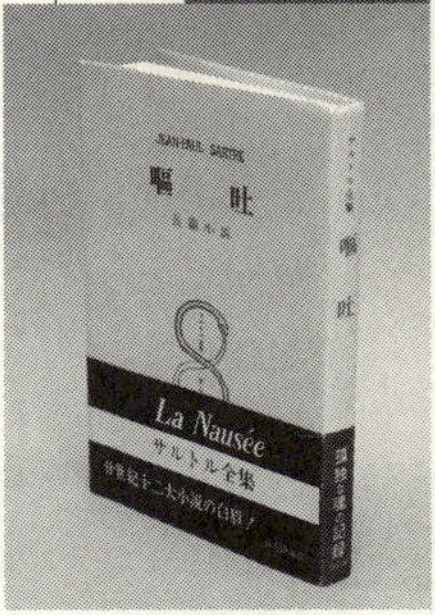

人文書院

人の生には本当は意味も目的もない。何かのためにも誰かのためにも生きていない。「ただ在る」だけだ。生に意味はあると言い張る連中を似非《えせ》ヒューマニスト的な「俗物」、と語り手の「私」アントワーヌ・ロカンタンは蔑《さげす》む。彼らはただ生をそれらしく演じ続けているだけの「事物」にすぎぬと。

昔、僕を真に慄《おのの》かせた小説『嘔吐』には初期サルトル哲学誕生の現場中継のような臨場感がある。僕は大学での専攻が哲学で哲学書ばかり読んできた人間なのに、本欄では純粋な哲学書を一度も取り上げてこなかった。一人の哲学者の思想というものは概略で語れないからだ（むろん小説もそれは同じだ）。鍵語《キー・ワード》で語ったり超訳された全ての思想は誤訳だ。多くの誤訳を経て本丸に挑んだ入門者はそこで必ず齟齬《そご》をみる。

本丸（哲学者自身の著作）の手前で折り返した者は石清水八幡宮《いわしみず》の山上（本殿）までは詣でなかった仁和寺《にんなじ》の法師のごとく一生勘違いしたまま死ぬ。

むろん本稿も同じ誹り《そし》は免れない。年末、学会講演の仕事で行ったパリで僕は本稿執筆のため中期の大著『存在と無』を再読し、思想の年代的変移を確認して逆に一層語り辛《づら》くなった。

なにかが私の裡《うち》に起った。もはや疑う余地がない。

日記冒頭のこの「なにか」が何か、それが日記の全頁で語り続けられる。それは彼の存在の根本に関わる途轍もない事件・変化で、常に激しい不快「嘔気《はきけ》」を伴い顕《あらわ》れる。嘔気と呼ばれるこのわけの解らぬ突発的な崩壊不安は何の変哲もない事物との純粋経験的な対峙《たいじ》から起こる。海辺でたまたま拾った小石、落ちていた紙片の書き取りの字「白い木菟《みみずく》」、そして偶然そこに見たマロニエの樹の根元。

それが根であることを、もう思い出せなかった。言葉は消え失せ、言葉とともに事物の意味もその使用法も（略）消え去った。（略）私は、その黒い節くれだった、生地《きじ》そのままの塊とじっと向かい合っていた。

世界に対し「偶然」で「余計」なもの。〈無駄事《アブシュルディテ》〉。それだけが存在するものだと作者はいう。彼に嘔気をもたらすのはこれら世界に散らばる無用の「存在」だ。無用の「存在そのもの」のリアルこそが嘔気を召喚する。

円は無駄事ではない。なぜなら円とは、一直線がその一端を中心として廻転したものという定義によって充分説明されるからである。したがって円は存在しない。（傍点引用者）

円が存在しないのはそれが偶然でも無駄でも余計なものでもないからだ。円はイデアに保証され、世界に対し紐付きであり無関係ではない。彼、ロカンタンは世界に偶然投げ込まれた余計な、剝《む》き出しの物、裸の無関係状態をこそ「存在」と呼び、それに欺瞞《ぎまん》も偏見もないノーガードで対峙する恐怖を嘔気と呼ぶ。

存在とは必然ではないという意味である。（略）偶然性とは消去し得る見せかけや仮象ではない。それは絶対的なものであり、それ故に完全な無償〔無縁・孤独・単独・異邦人的・私生児的〕なのである。全てが無償である。この公園も、この都市も、そして私自身も。

無駄事であるがゆえにこの私自身も「存在」する！　ならば人間とは偶然この世に浮かび現れた裸の、外来の、嘔気を伴う余計物だ。

『存在と無』におけるサルトル哲学では人間とそれ以外の事物の存在のし方は区別される。これまで人は「我思う故に」避け難く存在させられていた。己への意識が己を存在させてしまうのだ。だがこれは真の生、意志的存在（実存）ではない。仕方なしの受動と惰性の生だ。実存するためには偶然で裸の余計物である己の存在を自覚し、自らその孤独や単独性を都度選び取り続けねばならない（実存とは、存在させられる、ではなく、自ら意志して存在するという状態）。自ら己という生を選び取らず、惰性に身を任せる者が俗物だ。彼らは日々好々爺《こうこうや》を演じ勤め人を演じ学生を演じることで自らの偶然性も裸の余計物であることも忘れようと自己欺瞞に汲々《きゅうきゅう》としている。嘔気を催す己の存在の真の奇怪さをどうしても直視しえず認められないのだ。本作は「存在」と対決した一人の孤独者の、誇り高い戦記なのである。　（14・1・21）

93 気のふれた天使の言語

「川」ほか

❖岡本かの子

『日本幻想文学集成10　岡本かの子　堀切直人編』所収　国書刊行会

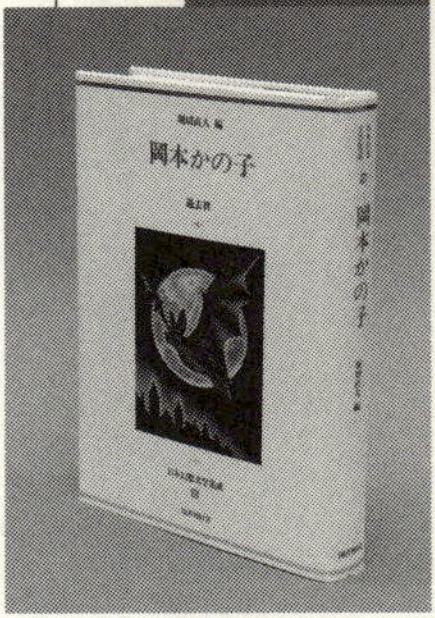

その人にまた逢ふまでは、とても重苦しくて気骨の折れる人、もう滅多には逢ふまいと思ひます。さう思へばさば〳〵して別の事もなく普通の月日に戻り、毎日三時のお茶うけも待遠しいくらゐ待兼ねて頂きます。（「愛」）

何という文だろう。一見文学の手前にいる幼児の駄文のようだが、実は文学の天蓋《てんがい》裏《うら》へ突き抜けた作家のみが物しうる超絶の文体である。

かの女の耳のほとりに川が一筋流れてゐる。まだ嘘をついたことのない白歯《しらは》のいろのさざ波を立てゝ、かの女の耳のほとりに一筋の川が流れてゐる。（略）水は鉛色に澄んで他愛もない川藻の流れ、手を入れゝばぬるさうだが、夕方から時《し》雨《ぐ》れて来れば、しよげ返る波は、笹《ささ》の葉に霰《あられ》がまろぶあの淋しい音を立てる波ではあるが、たとへいつがいつでも此《こ》の川の流れの基調は、さらさらと僻《ひが》まず、あせらず、凝滞《ぎやうたい》せぬ素直なかの女の命の流れと共に絶えず、かの女の耳のほとりを流れてゐる。(「川」)

僕は以前「川」を読んだ時、いかなる研鑽《けんさん》によっても己には獲得できぬ領域の文体だと観念した。岡本かの子は変人の息子岡本太郎などよりもずっと人間離れした雲上の人である。二子玉川で四百年続く旧家の病み弱まった血の末、精神遅滞と腺病質を携えて生まれ(近親にも自殺者、生活不能者が多い)、夫一平の放蕩で神経を病んだ後、若い愛人の書生を同居させ三人で暮らした。仏教を研究し、欧州を豪遊、作家になったのは脳溢血で四十九歳の生涯を終えるわずか三年前だった。

カフカのように死後発表された二長編『生々流転《しょうじょうるてん》』『女体開顕《にょたいかいけん》』は未整理の遺稿とは信じ難い傑作だ。

遁《のが》れて都を出ました。鉄道線路のガードの下を潜《くぐ》り橋を渡りました。わたくしは尚それまで、振り払うやうにして来たわたくしの袂《たもと》の端を摑《つか》む二本の重い男の腕を感じておりましたが、ガードを抜けて急に泥のにほひのする水つぽい闇に向き合ふころからその袂はだんだん軽くなりました。代りに自分で自分の体重を支へなくてはならない妙な気怠《けだる》さを感じ出しました。

この『生々流転』（ちくま文庫全集より）は主人公蝶子の捉え処のない遅滞的語りが川のごとく続いて読者を翻弄した揚句、《わたくしが川より海が好きになつて女船乗りになつたのはそれからです。》と身も蓋《ふた》もない放擲《ほうてき》で終わる。いったい今まで何を読まされてきたか解らなくなる真っ白なぶちこわしの衝撃に読者は唖然《あぜん》とする。繰り返される「川」の主題は、かの子の世界観、愛の想念《イマージュ》だ。

私は首尾よくその人の中に飛び込めて、川に融け合つたやうです。川はもう見えません。私自身が川になつたのでせうか。（「愛」）

かの子が学んだ大乗仏教の空《くう》の理論、なかんずく唯識《ゆいしき》における最奥の識＝阿頼耶識《アーラーヤしき》さながら、彼女のイマージュとは個我もその輪廻をも超越した果てに流れる闇の川のような絶対不変の永久機関だった。それが大海の渾沌《こんとん》へ帰着した時、彼女の愛と生も終着した。

明治生まれの女性作家では樋口一葉の非の打ち所のない文体も僕はたいへん好きだ。幸田文《あや》、林芙美子らも同様のしゃんとした文章だ。逆にかの子のような癖の強い浮遊する言語感覚は森茉莉や野溝七生子《のみぞなおこ》、尾崎翠《みどり》らに見える。前者を「自律克己《こっき》系」、後者を「夢幻培養系」とでも呼ぼうか。後者の純粋文学少女の危うい詩的文体は前者の現実感覚からは甘やかされた筆のすさびと映るだろう。だが、彼女らの筆には本物の鬼気がある。余人には真似できない遅滞的な天使のすさび。この文体こそすなわち、気のふれた天使の言語なのである。

（14・2・4）

94 読者ども、俺の尻を舐めろ

『ユリシーズ』

❖ジェイムズ・ジョイス　丸谷才一・永川玲二・高松雄一訳

全三巻　集英社

世にも名高いモダニズム文学の記念碑である。直接にしろ間接にしろ二十世紀半ば以降の小説で本作の影響下にない作品など決して存在しない。

ぼくは、いま、誰かさんのどこかが少しはティーポットなんじゃないかと、知りたくって、知りたくって、ティーポットなんですよ。／／〔ミセス・ブリーン〕ものすごくティーポットなのよ！　ロンドンがティーポット、わたしの体じゅうすっかりティーポット。（十五章キルケ）

かくも長大な悪ふざけ。内容・表現とも作家人生を懸けた文学史への「敬虔なる」

痛罵。まるで全頁に「俺の尻《ケツ》を舐《な》めろ」とでも書き殴ってあるかのような不遜さだ（「俺の尻を舐めろ」は本作第七章の新聞社編集長の口癖）。だが小説が本来持つ天邪《あまのじゃ》鬼《く》でひねくれた性質を鑑みれば、その時点までの小説様式に対する度し難い愚弄を好む本作の読者こそ、実は真に小説を愛する読者なのである。

紀元前八世紀のホメロスの叙事詩『オデュッセイア』の章立て・配役をそっくり二十世紀の一九〇四年六月十六日の平凡なダブリンの街の上で語り直す。英雄オデュッセウス（英語名ユリシーズ）は冴《さ》えない広告取りの中年男ブルームに置き換えられ、彼がその一昼夜市内をあくせく移動して人々と出会うさまが気の遠くなるほど長く細密に描かれる。波瀾《はらん》万丈な神話の非現実をせせら嗤《わら》い、わざと事件性の希薄な「街の一日」を舞台に選ぶ。神話的物語の不可能な現代、退屈な日常を強いて雄々しい神話に見立てる皮肉《アイロニー》、そして折しも停滞硬直し始めた小説表現への、小説による自虐自嘲、それらを現代小説の金字塔が自らに蒙《こうむ》らせていることが傑作なのだ。

これほど無礼な奇作を対象に今なお夥《おびただ》しい研究の生まれている文学上のこの粋な応酬があるから僕は小説を信じ、愛せる。本当にここだけの話、小説以上に粋な芸術が他にあろうか？

市井《しせい》の英雄＝僕ら現代人はとかく下劣だ。本作の英雄らも猥褻《わいせつ》ばかりを好んで一向に飽きない。十三章（ナウシカア）では浜にいた美少女がブルームにだけ太腿の奥をわざと覗《のぞ》かせ、彼は路上でズボンのポケットに手を入れてまんまと自慰を果たす。読点のない有名な最終章、ベッド上の妻モリーの赤裸々な独言文体も度外れだ。

あたしはズロースを引っぱってお尻を彼の顔にまともにそのものずばりつきつけましょう彼はあたしのあなに舌を7マイルもつきさすことができる（略）お尻をよくしめてやりましょうそしてすけべなことばをすこしつかいましょうお尻くんくんかぎさんとかうんちをなめてとか頭にぱっとうかんで来るおかしなことをそれからあのことをほのめかしてyesあらちょっと待って坊やあたしの番ようかれてはしゃいであのことをやさしくしてあげようまああたしったらこれのよごれのことわすれてたわぷっ（十八章ペネロペイア）

本作の挑発は神話の矮小化《ミニマル》という物語側面以上に、表現における攪乱《かくらん》の方が重要だ。古文あり語り手も二人の主人公・妻・犬など目まぐるしく、文体は章ごとに変わる。古文あり戯曲ありのやりたい放題。唯一、ブルームが以前亡くした愛息を青年ディーダラスに重ねて見る＝語る方向性は顕著だが、そもそもディーダラスは前著『若き芸術家の肖像』でもジョイス本人の代役であり、『ユリシーズ』にも今後作家となる道筋が示されている。つまり本作は客体ディーダラスによって事後的に書かれた主体ブルームの物語、と逆様《さかさま》な解釈も可能で、主客はどこまでも入れ代わって判然としない。ジョイスの誠心誠意の悪戯《いたずら》には全く脱帽する。

僕が昔訪れたアイルランドの首府ダブリンは本作の通りリフィー川の流れる普通の街だった。作家は街になり、街は神話になった。文学・言語の力が極小を再び現実の極大にしたのである。　（14・2・18）

95 読者を作者に仕立て上げる

『ドグラ・マグラ』

❖夢野久作

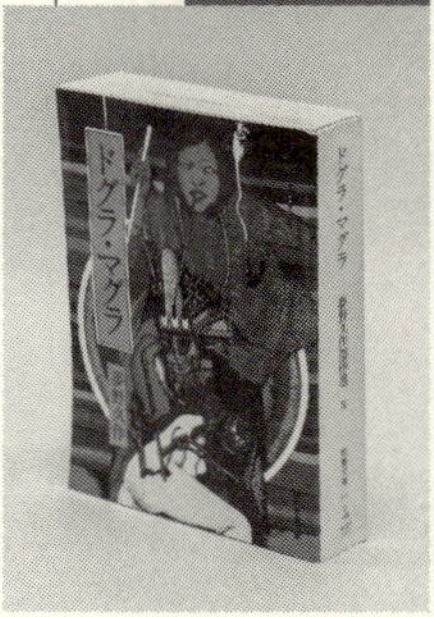

現代教養文庫

前回の『ユリシーズ』同様、本作も文体が様々に変わる。文体とは作者の身体であり、それを変えるのは書く主体を同定させまいとする邪心もしくはサービス精神ゆえだ。そもそも全ての小説は探偵小説としても読め、その場合犯人とは作者または読者である。とはいえ本書の作者が夢野久作で読者が我々ではいかにも詰らない。奥で誰が書いているのか。それを誰が読んでいるのか。犯人は誰か。仕掛ける作者と仕掛けられる読者との相姦構造。小説は読ませる側と読まされる側との殺し合い劇を宿命として担うがゆえに加害と被害の愉快な推論も展開できる。

夢野の短編「キチガイ地獄」では被告の長い自白の全てが一狂人の独房内での相手のない独言と判るが、『ドグラ・マグラ』にも確定不能の解釈が無数に孕《はら》まれている。

小説とは饒舌《じようぜつ》な作者の独言《モノローグ》を読者が延々と語られ続けるという、考えてみれば奇態な「儀式」に他ならない。本書では語り手である記憶喪失の青年が九州帝国大医学部精神病科本館の教授室の椅子に終始座らされ、二人の教授から事件について延々語られ、記録書を読まされ続ける。小説は「ブウウーンンン」という音で始まり、最後も「ブウウーンンン」で終わる。小説内で青年が読まされる『ドグラ・マグラ』なる小説もやはり「ブウウーンンン」で始まり、「ブウウーンンン」で終わる。いずれも犯人は呉《くれ》一郎なる青年で、つまり今この小説を語り読んでいる記憶なき人間に犯人は自分なのだと悟らせるための暗示が次から次へと差し出される。後半、教授たちこそ犯人だという叙述が現れるに至って彼（つまり読者）はついに錯乱し始める。

この語り手が通常の語り手と大きく異なるのは、彼が作者とも読者とも目される甚だ奇異な位相を与えられているからだ。彼の錯乱は本書をやはり何百頁も語られ続けた僕らの錯乱をも誘発する。小説内の記憶を予め持たぬ僕ら読者は、語り手に身を寄せつつ彼とともに『ドグラ・マグラ』を読み、お前が今読んでいるこの小説（報告）はお前自身が書いた（行なった）、と宣告される。何も知らぬ読者が総《すべ》てを知る作者へと仕立て上げられるのである。読者が作者にされ、以って一連の無惨な殺傷事件の犯人とされる。屁理屈のようだが、この狂った小説の黒幕《フイクサー》を理詰めで追う時、果てには青年でも教授でも夢野久作でもなく、無罪なる僕自身が立っているのだ。

本書には『カリガリ博士』など当時の無声《サイレント》映画、活動写真の影響が見て取れる。眠り男を操る博士という物語的相似について言うのではない。作品が読者本意で読まれる書物と異なり、痴呆のように並んだ観衆の雁首《がんくび》に映写機都合で作品を観せる映画という趣向には、夢野の好んだ見世物小屋の座長的権限が付与され、作中、木魚片手に七八七八の節回しで朗誦される読者泣かせの阿呆陀羅経《あほだらきょう》もまさに映画的強権といえる。

あ――ア。（略）さすがキチガイ地獄の本場じゃ。ホントウ国でもタマゲタ市《シチー》で。マッタク博士が大胆不敵に。（略）スチャラカ、チャカポコ。チャカポコ、チャカポコ……。

劈頭《へきとう》と大尾《たいび》の「ブウウ――ンンン」は、してみると映写機の作動音で、僕らは白紙《タブラ・ラサ》さながら事前情報を持たず暗中に座らされた観客だ。作中の論文「胎児の夢」と同様、胎内の闇で母親から強いて見せられる万古からの「心理遺伝」の経緯《ゆくたて》が、物理的時間でなく、ベルクソン的な、心理的時間の中で、まさに一刹那のうちに上映される。

本書は、宇宙のある時空間に生滅する一個のシャボン玉だ。内部を知るには中で話を語られねばならないが、外部を知るには外からこれを書かねばならない。読者か作者か。被害者か加害者か。いずれにせよ、本書の真犯人はそこにいる。（14・3・4）

96

黒く塗れ

『夜の果ての旅』

❖ルイ＝フェルディナン・セリーヌ　生田耕作訳

中公文庫（上・下）

長い長い夜の中を歩く。行く先も知れず。徒労に似た漸進。それが本書における夜の果ての旅だ。だが足を引き摺り読み進むうち、僕らは同じような徒労の時間、つまり僕ら自身の生という黒く長い夜の中を歩いている自覚に突如として襲われる。

　肩よりすこしでも高く持ち上げれば腕も見分けられなくなるような濃い暗闇全体の中で、僕にわかっていることと言えばたった一つ（略）、それはその暗闇が巨大なはかり知れぬ殺意を含んでいるということだ。

セリーヌまたは語り手フェルディナン・バルダミュにとって、生とはいつ明けるとも知れぬ夜だ。この生＝夜を彼は呪い続ける。しかしセリーヌほど世界から呪われた作家が他にあろうか。彼は貧をも富をも右をも左をも罵倒した。訳者生田耕作も書く。「彼に言わせれば、どちらの方向へむかおうが、世界はいまより良くも悪くもなり得ない。それはつねに醜く、つねに生きるに値しない。（略）しかし人間の汚さについて全真実が語られたとき、われわれはいまより幾分か自由になれるだろう。」

　この自伝的小説の「僕」バルダミュの生に光輝はない。あるのは汚濁のみ。その黒い夜のような生の先々に、悪友ロバンソンとの数奇な邂逅《かいこう》がある。戦場の闇、アフリカの密林の闇、新大陸の工場地帯の闇で、不思議な再会が果たされる。ロバンソンはバルダミュのもう一人の自分《ドッペルゲンガー》であり、奴は常に「僕」の数歩先の夜＝悪を旅している。この闇の先達に追いつき放されの反復の中で「僕」は生の、悪の、この黒い夜の果てへ至ろうとする。様々な曲折を経て老女殺しにしくじり視力を失ったロバンソンの姿に「僕」は夜＝生の正体を見る。

> 彼は両腕をできるだけ自分の闇の中へ差し延べるのだった。突き当たりに触れようとでもするように。（略）わが身に起こりうる一切の事柄の果てに到達したとき完全に孤独になる瞬間があるものだ。この世の果てでだ。悲しみまでが、自分の悲しみまでが、もはや何ひとつ自分に答えてはくれない（後略）。

最後、恋人に銃で撃たれて死ぬロバンソンの苦笑は痛切だ。「こうなったほうがいいのさ……」「思ったほど苦しくないもんだな……」

はるか、かなたに、海が見えた。だが、それについて、海について、いまではもうなんの空想も働かなかった。（略）果てまで来ちまったのだ、僕たちは！

無論そんなパリの場末に海などない。だが夜の果てにそれは凪《な》いでいる。その虚無を「僕」は遠望したのだ。

今回約二十年ぶりに再読した本書に僕はまたやられた。世界を持っていかれた。彼、セリーヌに、黒く塗られてしまった。「全てを黒く塗り潰《つぶ》さねばならぬ」（セリーヌのM・ヒンダス宛書簡）。糞ったれの世界。糞ったれの自分。僕らは黒い夜の底で醜い害虫のように生きている。それを直視できぬ奴らはあらゆる害虫の中で最も醜い。

世界中から愛されたノーベル賞作家ヘミングウェイの猟銃自殺の前日、セリーヌは人知れず息を引きとった。光と闇。天と地の違いだ。世界から呪われ黙殺された作家は死後、アメリカや母国フランスの芸術を黒く塗り始めた。同時代のパリにいたアメリカ人作家ヘンリー・ミラーを始め、ビート世代《ビートニク》のバロウズやケルアック、近年のヴォネガットやブコウスキー、ピンチョンにも影響が認められる。フランスではゴダールの初期映画、例えば『気狂いピエロ』の主人公フェルディナンはセリーヌを読み、引用するし、『勝手にしやがれ』の主人公ミシェルの「最低だ」と呟《つぶや》く犬死のさまはまさにロバンソンのそれを髣髴《ほうふつ》させる。

夜は死の刻《とき》に黒い素顔を現す。その一刹那にのみ、僕らは生を獲得する。

（14・3・18）

97

少年の無言の世界

『生家へ』

❖色川武大

中公文庫

何もしないし何も言わない子供がいる。解る質問にも頑《かたく》なに口をつぐむ。考えを言わない。僕の弟がそうだった。小学生の弟は他人との会話を厭《いと》い、学業は散々だった。四年の時、目が極度に悪かったことが判った。弟は黒板が全く見えないのを入学以来じっと自らの内に秘し続けていたのである。僕が色川武大《たけひろ》の小説を愛するのは、この弟の無言の孤独世界を、色川なら知悉《ちしつ》しているに違いないと思うからだ。

この自伝的小説によると彼は昔でんぐりがえしができなかった。命じられても絶対にしない。「でんぐりがえしができなければ完全な人間になることはできない。では、不完全な人間という範疇《はんちゅう》でどうにか生きていくほかはない」

彼の母はある日、担任から妙なことを訊《き》かれる。「お子さんがですね、授業中に、両掌《りょうて》を組みあわせて机の上で揉《も》んでいるのです。あれは何をしているのでしょうか」

［その晩］母親に詰問されて、相撲だ、と答えた。（略）机の上に掌を立てて、力士に見たてる。指の関節の曲げぐあいで、髷《まげ》の特長や身体つきの感じで、風貌を浮かび上がらせる。（略）動いていくうちに自然に沿った成りゆきが湧いてきて勝負をきめるつもりだったから、その頃は力が入った。（略）私は星取表や番付を机の中に入れていた。そうして好取組になると、机の下の仕度部屋のあたりから両者を想像して動かしていた。（「作品10」）

子供が一人ぼっちで戯れるこうした想念の異界を「ああ、痛いほど解る」と幾人《いくたり》の読者が頷《うなず》かれよう。これに思い当たる人こそ、かつての幼い孤独者、無人の風景の中へ神隠しにされた子供、そして恐らくは、小説という不可解な営みの意味を知る真の読者である。

小説が国や時代を超えて普遍性を獲得できるのは、文字に籠められた一人の孤独者の生を、別の孤独者＝読者が「ああ、痛いほど解る」と肯《うべな》い、生き直すからである。小説とは、孤独者間の極秘私信だ。過去の孤独者の記した符牒を、遠く時代を超え、現在の孤独者が解読する。余人には容易に解けないようにそれは書かれている。

〔生家にあった〕屛風には一枚絵の美人画が貼ってある。日暮れどき、海辺の岩かげで一人洗濯をする女。（略）幼い頃私は絶えずこの絵を意識し、無常のようなものを感じていた。私はその海辺のはずれに海水浴場があるのだと思っていた。（略）空の色はうすい朱、というより黄色に近く、日没後の感じで、遠くの海水浴場の喧騒もおさまり、岸辺の波の弱い音だけがきこえてくるようであった。／幼い私は、その弱い波の音と、衰えかけた浅い朱の色にとりまかれて眠った。
（「作品1」）

他人の幻視する海水浴場やその喧騒、無常観になど何の興味もないのがまっとうな現実主義者の日常というものだ。まっとうでない人間の孤独世界ほど彼らの利害から遠く興味のないものはない。そして、それこそが小説の本質なのである。

だが、色川の孤独を安直に現代風な「生きづらさ」や「根暗」等の消極性と同一視するのは勇み足だ。彼の無言は声も文字をも封じた完全な自閉的黙考であり、職場や学校でなくネット上のSNSでなら言葉を延々と呟《つぶや》ける饒舌家《じょうぜつか》の韜晦《とうかい》とは似ても似つかない。色川ほど「生とは何か」を求めた者はいない。戦後の焼け跡の裏街で賭麻《かけマー》雀《ジャン》に明け暮れ、やさぐれたアウトローの世界を無我夢中で生きた。無言の少年は無頼の青年となり、ついに文学に至る。文学は孤独者の黙考《ネガ》を表現《ポジ》に翻す奇蹟の呪術だった。「生きられぬことの葛藤のプロセスこそ、生きるということではあるまいか」（「ひとり博打《ばくち》」）……小説とは不可解な逆説だ。そして生もまたそんな逆説に似ている。

（14・4・1）

98 その名は CTHULHU

「クトゥルフの呼び声」

❖H・P・ラヴクラフト　宇野利泰訳

『ラヴクラフト全集2』所収　創元推理文庫

CTHULHU は太古に宇宙を支配した神（旧支配者）の名で、本来は発音不可能な記号列を無理に文字に当て嵌《は》めたものだと作者は言う。和読みもクトゥルフやクトゥルー、ク・リトル・リトルなどと表記は統一されていない。かつて一人の米国人作家の悪夢から発した架空宇宙が、彼の死後、神話と同等に大系化され、世界中の作家がこぞってその派生挿話を今も生み続けている。

人類は無限に広がる暗黒の海に浮かぶ《無知》の孤島に生きている。（略）いつの日か、方面を異にしたこれら〔諸科学〕の知識が総合されて、真実の怖ろしい様相が明瞭になるときがくる。

ポオやダンセイニ、ビアス、マッケン、ブラックウッドといった先行作家たちの影響下に、この異能の作家ラヴクラフトは誕生した。

僕は若い頃、彼独特の考証的な語りの緻密さと、宇宙の根源的恐怖という思想に中《あ》てられ、惑溺した。彼自身の短編を読んだ後も治まらず、ダーレスやC・A・スミスらの同系作品に手を出した。が、これは彼の壮大な悪夢に取り憑《つ》かれた者みなが陥る一種の宿命である。

本作「クトゥルフの呼び声」は神話把握のとば口にするにはうってつけの短編だ。傑作と名高い「インスマウスの影」や「闇に囁《ささや》くもの」、「異次元の色彩」、「チャールズ・ウォードの奇怪な事件」の前に読まれれば理解が早いだろう。

古代碑文字研究の教授だった大伯父の遺物から、語り手は異様な浮彫の施された粘土板を発見する。それは感応力の強い彫刻家志望の一青年がある地震の晩に見たという想像を絶する悪夢の光景の模写だった。

巨石を積みあげた大建築と、空高く聳《そび》え立つ石柱の集団とが、緑色の粘液をしたたらせて、隠れた怪異を暗示する気配をみなぎらせていた。

青年が高熱に浮かされていた数日間、人智では説明不可能な、世界同時多発的精神錯乱とでもいった現象が起きていたことが次第に判明してくる。人一倍感応力の強い多くの画家・詩人たちが夢で奇怪な光景（緑の粘液に濡れた石の都）を幻視し、各地の癲狂院《てんきょういん》では狂者の病状が突如悪化する。

同じ頃、アメリカ南部の密林で武装警団に踏み込まれた狂信的祭儀の信者が唱えていた呪文が、なんと北極圏エスキモーの悪魔崇拝の呪文と一致したことが学会を驚かせる。

フングルイ・ムグルウナフー・クトゥルフ・ル・リエー・ウガ＝ナグル・フタグン

〔……年老いた祭司いわく意味は……〕

死せるクトゥルフが、ル・リエーの家で、夢みながら待っている。

終盤、南太平洋上に出現した石の都を偶然見たという難破船の生存者の証言は完全に常軌を逸している。「その〔建造物の〕角度と面の桁はずれの広大さ」「現われた線と形が全部狂っており、われわれの世界のものとは別個の、非ユークリッド幾何学的な球体と次元」……。

何がどう怖ろしいのか今一つ腑に落ちぬ読者もあろう。その解らなさ・見えなさこそラヴクラフト的な恐怖だ。日本の鬼のような可視化された悪でなく、空気や水または時間や空間など、宇宙そのものに浸透する全能神的な悪。

作家の死後、拝火《ゾロアスター》教的善悪二元論に曲解された感のある彼の宇宙の正体は、その根源・起源を唯一神的な悪が司るグノーシス的世界だ。守護神は敗れるので、救済などないのだ。例えば北欧神話のフェンリル狼は世の終わりに善神を全て喰らい宇宙を支配する時機を待っている。クトゥルフもまた海底の神殿でその時を窺《うかが》う。

ラヴクラフトの宇宙観は古《いにしえ》から伝わる多くの原始神話と類縁性があり、人は邪神に背後から常に脅かされている。神は眼で見えず、名指せない。旧約の神をYHWHとしか表せないのもこのCTHULHUと似ている。僕らは神を断片のうちに見、群盲象を撫《な》でるがごとく、個々の兆候がいかなる全体を指すのか首を傾げ、ただわけもなく慄《おのの》く。

（14・4・15）

99

スタイル、そして逸脱

『昆虫図』

久生十蘭

現代教養文庫

フランスにスタンダリアンやバルザシアンという言葉があるように、日本にはジュウラニアンなる言葉がある。久生十蘭《ひさおじゅうらん》の崇拝者は十蘭に至るまでの読書遍歴の長さから、往々にして読書通と見做される。十蘭しか知らない者はジュウラニアンではない。

十蘭の魅力とは何か。様式における完全性？ 確かに彼の構成《プロット》は完璧を極める。が、その形式美の頂《いただき》から一刹那、筆が躍り、震える時があり、そこに恐ろしくも「リアル」な小説性が出来《しゅったい》する。暗黒スリラーの『魔都』、冒険譚「地底獣国」、時代物「無月物語」など、多彩なジャンルを横断する十蘭は、二年のフランス滞在で演劇や文学、とりわけ伝統のコント・ファンタスティックの滋養を蓄えて帰国し、初めは「ノンシャラン道中記」のような痛快なユーモア小説の名手として文壇に登場した。

「昆虫図」は短い掌編で、殺した妻を床下に隠し、虫たちが腐臭に群がっても住み続ける男の話。

　紋白や薄羽や白い山蛾が、硝子《ガラス》天井から来る乏しい残陽に翅を光らせながら、幾百千となくチラチラ飛びちがっている。そこに坐っていると、吹雪の中にでもいるような奇妙な錯覚に襲われるのだった。

「母子像」では美しすぎる母に恋する少年が戦時中、サイパンの洞窟で、餓死よりは心中を選ぶ他の家族たちを見て、すすんで母に絞殺されようとする。

　夕焼けがして、ふしぎに美しい夕方だった。母が六尺ばかりの麻紐を持って、太郎を洞窟の外へ誘い出した。／「大勢のひとに見られるのは嫌でしょうから、外でやってあげます」

「昆虫図」も「母子像」も様式を極めた結構の少し先に、引用のような異常な文がそっと現れる。それは何かに魅せられた者の放心世界だ。

「予言」の安部は精神病学者の石黒に怨まれ、強力な暗示に錯乱してピストルで己を撃つ。その暗示世界に没入する瞬間、西欧風な竪琴《ハープ》の演奏会でありえない物を視《み》る。

どうしたのか、あたりが急に森閑として、なんの物音も聞えなくなった。安部は、淋しいなとつぶやいていると、ステージの端のほうへ裃《かみしも》を着た福助がチョコチョコと出てきて、両手をついてお辞儀をした。安部は、／「おや、福助さんが出て来た」

この演奏会にもこの小説にもそんなものが出てくるはずはない。この無音・無意味の恐ろしさは引用の他には伝達のしようがない。これを十蘭が書きえたこと、そこにはわずかな偶然性と同時に、ものすごい振り幅の跳躍が介在している。

本書の白眉「ハムレット」。昔、劇の最中に殺されたはずのハムレット役者が記憶喪失で生きていた。その老人は今や記憶を取り戻していたが、己を殺そうとした叔父やそれに嫁いだかつての許嫁《いいなずけ》に遠慮して狂人のふりを通し、自分をハムレットと思い込んだ狂人を演じ続けている。ハムレットを演じ時空を超えて中世のデンマーク国もしくは英国のエリザベス朝を生きる役者と周囲の愛憎劇自体が戯曲ハムレットの批評になりえている。本短編は現代のハイナー・ミュラーの戯曲「ハムレット・マシーン」などより何十年も早い。本作の語り手はハムレットの友人ホレーショーとして脳病院の「一座」に参入し、憐れな老人の孤独世界を垣間見る。

〔老人は〕Spiterという〔大昔の〕むずかしい英語で昼食を命じた。（略）老人は十六世紀の欧羅人《ヨーロッパ》がそうしたように鹹豚肉《ベーコン》を右手の人差指に巻きつけて食うというふしぎな局面を演じたが、（略）その作法がいかにも家常的でぴったりと身につき、フォークやナイフを使っていることが気はずかしくなったほど魅力のあるものだった（後略）。

頭で書ける描写ではない。偶然も通じない。十蘭の特異な遍歴の見聞すべてを自家の薬籠に入れる以外、僕ら現代人に決してこれは書けない。（14・5・6）

100 芸術——純真なる倒錯

『ロリータ』

❖ウラジーミル・ナボコフ　若島正訳

新潮文庫

文学とは言語の病、倒錯である。優れた創作は優れた倒錯、優れた作者は優れた倒錯者、さこそ芸術とは闇に咲く、目映い倒錯の徒花《あだばな》である。

僕がこの四年二カ月の間、本欄で語ってきたこと総《すべ》てを具現するような、最終回を飾るに相応しい傑作、それがナボコフの『ロリータ』である。

中学三年だった。図書カードに記名して借りる勇気のなかった僕は小遣いを貯め、書店で大久保康雄訳の旧版の文庫を、他の文庫二冊でサンドウィッチにして赤面しつつ購《あがな》った（今回は若島正の新訳で読む）。

実験的言語遊戯、濃密な背徳性、極小から極大までを焦点化《フォーカス》する世界観。これだ……と思った。これこそが文学の粋、本物の小説なのだ。

ロシアで生まれ、革命勃発のために亡命しアメリカへ移住、二言語で小説を書いたナボコフは蝶の採集家の一面も持つ誠実な大学教師だった。
この現代最高の芸術作品を推薦図書にもせず、「大人の本」というバイアスで書棚から隔離してきたPTA的良識、そして少女を一異性として対象化する自然の摂理を一括りに異常性欲と貶《おとし》める偽善が、本書の文学的美点の多くを長らく隠蔽してきた。偏見こそ異常の生みの親という背理を人は理解しない。本書の語り手、中年男ハンバートの抱える孤独の闇は、この偏見により逆説的に保証され続ける。彼は自分固有の人間性を隠し続け、健常の仮面をつけて偽善の世界を生きる。

　ロリータ、我が命の光、我が腰の炎。我が罪、我が魂。ロ・リー・タ。舌の先が口蓋《こうがい》を三歩下がって、三歩めにそっと歯を叩く。ロ。リー。タ。

この冒頭だけで、男の欲情、耳朶《じだ》に囁《ささや》く息遣いの熱、唾液に濡れた舌のくねりが感得され、背徳のエロスに読者はつかのま恍惚《こうこつ》とする。
妻に捨てられ、欧州からアメリカへ渡った独り者ハンバートはある中流家庭、夫を亡くした家主ヘイズ夫人と娘ドロレスの住む家に間借りを始める。ドロレス、愛称ローもしくはロリータは、無知、移り気、怠惰など、少女的な魅力=魔力の全てを備えた妖精《ニンフェット》だった。
ある休日、ローブ姿でソファに寝ていた彼は、ふざけたローにのしかかられ、彼女本人に気づかれぬよう慎重に自瀆《じとく》を遂げる。

我が情欲を彼女の無邪気な脚になんとかぴったり合わせた。

ほんの少しでも圧力を加えれば、楽園の扉がすべて開け放たれてしまいそうだった。

不意に彼女は甲高い声で叫び、もぞもぞと身をくねらせ、頭をのけぞらせて、（略）そして苦悩にうめく我が口が、陪審席にいらっしゃる紳士のみなさん、剝《む》き出しになった首筋にもう少しで届こうとしたそのときに、人間か怪物がかつて体験したことがないほど長い絶頂感の最後の脈動を、彼女の左の尻に思い切りぶちまけたのだった。

事の後、彼が初めて電話が鳴っていたのに気づく叙述は圧巻だ。

私が気づかなかっただけでひょっとするとその電話はもう何十年も鳴りつづけていたのかもしれなかった。

彼はローを目的にヘイズ夫人と結婚し、夫人の不慮の事故死の後、車で父と娘の道ならぬ逃避行へ出発する。

ハンバートの全霊の愛を、汚《けが》らわしい、それは愛などではない、と罵《ののし》る者は、孤独も絶望も文学も芸術も解らぬ差別主義者だ。この世界の中で真に息づく生とは、恐らく彼らのそれでなく、孤独者ハンバートの切なる魂と、彼の道行きに同行し、彼の声に耳を傾けることのできる寛容な懐の深い読者のものに違いない。

なべての人の愛は「偏愛」である。それは純真であればあるほどむしろ背き、屈折し、狂気へ振れ、局所へ収斂《しゅうれん》される。人は愛ゆえ逸し、愛ゆえ違《たが》う。慎ましく花弁を閉じる倒錯の花々。それこそが、僕の狭い蔵書室から無限を夢みて開く、これら偏愛すべきうつくしき数々の本たちである。　(14・5・20)

単行本版あとがき　わが「言語芸術論」のために

二〇一〇年四月から二〇一四年五月まで、じつに四年と二カ月。中日新聞の火曜日朝刊に月二回のペースで、このきわめて私的かつ独断的な「言語芸術」批評を、連載・執筆させていただいた。

思いがけなくも、愛する本たちの再読・再々読の機会にめぐまれ、僕はなかば創作の筆をとどこおらせながらも、存分に読み、書いた。大手新聞の文化欄に載せる硬派な批評、そのための再読作業はけっして気楽なものではなかったが、この仕事で、これまで自分の培ってきた文学観・芸術観をあらためて整理できたことは願ってもない好機だった。お世話になった中日新聞文化部と、いつもあたたかいご意見で支えてくださった真に懐の深い大人の読者のみなさま、そして拙文をまとめ、うつくしい本に仕上げてくださった、年来の畏友である国書刊行会の礒崎純一さん、造本デザインへの僕の注文、こまかいこだわりをすべてかなえてくださった、現代まれにみるマニエリスティックな装幀家の山田英春さんに、この場をお借りして感謝申し上げたい。

連載開始前の選書作業の際、僕がさだめたルールは次のようなものだった。

①一作家＝一冊（もしくは一作品）とする。
②物故者優先（漫画など一部例外あり）。
③海外・国内からできるだけ等分に選ぶ。

これだけ限定しても、はじめ候補は三百を下らなかった。それまでの人生で、がむしゃらに一万冊以上を読んできたうえでの三百はむずかしい。さらに泣いて二百にし、そこから執筆時の僕の問題意識にリンクするものを適宜えらんで書いていった。東日本大震災のあとには地震ぎらいの谷崎について書き、アルジェリア人質拘束事件の際には事件現場の街イナメナスの記述もあるギュイヨタの作品を意図的に取り上げた。

したがってこの百のセレクトは、僕の時々の気分的な要素もあるため、わが偏愛の純然たる「ランキング」のようにはなっていない。えらんでいた本、百冊に入れたかった愛読書は、ほかにも山ほどあった。今回は残念ながら取り上げられなかった鷗外や一葉、芥川や志賀、安部公房、ホフマン、メリメ、ワイルド、チェーホフなども書きたかった。僕がかつて学んでいた美術や哲学の本についても時間をかけて書きたかったが、一般向けの紙面にはやや難解すぎるのと、一回の紙幅が多く必要なため、やむをえず断念した。

二百、三百まで書いてほしいと、本紙からも読者からも、うれしい声をいただいていた。しかし、ここ数年、創作の筆を止めていることが心苦しく、慎重な事前読書と執筆時間を要するこの連載をいったん終える決心をした。顧みれば、サルトルの『嘔吐』を評する際には『存在と無』を併読し、プルースト『失われた時を求めて』はむかし井上訳と鈴木訳とで二度読んでいたが、今回前者を再読した。あの大著を、いくら愛読書とはいえ、人生でまさか三度も読むことになるとは思わなかった。完璧主義は禍《わざわい》でしかない。このように、僕は四年と二カ月の大部分をこの仕事に捧げてきた。小説が数冊書けたら、再開して、ぜひ二百、三百まで書きたい。

不謹慎を承知でいうなら、本当は、僕は、ただ書きつづけるという生き方より、自分で買った本をひたすら「読みつづける」人生をこそ送りたい。もとより、作家になっていなければそうするつもりだった。

いま百回分の拙稿を読み返していて、つくづく、僕は話の筋より、抜き出された一片の「文章」、その詩的工夫、つまり「文体」が好きなのだな、と痛感せずにはいられない。

本書では、新刊販促の意味も持つ通常の「書評」のようにおおまかな「あらすじ」を概観するなど、読者への「商品」案内の利便にはいっさい頓着していない。ゆえに、これは「書評集」ではなく「批評集」である。まるで無作為にぱっと本を開くかのような唐突さで、いきなり「文章」をフォーカスし、引用している。読書にとってはほんらい、全体は不要というか、あくまでも参考にすぎず、ひとつの極まった文章さえあれば、それだけで文学的トリップは可能だ。そこにあるのがたとえわずかな詩文の断片であっても、批評は可能なのである。あの有名な、頭部も両の腕をも欠損した「サモトラケのニケ像」（この像を艦首に戴《いただ》いていた船の本体も今はない）が、はなはだ不完全な「部分」にすぎないながらも、それだけで十分すぎるほどうつくしいように。日ごろ大学の教壇で若い教え子たちへ、小説について、「森を見るな、目の前の木を凝視《み》よ」（全体の筋ばかり知ろうとせず、眼前の文章をこそ愛《め》でよ）とさとす僕の口癖が、この「一文」への物象崇拝《フェティシズム》から来ているのが、あらためて自覚できる。

連載中、読者からはさまざまな声を聴いた。

僕は当初、本好きの老成された大人のかたがたが小欄の読者層だと思っていたのだが、編集局から、高校生など十代の若い読者の反響がむしろ大きいと聞き、これはたいへんうれしかった。

苦言もいただいた。「新聞なんだから、いま話題の売れ筋の本の紹介など、ふつうの、新しい本のよくある〈書評〉にしてくれ。図書館にしかないような絶版本について、あれこれ批評されても、肝心の現物が読めないのではしかたがない」――それは、たしかにそうかもしれない。僕の好きな本たちは、なぜか発刊からわずか数年で絶版になっていることが多く、時間とともに人々の前から姿を消してゆく。だが、すぐれた言語芸術がかならずしもすぐれた商品であるとはかぎらない。僕の読書経験に照らせば、むしろ「商品性」を超越・捨象した次元にこそ、すぐれた「ことば」は生きているものなのである。この際、勇を鼓していうが――僕にとって、当世的ベストセラーに阿《おもね》ることほど恥ずかしい読書はない。好事家《こうずか》であればあるほどその恥辱を知り、もしも自分の読んだ本がのちに爆発的なミリオンセラーにでもなったら、羞恥にたえず、ただちに処分するか、こっそり本棚の奥へ押し込むかするだろう。

僕は、徹底して「遠い本」が好きだ。

「遠い」とは、この現在の日本に住む自分の足元（日常）から「遠い」という意味で、時間的に遠い昭和以前の日本文学や、空間的に遠い海外の文学などのことを指す。

これらの本は概して、言葉も世界観も、自分からかけはなれている。つまり言語的・思想的に「遠い」のだ。現代の日本の日常などをわかりやすい現代の共通語で書いたような、足元に「近い本」からは、言語芸術的な意味で得るものがすくない。しかし、現実に、そういう「近い本」ばかりが書店の小説棚に並んでいるのは、それが現代人に「商品」としては売れるからであり、あわよくばその「あらすじ」だけを映画化して、さらにもうけられるからである。そうした商業絶対主義的な、軽薄な風潮のなかで、あえて読みにくい「遠い本」を読もうとする読者（彼ら・彼女らこそ、文学をいまだ言語芸術として成り立たせている慧眼《けいがん》の士である）は、今般、いよいよ絶滅危惧種に近づいてきた感がある。

こうした天邪鬼《あまのじやく》のため、連載三年目の一年間、僕はあえて知名度の低い作品だけを紹介した。ソログープから秋山正美までの二十四作だ。反動で、四年目は有名作が多くなった。ただ、有名であれ無名であれ、それらいずれもが僕のいう「マイナー文学」であることに変わりはない。この言葉をいまだに「異端文学」「有名でない文学」と混同しておられる読者のために再度くりかえすなら、マイナー文学とは、「それまでの文学に対して外国語たるもの」の謂《いい》であり、よって本欄では、僕自身が意表を衝かれる「外国語的」な作品だけをえらび、その言語的（漫画なら作画的）異物感・異質感について書いていていった。

連載中、各回の見出しを自分で考えるのも僕のひそかな愉しみだった。まるで本の帯文を考えるような楽しさだ。個人的には、カフカの回の《読者処刑機械》や、鏡花の回の《色と音との発狂》、セリーヌの回の《黒く塗れ》などが好きだ。

僕の時代錯誤な「偏愛」は、お読みになったとおり、恩師種村季弘の文学観に影響されたところが大きい。先生ご自身は、けっして僕のような厳格すぎる「文体」至上主義者ではなかったけれども、文体的側面にしろ主題的側面にしろ、すぐれた文学作品にはかならずある種の「遠さ」がある、など、本をえらぶうえで「なにに眼を凝《こ》らすべきか」を、若き日の僕に教えてくださった。ゆえに当然の帰結として、先生の好まれた本のほとんどは、僕の好む本にもなっていった。

たとえば本書で取り上げたイーヴリン・ウォーの『ブライヅヘッドふたたび』も、あるとき一緒に飯を食いながら、僕がなんとなく、「じゃあ先生、先生が若いときに読まれた、先生にとっての〈青春小説〉って、例えばどんなものがありますか」と訊ねた際、「青春……。まあ、そういう意味なら、やっぱりボリス・ヴィアンの『日々の泡』とか、イーヴリン・ウォーの『ブライヅヘッドふたたび』とかだろうな。日本なら、太宰……うん」——そうおっしゃったのがきっかけで読んでみた小説だ。僕は恋愛小説など、甘いもののお好きでなさそうな先生に、あえてすこし意地悪な気持ちもあって訊いた気がするのだが、いわれて読んでみれば、案の定、それに深く打ちのめされる始末だった。当の自分が「その時期」のまっただなかを生きているというのに、僕は「青春」の主題でも先生のアーカイヴにかなわないのか——当時はそんなくやしい思いさえいだいたものだった。

もうひとつ、本書は、僕が日ごろ大学で行なっている講義でのおもな言行、それらの私論を、百のテキストにあわせてちりばめた、一種の「言語芸術論」、また、漫画文化等をふくめた「マイナー文学概論」、そして当然ながら「小説入門」といった体裁をも帯びたものである。だから、文学ほか、言語の芸術をこころざす、もしくは研究しておられる若いかたがたにも、ぜひとも読んでいただきたい。

文学とは、小説とは、そしてそれらを包括する広義の「言語芸術」とは、いったいなんなのか。表現への狂おしい衝動、それをなにゆえ人は持つのか。なにゆえ人は、小説を「書かねばならなくなる」のか。それについてかんがえ、書き継いだものが本書であるともいえる。

僕が本書で読者に伝えたかったのは、本とは、手に取りやすい場所におかれているものだけが読むべき本なのではなく、それは氷山のほんの一角にすぎず、実は、この世界のどこかには、こんなにも多様な、うつくしい本、うつくしい文章、描画が、まだまだある、ということである。それらの多くは、重版されないどころか、図書館でも「開架」にされず、真っ暗な地下書庫でほぼ永久に「閉架」、幽閉され、なかば不可触の稀少本として後生大事に「隔離保存」されて、人知れず昏々と闇のなかで眠っているのである。

僕のいう「偏愛」や「病」とは、俗にいうエログロのことではなく、言葉や画《え》のうつくしい変異・屈折のことである。それこそが「マイナー」であり、母語の内なる「外国語」であり、文学や漫画の切実なる本質なのだ。偏愛とは「言語芸術」そのもの、人間に宿命づけられた無限の変異・屈折である生の跳躍《エラン・ヴィタル》そのものの様相なのだ。

いわばこの初の「批評集」は、僕の文学的自画像、本の虫として生きてきた一人の作家の、読書における流浪の記録、あるいは文学的な自叙伝ともいえるものである。

二〇一四年八月二十九日　恩師没後十年の命日に寄す

諏訪哲史

文庫本版あとがき　文学の二十世紀と二十一世紀

まずは今回の文庫化に際し、河出書房新社の岩﨑奈菜さん、担当の窪田香織さん、単行本に続き装幀をお願いした山田英春さんに、心より感謝を申し上げる。カバー絵には僕の愛してやまぬモンス・デジデリオ「スザンナと老人たち」の森深い隠れた城館と庭園の偶景を選んだ(僕の自宅の蔵書室は無論こんな荘厳ではないけれども)。

昔、単行本のあとがきを恩師没後十年の命日に脱稿した。あれからまた十年、奇縁なるかな、恩師没後二十年の今日、僕はどうやらこの文庫あとがきを擱筆するものらしい。

本書を再読するのも十年ぶりで、四十歳当時に書き始めた第一回稿など、含羞なしには読めない。いま五十四歳。この文庫が出る頃は五十五歳だろうが、視力の衰弱もあり読書ペースがめっきり落ちた。片や読者からは本書の続刊、つまり百一から二百編目を新たに連載せよという声もいまだ根強く届く。本書の条件、一作家一冊・物故者優先でも候補はまだ幾百とあるが、執筆前の再読に膨大な時間と労力を要するため容易に再開できない。

が、仮に書く段になったとして、読了済みも途中読みも含め戯れに候補を挙げれば、海外ならムージルの『特性のない男』、ミラーの「〈薔薇色の十字架〉三部作」、レリスの『ゲームの規則』、ダヌンツィオの「薔薇小説三部作」等の長編群、日本なら先頃没した古井由吉の『楽天記』や時代は遡《さかのぼ》るが山田一夫の『配偶』、十和田操《みさお》の「戸の前で」ほか短編、乾直恵《いぬい》の詩集『朝の結滞』を入れるだろうか。無論、まだ『赤と黒』も『カラマーゾフの兄弟』も書いていない分際の寝言だ。

日頃、僕は学校や一般の文学講座や講演などで、つい四半世紀前まで我々が息をしていた二十世紀こそが、大仰に言って人類史上における言語芸術の最盛期として君臨し、それ以前も以後も、他の世紀は到底これを凌駕しえぬだろうとよく語る。二十世紀文学の輝きに比せば、勝負になるのはまず真っ先にゲーテ、フローベール、ドストエフスキーらの十九世紀であり、次いでルソー、スターン、サドの十八世紀、シェイクスピア、セルバンテスの十七世紀だ。二十一世紀は真にモニュメンタルな新機軸を何も生んでいない。物語の新大陸がないという話ではない。その大陸なら二十世紀にも既になかった。だが、ダダやシュルレアリスムやヌーヴォー・ロマンや魔術《マジック》的リアリズムなどが実験の上で、また文体の上で表現の新大陸を模索し切り拓き続けた。今世紀、表現の模索自体が消沈し、僕らは新大陸も見ず筆の空転ばかり見ている。そうとしか思われない。僕自身の創作も含め、懸命に実験を試みている気でも、二十世紀の試み方、その鬼気に比べると、我々の文学は方法の根本的劇的な革命を知らず、専ら前世紀の余波を恃《たの》み、反復し、それらを消尽することでどうにか生き永らえている。

二十世紀と今との径庭を自覚し、文学的絶望を深く味わうための毒として、本書は書かれた。だがこの毒は新たな書き手が淵底《ふちぞこ》から再び身を擡《もた》げるための解毒薬ともなるよう、実は相反する効能を隠し処方されてもいる。

もしも——と僕は思う。もしも遠く二十二世紀が、あの二十世紀文学の繚乱《りょうらん》を超克する言語芸術の黄金期になるものなら、今の二十一世紀が永い失語の冬でも構わないと。願わくは、百年の氷河を眠る読者の枕辺に、阿片煙管《ぎせる》とこの袖珍《しゅうちん》の毒の書とを備えられんことを。

二〇二四年八月二十九日　恩師没後二十年の命日に寄す

諏訪哲史

本書は二〇一四年一〇月、国書刊行会から刊行された
単行本を加筆修正の上、文庫化したものです。

偏愛蔵書室《へんあいぞうしょしつ》

二〇二四年一二月一〇日　初版印刷
二〇二四年一二月二〇日　初版発行

著　者　諏訪《すわ》哲史《てつし》
発行者　小野寺優
発行所　株式会社河出書房新社
〒一六二-八五四四
東京都新宿区東五軒町二-一三
電話〇三-三四〇四-八六一一（編集）
〇三-三四〇四-一二〇一（営業）
https://www.kawade.co.jp/

ロゴ・表紙デザイン　粟津潔
本文フォーマット　佐々木暁
本文組版　株式会社キャップス
印刷・製本　中央精版印刷株式会社

Printed in Japan　ISBN978-4-309-42158-2

絶望読書

頭木弘樹　41647-2

まだ立ち直れそうにない絶望の期間を、どうやって過ごせばいいのか？ いま悲しみの最中にいる人に、いつかの非常時へ備える人に、知っていてほしい絶望に寄り添う物語の効用と、命綱としての読書案内。

ぼくの宝物絵本

穂村弘　41535-2

忘れていた懐かしい絵本や未知の輝きをもった絵本に出会い、買って買って買いまくるのは夢のように楽しい……戦前のレトロな絵本から最新絵本まで、名作絵本の魅力を紹介。オールカラー図版満載。

澁澤龍彦　日本作家論集成　上

澁澤龍彦　40990-0

南方熊楠、泉鏡花から、稲垣足穂、小栗虫太郎、埴谷雄高など、一九一一年生まれまでの二十五人の日本作家についての批評をすべて収録した〈上巻〉。批評家としての澁澤を読む文庫オリジナル集成。

澁澤龍彦　日本作家論集成　下

澁澤龍彦　40991-7

吉行淳之介、三島由紀夫、さらには野坂昭如、大江健三郎など、現代作家に至るまでの十七人の日本作家についての批評集。澁澤の文芸批評を網羅する文庫オリジナル集成。

澁澤龍彦　西欧作家論集成　上

澁澤龍彦　41033-3

黒い文学館――狂気、悪、異端の世界！　西欧作家に関するさまざまな澁澤のエッセイを作家の生年順に並べて総覧した文庫オリジナル。ギリシア神話から世紀末デカダンスまで論じる「もうひとつの文学史」。

澁澤龍彦　西欧作家論集成　下

澁澤龍彦　41034-0

異端文学史！　西欧作家に関するさまざまな澁澤のエッセイを作家の生年順に並べて総覧した文庫オリジナル。コクトーやシュルレアリスム作家、マンディアルグ、ジュネまで。

著訳者名の後の数字はISBNコードです。頭に「978-4-309」を付け、お近くの書店にてご注文下さい。